中国皇帝の条件

後継者はいかに選ばれたか

阪倉篤秀

新潮選書

まえがき

業《なりわい》を起こすには多大なエネルギーがいる。目指す先によって量や質に違いはあるが、それが古代中国において皇帝に即位するとなると、なまなかなことではすまない。

裸一貫身を起こす、とはいうものの、一人の力だけで社会の第一人者にまで上りつめるのは不可能である。まずは自分をリーダーと認めてくれる仲間がいるし、将来を買って協力を惜しまない賛助者も必要である。そして時の運も引き寄せなければならない。のし上がろうと虎視眈々と機会の到来をうかがう競争者を引きずり下ろし、時には命さえも奪う、その冷酷にして残忍な要素も身につけなければならない。

リーダーに必要とされる冷酷さ

ある程度の領域を確保して、その集団のリーダーとしての地位を固めたとしても、まだまだ周囲に残る競争者との闘争は続くし、それ以上に自己の地位を確実にする必要に迫られる。これまで協働者として行動をともにし成果を上げてきた、特に側近として強力に自分を支えてきてくれた連中との力関係を変化させていかねばならなくなる。もはや仲間ではなく、自身の確固とした位置づけを得るためには、彼らとの関係性において立場の違いがあることを明確にする必要性に迫られる。

側近たちがこぞって分をわきまえ、支持してくれれば事は簡単だが、不満も萌《きざ》して当然で、自己主張のもと新たな関係性に不満を持ち、自己保全を強く望む者が現れてもなんら不思議ではない。となれば、ここでも冷酷さが必要となる。分派行動に目をつぶる、すなわち仲間割れを受け入れる風を装いつつ、一転して彼らを対抗者に位置づけ、戦いのなかで敗残者として葬らざるをえないことも起こるし、一方で獅子身中の虫になりかねない状況ともなれば、でっち上げを含めて、さまざまな理由をあげつらい、おとしめ粛清することも出てくる。

集団が機能するための組織

一定の立場を得た集団には組織が必要となる。「駕籠《かご》に乗る人、担ぐ人、そのまた草鞋《わらじ》を作る人」という言葉がある。出自によって立場に相違があり、そこに甘んじるしかない、という封建的身分制を象徴する言葉ではあるが、また一方で、社会的な組織になれば立場による分業が必要となり、それあってこそ組織は機能するという意味でも使われる。組織には「駕籠に乗る」リーダーが必須だが、それだけでは機能せず、意向を受けて動かす管理層、すなわち「担ぐ人」が求められるし、その管理層が順調に計画・立案し業務を遂行するための環境を作り出し、その指示を的確に実現していくための「草鞋を作る人」がいなくてはならない。我々が社会的存在である限りにおいては、日常的風景といえよう。

駕籠に乗る人にはそれにふさわしい人格と識見、担ぐ人には役割に対する実力と部下を統制するための見識、そして草鞋を作る人には自己の仕事への自覚と熱意、これあって組織は機能し、発展する。組織に属する限り、その位置づけを受け入れ、自己の立場をわきまえ、向上心を持ちながら役割を果たすなかで、立場を確保し、また将来的な位置づけを得ていく。これを悲しいとみるか、生きがいとみるかは人それぞれであろうが、組織に属する者の宿命であるといえる。

皇帝政治が安定する条件

さて、自己の組織を固め、周辺との競合に勝ち抜き、第一人者に上りつめて皇帝に即位する、これで事が成就したといえるかというと、ここからが大変である。「馬上をもってこれを得るも、いずくんぞ馬上をもってこれを治むべけんや」(漢の高祖劉邦《りゅうほう》に対する陸賈《りくか》の言葉)という。力による戦いによって天下を得ることはできるが、そのままで天下を治めることはできない。すなわち皇帝の地位に上りつめるのと、皇帝となって支配を行うことは別であって、部下への対処、物事への判断、その処理の仕方、それらすべてにわたり別の人間に生まれ変わる、覚悟の転換が求められるのである。

「習い性となる」というように、人はなかなか簡単には変われない。成功譚であるこれまでの生き様や思考法はそう簡単に捨てられるものではない。君臨という言葉にふさわしいふるまい、さらには知見に基づく言動が求められるとはいえ、昔の残影が顔をのぞかせることが多いのは、人間らしさの現れともいえよう。そのなかで行政統治に堪能な臣下を側近に据え、財政・軍事など各方面の体制を整備して当該職域を委ねることで、皇帝政治は始まり安定がもたらされることになる。

最重要課題の後継者確保

ただこれで一応の完結かといえばそうではない。皇帝にはもう一つ、いや最も重要な事柄が残されている。それは後継者の確保である。王朝とは、男系の血統を受け継ぐ人材による政権の世襲であるとするならば、後継者を得て初めてその形態を整えることになる。皇位継承の二本柱といえるのは兄弟相続と父子相続であるが、前者には後継者の年齢が近く、相応の資質をもっているかの見極めができるという現在的利点が、後者には若年である不安を抱えることが多いながらも、それにもまして次世代につながる未来的強みがある。

現存が認定されている最古の商（殷）王朝における王位継承をみれば、初期には兄弟相続の例が多くみられるが、第二六代王からは父子相続が五代続き、第三〇代の紂王《ちゅうおう》が最後となる。続く周王朝になると、初代の武王《ぶおう》から子の成王《せいおう》への継承から始まり、なかに例外的に兄弟相続を含みながらも、父子相続が主流で、第三七代の赧王《たんおう》で終焉を迎える。そこには兄弟相続から父子相続に切り替わり、皇帝政治が始まる秦王朝以降も継続する流れがみてとれる。この後にも兄弟相続の例が残るとはいえ、そこには政治的に異常が起こる、ないしは国家危急の事態に陥るなど、特殊な事情が控えていることが多いのもまた事実である。

父子相続から生まれるドラマ

父子相続はいうまでもなく皇帝である父からその子、すなわち皇子への継承をいうが、ここでも話は簡単ではない。父たる皇帝には後宮《こうきゅう》制度が整えられ、正妻にあたる皇后のほかに妃嬪《ひひん》と呼ばれる女性群が控えており、これを「一夫一妻多妾制《いっぷいっさいたしょうせい》」という。生まれ出る皇子はここに嫡子《ちゃくし》と庶子《しょし》に峻別され、その位置づけも異なることになるのが通例である。また生まれる順による差も生じる。王の時代の周王朝から嫡子の最年長者「嫡長子《ちゃくちょうし》」を優先する流れができたといえるが、だからといってこれも絶対的なものではない。

皇帝と皇后の夫婦仲、その間に生まれた嫡長子が資質的に問題を抱えることも、第二子以降または庶子とはいえ自他ともに認めるほどの才能を有しているとみなされることもあるし、皇帝の愛情のありかによっては庶子であっても最愛の子となり、皇位継承の筆頭候補となる可能性も残される。そこには感情に動かされる人間の像と、そこに生まれるドラマがあるといえる。

王朝存続を決める「立太子」のタイミング

さらに後継者選定と公表、すなわち立太子《りったいし》で問題となるのが、その時期である。皇帝に即位した段階で、皇太子を決めこれを宣布することによって、次世代にまで継続する王朝であることを示すという意味では、これが皇帝を最も近くで支える官僚世界、さらに広げて社会全般に安定を呼び込む方法である。皇帝に即位する人物は、形式的なものも含め、その前に王の称号を名乗ることが多いが、その段階から後継者を明示する意味で、王の後継者「王世子《おうせいし》」を立てておき、皇帝即位と同時に彼を皇太子とし、自覚をもって修練を積ませるという、用意周到な例は多い。ただ、そうともいかず立太子が先送りになる例も結構みられる。

まずは、早くに立太子すると、本人がその立場に慢心して期待外れの行動に走り、皇帝権威が傷つきかねない危険をはらむなか、やむなく皇太子の入れ替え、すなわち廃太子《はいたいし》しなければならない状況に追い込まれかねず、これが後代に負の教訓となることもある。その一方で、嫡子、時には庶子を含めて男児に恵まれず、出生とその成長を待たざるをえず、また男児がいても眼鏡にかなう皇子が見当たらないことから、立太子が遅れる場合もある。

始皇帝が蒔いた秦王朝滅亡の種

しかしもう一つ、強烈な個性と自己顕示欲ともいえる自信に満ち溢れた皇帝によくみられるケースで、並ぶ者のない隔絶した存在であろうとすればするほど、「天に二日《にじつ》なく、地に二君《にくん》なし」の言葉通りに、あくまでも次代の候補とはいえ、皇帝に近い存在は許しがたく、立太子を猶予することもままある。

とはいっても立太子は「国本《こくほん》問題」といわれるように、王朝の継続と安定には欠かせない要素で、側近をはじめとする臣下から催促の声が上がることもある。この課題を乗り越えないままに、立太子が臨終間際になったり、死後に残す遺詔に示さざるをえないことになったり、最悪の場合は後継指名なく亡くなり、混乱をきたすことになりかねない。皇帝称号を創始し、自身を最初の皇帝として始皇帝《しこうてい》と名乗り、「万世にまで引き継がれる」と豪語した秦の始皇帝の死後、秦王朝のはかないまでの滅亡はその最たる例であろう。

「創業皇帝」と「承継皇帝」

さてこれまでみてきた業を起こした皇帝を創業皇帝、それに対して後継者として業を引き継ぐ皇帝を承継《しょうけい》皇帝と呼ぶが、彼らの立場もなかなか難しい。創業皇帝には多大なエネルギーが必要なことは指摘したが、それに比べて承継皇帝は遺産を引き継ぎ、用意された席に座るだけという、人も羨む境遇にあるとみられがちだが、彼らには彼らなりの苦労が付きまとう。特に父子相続の二代目となると、親である先代皇帝との境遇の違いは明らかで、育ってくる環境は整い、周囲の丁重な扱いのなかで成長することになる。この落差は大きく、埋めがたい。創業皇帝である父の像を求められるのも、また本人がそれを目指すのも、どだい無理な話なのである。

さらに二代目以降の承継皇帝に共通することだが、恵まれた環境に育った人間は、豊かさのおかげで人間性を向上させる機会に恵まれるという利点を持つ裏側で、ともすれば力強さに欠け、ひ弱になりがちで、我儘な坊ちゃん気質になりかねないことは、我々のよく目にする姿。そこで皇太子に選定されれば「未来の皇帝」とみなされ、場合によっては、先行投資とばかりにはやばやとすり寄り従順を演出する者さえ現れる。周囲が皇太子を骨抜きにする要素は揃っているといえる。

「操り人形」や「裸の王様」になる危険

用意された席に座る新皇帝の周囲には、先代の残した官僚が残る。特に年少である場合は、振り返り後事を委任するという意味で「顧命《こめい》の臣《しん》」と呼ばれる、信頼厚く経験豊かな側近が用意されることもある。頼りになるとはいえ、頼らざるをえないそのなかで、「操り人形」よろしく安穏と彼らの指図通りに事柄を処理して事足れりとするのも、一つの方法であろう。これを従順で父への尊敬あふれる孝行息子とみるか、およそ意欲に欠ける後継者とみるか、その評価は周囲に委ねられる。創業皇帝は自律的であるが、承継皇帝には他律的要素が多いのである。「先代は立派だった」という言葉を耳にしても、単純に父への賛辞だけとは受け取れず、「それに比べてあなたは……」と比べられ、一段低く評価されているという被害妄想的発想にとりつかれることもある。

だが、人間には自我というものがある。意識高く自分の時代を切り開く意欲を持つ者も現れる。その時必要となるのは、自己の意向を体現する自前の側近を整え、古参の官僚を勇退などで混乱なく排除することである。ただ事前に政策運営能力にたけた人材を確保するのは難しいし、階級に縛られる官僚世界での抜擢人事は周囲とのバランスもある。さらに引退を迫られる古参の官僚に不満が出て、先代をないがしろにする不孝者の烙印を押されかねない。

孤独な状態に置かれるなか、これを好機と捉えるのが、皇帝にとっては母方の祖父や伯父・叔父たち、すなわち外戚であり、これはえてして宦官の表舞台への登場を呼びこむことになる。そこには継承者であると同時に改革者となるために、綱渡りのような難しさが潜んでいるといってよい。皇帝なのだから自意識高く独断専行でやれば解決するといいたくなるが、これは往々にして「裸の王様」への道ともなる。

現代人と共通の悩みを持つ中国皇帝たち

皇帝は創業皇帝と承継皇帝に分けられ、そこに時代背景、さらには個人の資質まで加えると、中国史上に現れる皇帝はまさに千差万別、それぞれが個性的である。ただこの個性的な集団をじっくり眺めれば、時代や状況を越えて類似性を見出すことができる。本書は、これをもとに類型を設け、共通する要素を持つ皇帝を取り上げ、冒頭にそれぞれの人となりや置かれていた状況を象徴的に示す逸話を掲げたうえで、前後の時代を含めて話を展開していこうと考えている。

ひと口に中国皇帝といっても、色々いるのだということをみていただくことができればと考えると同時に、読者諸兄姉の身近なものと受け取ってもらいたい思いもある。皇帝も人生を生きたし、我々もそれぞれの人生を生きている。皇帝は隔絶した存在で、遥か過去の異国のことではあるが、我々と同じ人間であり、自己を取り巻く状況の中で懸命に人生を生き抜く、という点では変わりはない。置かれた立場や状況は違うとはいえ、そこに我が身や友人知人、また報道などで目にする社会的リーダーなど、なじみのある姿を投影してみるのも一興ではないだろうか。見方によって、歴史は他人事《ひとごと》ではないのである。

中国皇帝の条件　後継者はいかに選ばれたか＊目次

中国皇帝の条件

後継者はいかに選ばれたか

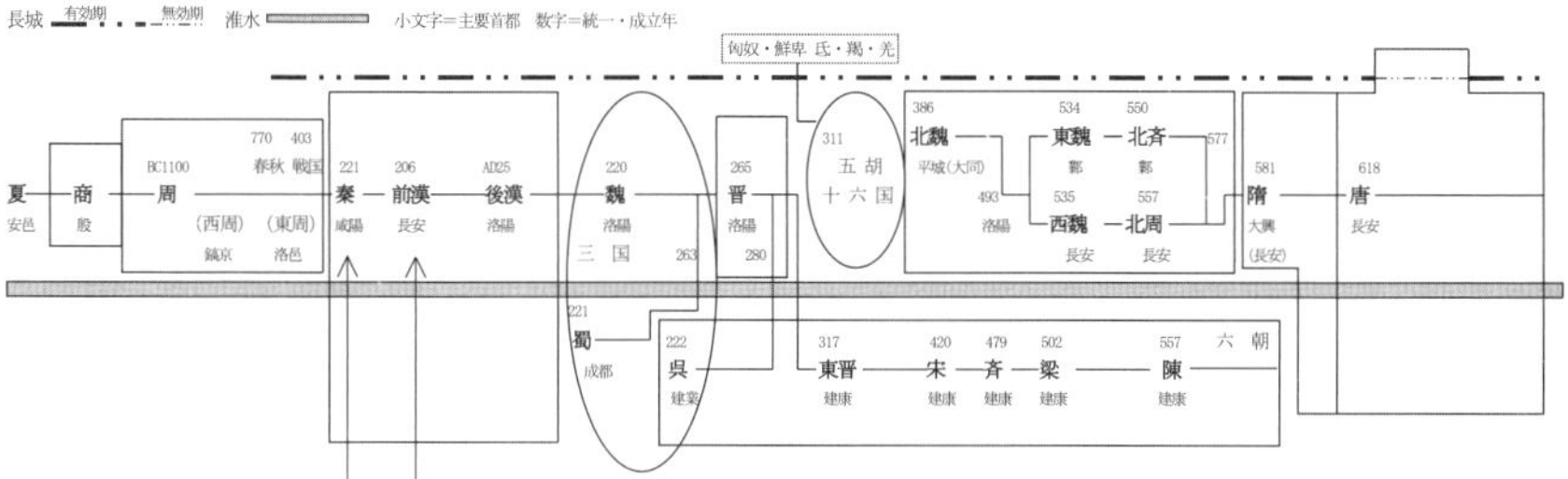

第一章　我ありてこそ

——後継者指名の遅延とそれがもたらすもの

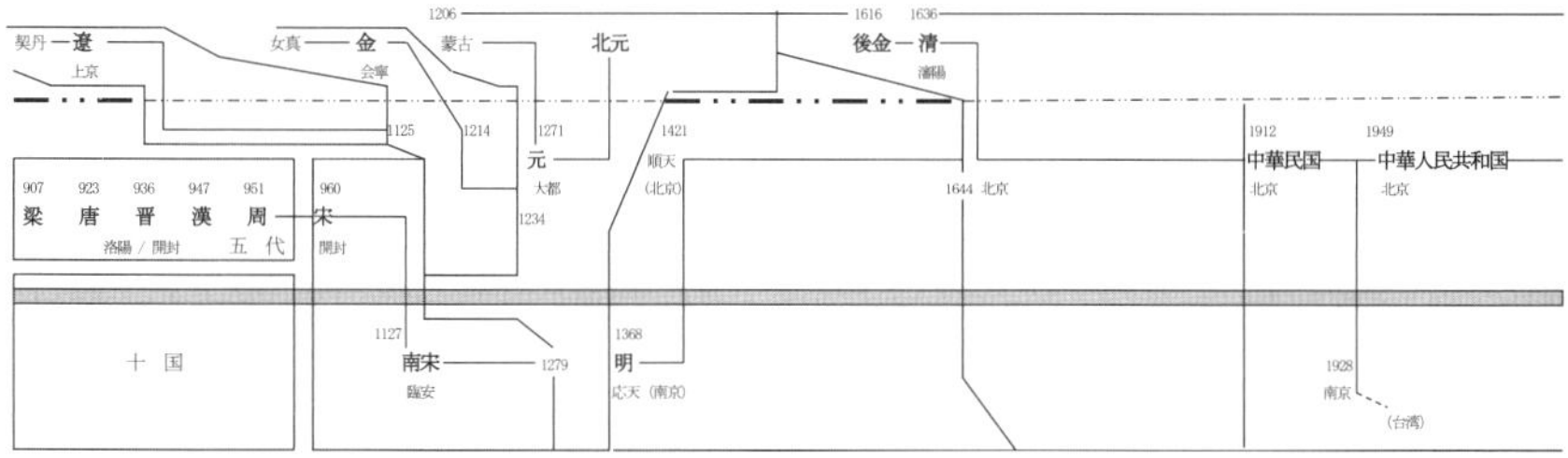

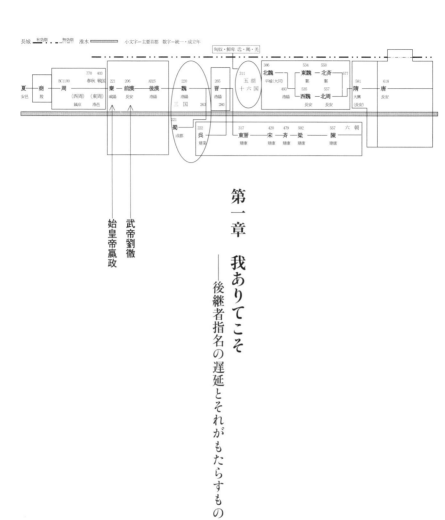

秦の始皇帝《しこうてい》と漢の武帝《ぶてい》が、時代状況を異にするとはいえ、中国史上で大きな足跡を残したことについては論をまたない。彼らあってこその皇帝であり、皇帝を筆頭とする中央集権王朝体制である。彼らを支えたのは強烈な自負心と権威への執着であった。

ただ、人は年をへるごとに老いる。個体差はあるものの、体力は弱り、それにつれて判断力も衰える。それを本人に直接伝えるのは、周囲に仕える人、いや妻や息子や娘であっても難しい。すべては、本人の自覚と決断にかかっている。自ら身を引いて、人（後継者）に譲ると決め、その時期を間違えないことである。これまでの生き様とは正反対で、自己をないがしろにするかのようでもあり、自己犠牲をともなう行動であるからこそ、これを「引き際の良さ」という。

現在の国際社会では、強い指導者を求める世の風潮に乗り、長期にわたり自己の存在を見せつけるかのように権力を行使する国家主導者がめだつし、我々の周囲にも、小ぶりとはいえ同様の事例が散見される。「引き際の良さ」こそを社会活動の終止符にすべきであると、不遜ながら、始皇帝、武帝を例に、彼らと相似形の人たちに伝えたい。

一　秦の始皇帝嬴政

長子扶蘇の自害

皇帝称号を創始した秦の始皇帝は、即位して一一年後の紀元前二一〇年に、五回目の巡幸《じゅんこう》の途上、平原津で病を得て、沙丘でその生を終えた。その折に長子の扶蘇《ふそ》にあてた書状を残したというが、それは同行していた丞相《じょうしょう》の李斯《りし》と宦官の趙高《ちょうこう》によって秘匿され、咸陽《かんよう》に帰還してから、死亡の公表とともに、偽造された遺書が黄河湾曲部（河套《かとう》）の上郡《じょうぐん》に駐留していた扶蘇に届けられた。

「朕は天下を巡幸し、名山の諸神に祈禱して延命を望んだ。扶蘇は将軍蒙恬《もうてん》とともに数十万の軍を率いて辺境に駐屯し、これで十年余りになりながら、成果なく、兵士は消耗し、少しの功績もないのに、逆に幾度も書面で直言して、私を誹謗し、帰京して太子となれないことを日夜怨んでいる。扶蘇は人の子として不孝である。よって剣をやるから自害せよ。将軍蒙恬は扶蘇とともに辺境にいながら彼を正すことなく、扶蘇のたくらみに気づくべきであるのに、人臣として不忠である。よって自死するよう命じる」

扶蘇は、二十数人いたという皇子のなかでの長子であるだけでなく、人柄もよく、また剛毅で武勇との評判があり、後継者にふさわしい人材であると思われていた。だが、父親の厳罰主義的政治手法に苦言を呈したことから、都を追われて、当時は咸陽北部の辺境で蒙恬とともに長城防衛に従事していた。この書を受けとって自害を覚悟した扶蘇に、蒙恬は「陛下はまだ太子を立てていない。願い、願い、さらに願い出てみて、それから死を選んでも遅くはない」と諫めたが、扶蘇は聞かずに自害し、蒙恬は自害を拒否して投獄され、その後に死亡した。

この時、始皇帝は五〇歳、扶蘇は生年が分からないもののおそらく三〇歳は越えていただろう

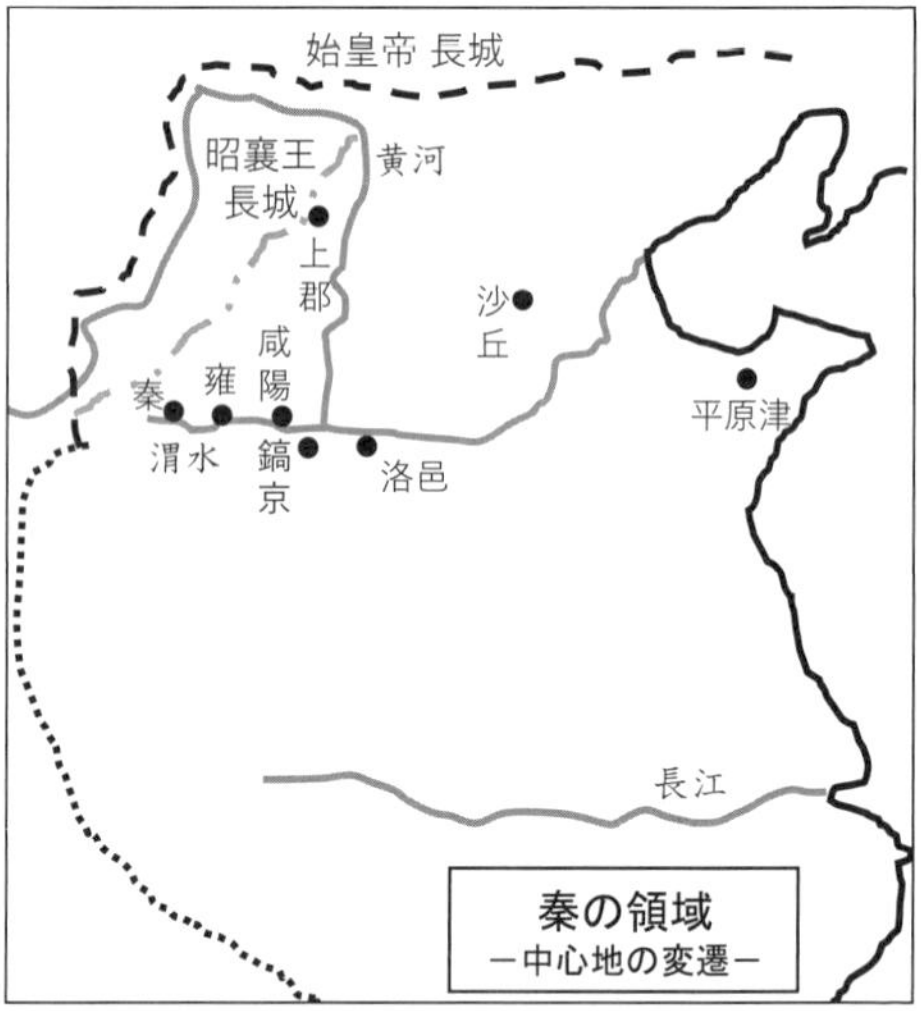

秦の領域
−中心地の変遷−

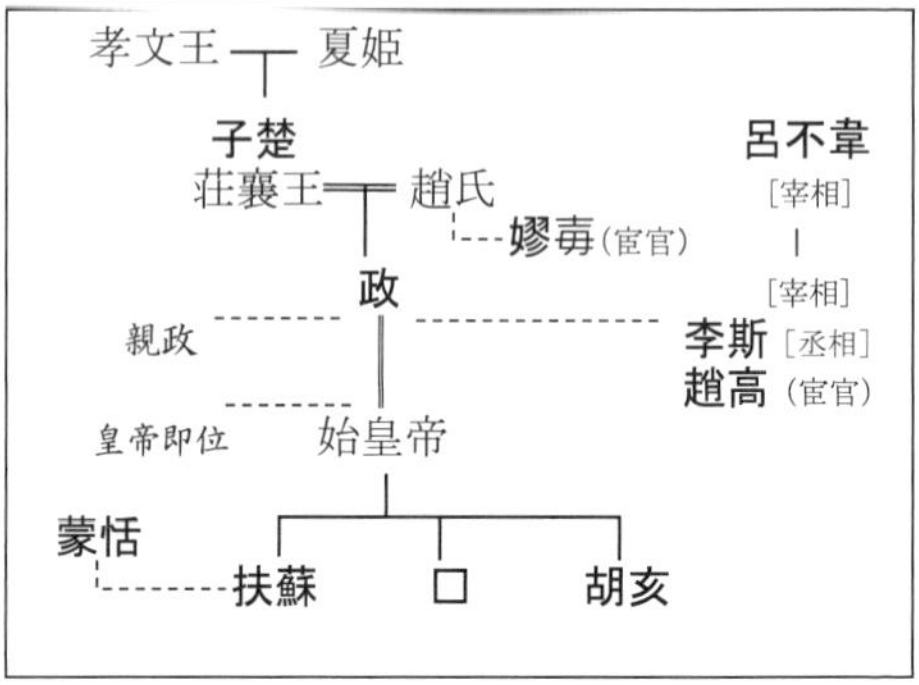

秦系図（関係者を含む）

から、蒙恬の言葉どおりに後継者に選ばれていて不思議はなかったが、それもなく死を迎えたということになる。それよりも皇帝称号を創始した時に、「朕、始皇帝たり、後世は計数をもって し、二世・三世より万世に至るまで、これを無窮に伝えん」と豪語した始皇帝が、当時としては長寿といえる還暦をまぢかに控えた年齢に達しながら、扶蘇でなくても皇子のなかから後継者を選んでいてもよいはずである。それがそうならなかったのには、それなりの理由があるといえる。

〔注　年齢は数え年とする〕

「奇貨、おくべし」

秦はもとはといえば、周王朝の支配下の西端にある秦を封地とする小国で、紀元前八世紀の後半に、周が首都を鎬京《こうけい》から洛邑《らくゆう》（洛陽《らくよう》）に移したのを機に、諸侯の地位を与えられて周王朝の正規の構成国に認知されて、雍《よう》に拠点を移した。そして、紀元前五世紀末に東方に位置する晋が三分割されて弱体化すると、東方への領土拡大をはかり、第二五代の孝公《こうこう》の時代に、法家《ほうか》の思想家商鞅《しょうおう》の国家経営理論を取り入れて強国への道を歩み始め、次の恵文王《けいぶんおう》で王の称号を得ることで、戦国七雄の一員として、他の六国から警戒されるまでになった。

そして秦における最初の長城造営を手掛け、強国化を推進した第二八代の昭襄王《しょうじょうおう》の孫にあたる子楚《しそ》が、東北に位置する隣国の趙に人質に出された。ここから始皇帝の物語が始まることになる。

戦国時代は戦国七雄をはじめとして、形式上は周の封建制度のもとにある王国がしのぎを削った時代で、各国は安全保障の意味を込めて相互に人質を交換する風習があった。子楚もその一人であるが、当時、趙には各地で手広く商業活動をしていた呂不韋《りょふい》がおり、「奇貨《きか》、おくべし」の言葉通りに子楚を支え、彼の秦王位継承を後方支援して確実なものとし、また求めに応じて愛妾である趙氏《ちょうし》を譲った。まさにパトロンと呼べるが、求められたとはいえ愛妾まで譲るのはいささか行き過ぎであったかもしれない。この趙氏がほどなくして男児を生むと、この子は秦王室の姓である嬴《えい》に、名を政《せい》、すなわち嬴政とされた。いわずもがなではあるが、後の始皇帝である。

今を生き、未来に向かう

父の孝文王《こうぶんおう》なきあと、子楚は妻子とともに帰国、王位を継承して荘襄王《そうじょうおう》となり、当時一〇歳であった嬴政は、王の後継者の位置を得る。ここまでは順調な人生の滑り出しといってよい。ところが、である。おそらく父の願いを受けてであろうが、呂不韋も彼らの帰国に同行しており、王を補佐する宰相の地位を与えられていたことから、どこにでも、そして現在の我々の周りにもいる、口さがない連中の格好の噂話の種になる。秦の出身者でもなく、商業で得た財を活用して宰相に上りつめた呂不韋へのひがみ、いや、「へんねし」というべきものがあった。「へんねし」とは京都弁で、他人にただ嫉妬の感情を持つだけでなく、その人物に不都合や不幸が訪れることを願い、表面的にはおくびにも出さずに陰でこそこそ噂話したりして機会の到来を待つことをいう。ことは王室のスキャンダルとくれば、人々の耳目を引くこと請け合いである。「王子の実の父は、子楚ではない」、さらに進んで「実の父は呂不韋のようだ」、肯定するにも否定するにも証拠はないとなると、おおっぴらではなくともじわじわと噂は広がり、ついには嬴政の耳に入らないわけがない。

多感な時期を迎えている少年にとって、不愉快で重い課題であったし、苦しみ悩むことも多くあったであろうが、彼は一つの結論を得ることでそれを乗り切った。すなわち、できる限り過去は問わない。すべては自分から始まり、今を生き、未来に向かうだけのこと。

在位三年で子楚が亡くなると、彼は父の跡を継ぎ王位に即いて秦王政《しんおうせい》と呼ばれるようになるが、問題は残っていた。まだ一三歳であったこともあり、父を助けて宰相の地位にあった呂不韋はそのまま残し、仲父《ちゅうふ》と敬称して留め置き政治執行を委ねざるをえなかったし、その一方で生母趙氏の寵愛を受ける宦官の嫪毐《ろうあい》が増長する事態に直面した。隠忍自重すること一〇年近くして、嫪毐にクーデター計画があることが発覚したのを好機と捉えた秦王政はこれを未然に防ぎ、重ねて連座の形で呂不韋をも排斥して、服毒自殺に追い込んで、ようやくにして親政、すなわち自らで政権を執行する立場を得ることになった。

封建制度は受け継がない

孝公以来の法家主義的国家経営をより推進するため、法家の流れをくむ李斯を政策立案・遂行者に抜擢し、宦官趙高とともに身辺を固めた秦王政は、中央統制体制を固めて内政を充実するとともに、活発な外征を敢行した。紀元前二三〇年に隣国の韓を皮切りに、趙・魏、そして南方の楚・北方の燕、そして韓への外征から九年後に東方の斉を滅亡させて、戦国時代の混乱を収束し、中国統一をなしとげるに至ったのである。この時、臣下に、遠隔地である楚・燕・斉については、周の封建制度に倣い諸子を分封《ぶんぽう》するよう提言する者がいたが、秦王政はこれを即座に却下した。ここに、過去にこだわらないという、あの自分の出生に関する噂話を払拭しようとした姿が重なってみえる。

　周の封建制度は、創立者の武王《ぶおう》が旧商王朝の領域の支配を弟に委ねたのを最初の例とし、幼少で即位した第二代の成王《せいおう》を補佐した叔父の周公旦《しゅうこうたん》が、東方・南方に拡大する領域の支配を同族血縁者や功臣に委ねたことに始まった。この地方分権制度であってこそ、広域支配は成立し、周王朝の安定をもたらしたことはよく知られる。戦国時代になると、各国は中央統制力の強い領域支配に傾注することで国力を増強してきたが、これはあくまで限られた範囲内のことでしかない。それがいま周と同等の領域を確保したとなると、遠方に限るとはいえ周

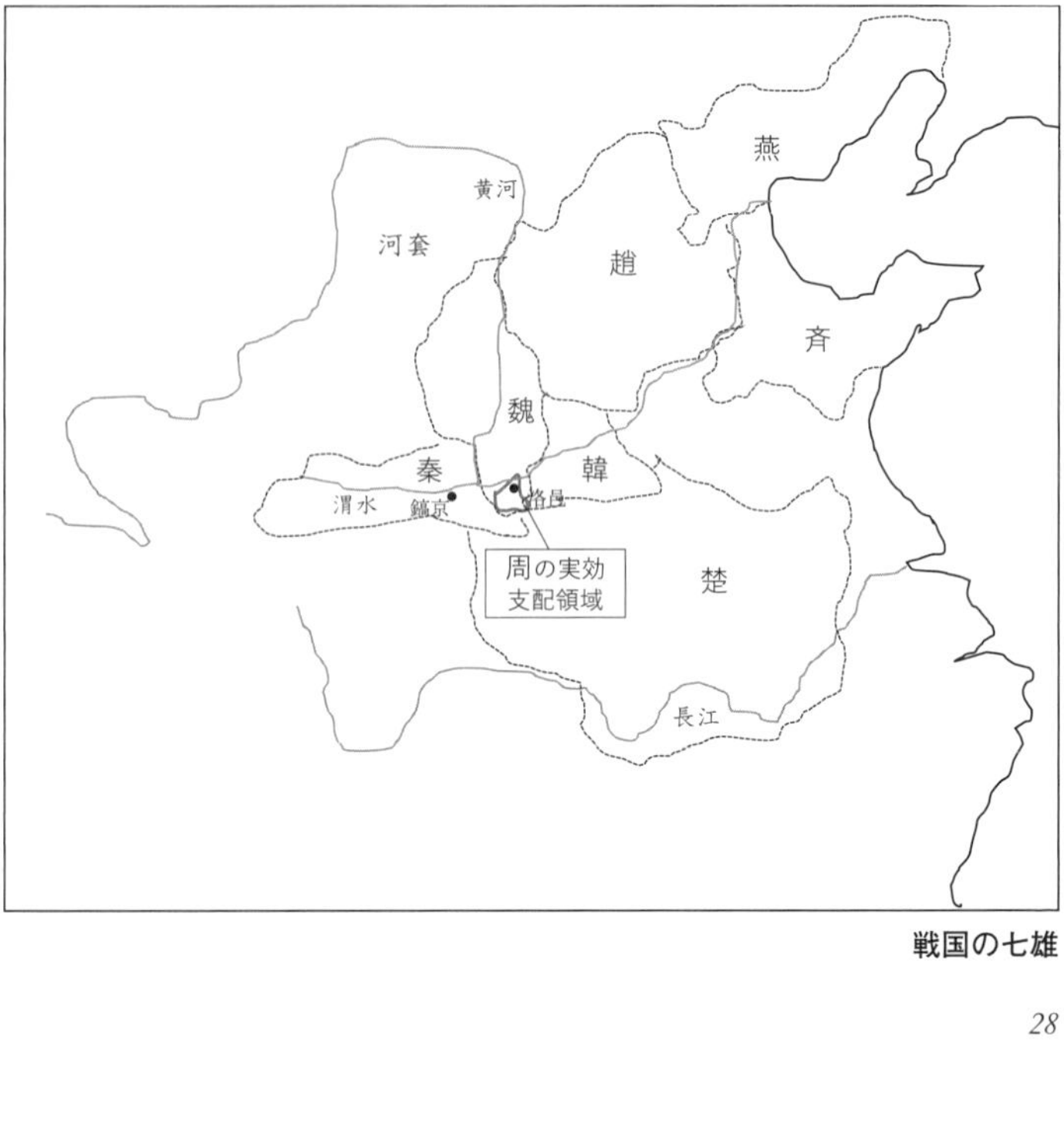

戦国の七雄

の封建制度の復活を構想しても、それほど奇異なことではないともいえる。それを秦王政は拒否し、あくまでも秦の国内支配で成果をあげていた領域支配を全域にわたり貫徹する意志を曲げなかった。ここに、中央政府による直接支配へのこだわりと、何事にせよダブルスタンダードは認めず、一度立てた方針は徹底して行うという、秦王政の姿勢が確認できる。これは始皇帝となってからも引き継がれることはいうまでもない。

ところで、東アジア地域においては高い文明水準に達していた中国であったが、黄河中流域にあった商王朝から周王朝に時代が変わり、その支配領域は黄河下流域、そして長江流域にまで一気に拡大したが、国家体制としては地方分権で、周王室を宗家とする連合体であった。それを一体化したのが秦で、まさに未曾有の出来事であった。これは周囲の、特に北方と西方の遊牧系民族に衝撃を与えたことは間違いない。

ここに東方の大国である秦の名が、彼ら遊牧系民族の手によって西方に伝播することになる。秦の中国語での原音は「チン」で、これが中央アジアに、そしてここから南におりてインドに、さらに西方に向かって西アジア・ヨーロッパに伝わった。その結果、中国は、ギリシア語ではΚίνα〔キナ〕、ラテン語ではSina〔シーナ〕、さらに英語はChina〔チャイナ〕、ドイツ語・スペイン語はChina〔チナ〕、フランス語はChine〔シンヌ〕、そしてインドのヒンディ語ではचीन〔チィン〕と呼ばれることになった。秦は現代にもその名を残しているのである（次頁に中国呼称を総覧する図表を掲げる）。

王を越えて皇帝に

さて、秦王政にとっては広大な領域を手中に収めるだけが目的だったのではない。あくまでも自己の手でこれを一つにまとめあげる必要性に迫られた。そのためには、まず周王朝との違いを示して、人々に時代の変化を見せつけなければならなかった。

周では周王が「王の中の王」として格上に置かれているとはいえ、封建された各国の主宰者も王と称していた。秦王と称していたのでは旧来と変わらず、切り捨てるべき過去を踏襲することになってしまいかねない。

王と隔絶した称号が必要となると考えた秦王政は臣下の助言を受け、最後は自らの判断で伝説上の偉大なる存在を象徴する「三皇五帝」から「皇帝」という新たな称号を生み出し、その自称は「朕《ちん》」、文書による命令は「制《せい》」、口頭によるものは「詔《しょう》（みことのり）」と定め、並ぶもののない存在であることを誇示した。そのうえで領域のみならず、国家制度を含めての統一作業を開始することになる。

中国 Zhong guo〔チョングォ〕
　韓国（朝鮮）語＝ 중국〔チュングォ〕
　ベトナム語＝ Trung Quốc〔チュンクォ〕
秦 Qin〔チン〕
　（インド）ヒンディ語＝ चीन〔チィン〕
　ギリシア語＝ Κίνα〔キナ〕
　ラテン語＝ Sina〔シーナ〕
　英語＝ China〔チャイナ〕
　独語＝ China〔チナ〕（スペイン語・オランダ語）
　仏語＝ Chine〔シンヌ〕
　ハンガリー語＝ Kína〔ティナ〕
　フィンランド語＝ Kiina〔ティナ〕
契丹 Qidan〔チタン〕
　ロシア語＝ Китай〔キタイ〕
　英語＝Cathay〔キャセイ〕
（下線＝現代中国におけるピンイン表記）

官僚制と監察権の独立

始皇帝による事業は、およそ人材の抜擢と活用、官僚制の確立、新価値観による統一政策、破壊と創造、そして自己顕示と権力への執着に大別できる。

人材の抜擢の最たる例は、先にあげた李斯であり、軍事では長城造営に尽力した蒙恬、そして始皇帝亡きあとの秦を守るために最後まで新興勢力と対峙した章邯《しょうかん》をあげることができる。彼らがそれぞれに有能であったことは間違いないが、その才能を生かし、彼らに役割を与えたのは始皇帝その人であり、ここに強くてぶれないリーダーと実務遂行者の絶妙の協働がみえるが、組織はこうあらねばならないという見本でもある。

国家の中枢機関として三公、すなわち丞相・太尉・御史大夫を置き、それぞれに行政・軍事・監察を統括させて中央官制を整備したが、これは一種の三権分立といえ、その上に皇帝が君臨し統轄することで皇帝権は強力に遂行されることになる。この官僚制の確立は世界史上で最も早いものと評価されるが、なにより注目すべきは監察権を実務遂行機能から独立させた点である。ここには、官僚制による政治運営は国家機能を生かすためには有効な手法であることを認めたうえで、官僚は隙あらば自己利益の誘導に傾き不正に走ることを前提とする考えがある。

世界における中国呼称

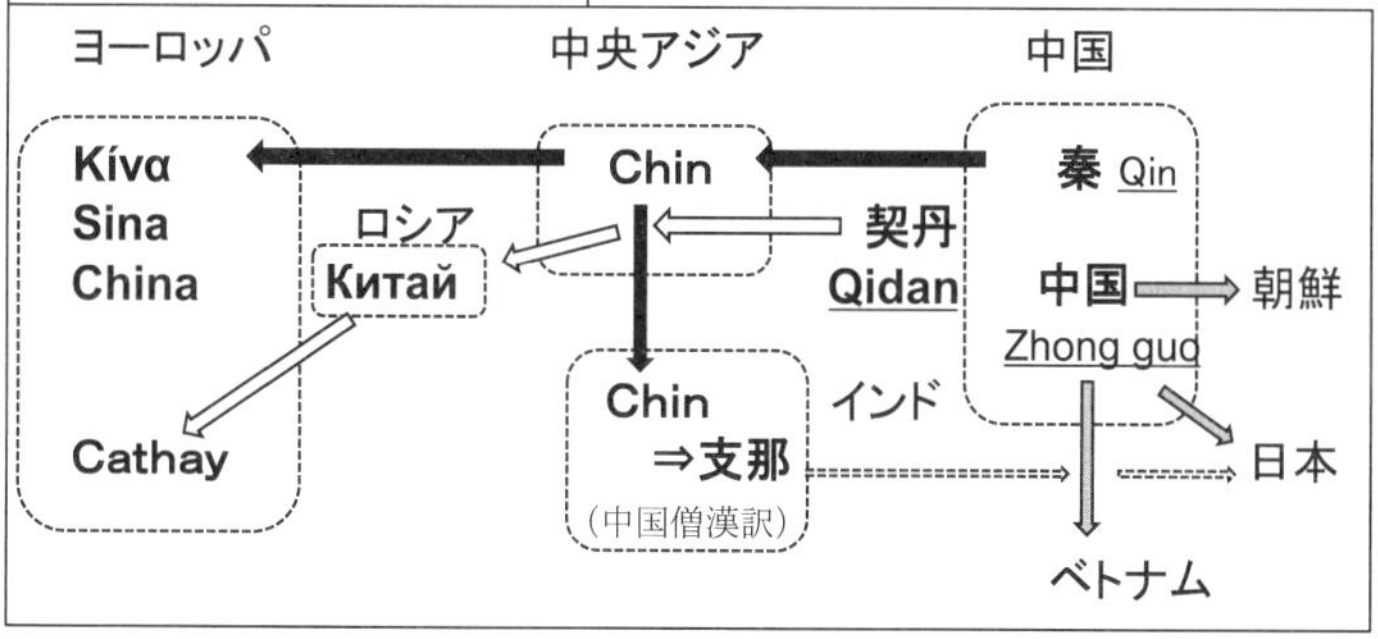

強権的な統一政策

新価値観による統一政策では、法家の政治思想の徹底、すなわち法治主義による統制とそれに違背した場合の厳罰主義があげられるが、その流れのなかで思想統制が強化された。法家思想と医学に関係するもの以外の存在は認めない、特に儒家に対して行われた「焚書坑儒《ふんしょこうじゅ》」はよく知られるところである。

これ以外にも貨幣・度量衡・文字（漢字の字体）の統一もある。ここに通底するのは価値基準の統一であるが、逆の言い方をすれば、周の支配が弛緩するなかで周辺の戦国諸国は自立化を進め、ついには独立的行動に走った結果により生まれた地域ごとの特性、いいかえれば各地独特の地方性というものの存在は一切認めないことを意味している。

少し話は変わるが、万里の長城を造営する際に農民が徴発され、彼らは黄土地帯では板枠の中で黄土を突き固めて営々と壁づくりに従事させられたが、時々に秦の兵士によって検査が行われた。その方法は、錐《きり》を使って土壁の強度を確認し、突き刺さるようであれば厳罰に処せられた、といわれる。その事実のほどは今では確認できないとはいえ、これは当時の国家支配を象徴する話ととらえるべきであろう。すなわち上方から命令が発せられると、受けた側は従わざるをえず、ただ仕事を果たすだけではなく徹底さが求められ、それは必ず検証され、少しでも命令に違背することがあれば厳罰が待っている、という図式がそこに確認できる。ここに挙げた統一政策は、徹底的に行われ少しの漏れも許されない状態にあった、ということである。

強権にして恐怖政治であるが、これあってこそ統一政策は遂行され、成果をあげた。ここに

「中国は一つ」という今でも叫ばれるスローガンができあがり、現在、欧州連合への統合で苦労するヨーロッパとほぼ同じ広さを持つ中国の一体性が確保されたのだから、それはそれで意味があるといえる。ただ、漢字は表意文字で視覚的には共用文字となるが、その発音については地域ごとに多様性が残ることになり、音は瞬時に消えて残らないこともあって、さすがにその統制まではできなかったことも事実で、かくして地方性は、方言として温存されることになった。人間活動を完全に統制する難しさの典型的な例といえよう。

確信に裏付けられた政策展開

破壊と創造とは、戦国時代末期の社会を変革し、新たな創造につなげたことを指す。その代表例は万里の長城である。

戦国各国は熾烈な国家間対立のため、それぞれが隣国との境の軍事侵攻が起こりやすい個所に、長大な壁とまではいかないまでも、見張り台をかねた塞《さい》（とりで）や障害物を設置していた。秦がこれらを併呑すると、既存の施設は一転して内地の交通や一体支配の障害物になるため、必要に応じて破壊・撤去されていき、そこに「馳道《ちどう》」と呼ばれる全国を結ぶ基幹道路が整備された。その一方で、北方の燕や趙が匈奴《きょうど》との対抗のために造営した長城は残し、秦が築いていた長城と連接し、さらに必要に応じて補強を施した。ここに、北方境界にのみ長城が存在することになったのである［「万里の長城については「第四章二　南宋の高宗趙構」に関連記事あり」。

その一方で、併呑した各国の支配層や富裕層を強制移住させたのも、彼らを在地から引き離して勢力を低減させるとともに、新たに征服していく西南部の未開地の開発へ寄与させる目的があったし、各地の武器を没収し、軍事力を国家の独占状態に置いたことも、旧体制の破壊と同時に新体制の創造につながるものであった。

最後の自己顕示と権力への執着であるが、まずあげられるのが首都咸陽の近辺に阿房宮《あぼうきゅう》という、これまでにない規模の宮殿や、始皇帝自身の埋葬予定地として広大な驪山陵《りざんりょう》を造営した。阿房宮は完成しないまま秦末の戦乱で焼尽したが、燃え尽きるまでに三か月かかったといわれ、現在では世界最大の宮殿跡との評価を受けているし、驪山陵についてはその一部が発掘され、「兵馬俑《へいばよう》」として有名で、ともに皇帝称号と通じる、未曾有、すなわちいまだかつてないものを作り出すという、始皇帝の自己顕示欲の集大成といえる。

なお、あまり目立たないことだが、始皇帝は「諡号《しごう》」、すなわち周代からの伝統である功績に応じた死者への称号付与を禁じた。特に君主については、臣下または後輩がその人物の評価をするべきではないというのがその理由で、超越した存在であろうとした始皇帝の面目躍如ともいえる。

ところで遅ればせながらではあるが、先に秦の歴史を追ったおりに、孝公や昭襄王の名を示したが、これは伝統に則る諡号である。対して諡号を禁止した始皇帝には当然のこと諡号はつけられておらず、そのため古来、彼が宣言した自称で呼ばれることになったことも付言しておく。

「天に二日なく、地に二君なし」

始皇帝の自己顕示はその行動にも現れ、強い長生願望のもと不老不死の薬を求めた。生への執着でありそれほど特異なことではないが、彼の場合は権力独占への執着であり、それが後継指名を遅らせることにつながったといえる。「天に二日なく、地に二君なし」で、太陽は一つしかないように、地上に君主たるものは一人で十分で、それに近い存在さえ否定される。自分が生きておれば後継者など必要ないのである。

いくら長生を願い、そのための努力を続けたとはいえ、人の死を知らなかったはずもない。しかし彼には自負があった。不愉快な噂話に心折れ悲観に沈むことがあっても不思議ではない状態で、「過去は問わない。すべては自分から始まり、今を生き、未来に向かうだけのこと」と、過去を切り捨て、苦難を乗り越え、これまでになかった地平を切り開いてきた。そんな自分だから、人並みな寿命とは無縁で、死は遠い先のこと、なにより今を生きることに強く傾斜することで、彼なりの心の平安を得ていた。だからこそ、自身の死が前提となる後継者の指名は、先送りにされた。

とはいえ、冒頭にあげたように彼にも死がやってくる日がきた。それが全国の各地を巡り、一般民衆のみならず、自己の命令を受けて職務を遂行する地方の官僚たちにも、目にしたこともないその命令者の偉大さと尊厳を見せつけるという、自己顕示を象徴する巡幸のさなかに起こったことは、いささか皮肉なことといえる。

だが、側近として仕え、始皇帝の権威を笠に着て自己の権力を遂行してきた李斯や趙高にとっては、自身の保身を含めて王朝の存続を図らねばならない一大事を迎えたことになる。彼らには、始皇帝の厳格な支配が民衆のみならず、官僚たちにも重荷となり、反発が起こってもおかしくない状況にあるという認識があった。だからこそ、まずはその死を秘匿し、生きているかのように装って巡幸を続け、咸陽に帰り着いた。この段階で、ようやく始皇帝の死亡を公表して驪山陵に埋葬し、その意向に従うという体裁を整えて遺書を偽造し、末子である胡亥《こがい》を後継皇帝として即位させた。始皇帝の死から二か月後のことになる。この二か月は、始皇帝の死を契機に起こりかねない反発の動きを未然に防ぐために費やされたと考えられる。

始皇帝の失態

即位した胡亥は二世皇帝と呼ばれるが、兄弟を幽閉、自殺の強要、そして処刑と様々な手を使い、さらに始皇帝時代の旧臣をも排除し、政権の安定を図った。ただこれは趙高が主導したもので、自身の権力を擁護し強化するためであった。

そしてなにより胡亥は趙高の期待に違わず愚鈍であった。趙高が鹿を馬と言いくるめる話も有名だが、彼の「すでに天下に君臨している自分としては、耳や目の好むところ、心や気分の楽しむものを究めて、我が人生を終えてもいいのではないか」との発言は、自らが皇帝であるという自覚がないことはいうにおよばず、積極的に手に入れた地位ではないにせよ、責任ある立場の人間の言葉なのかと耳を疑いたくなるほどである。

この趙高主導の動きを阻止しようとした李斯は、趙高によって逆に追い込まれ、拷問のあとに処刑されて果てる。学問を修め、その力をもって始皇帝に仕えて地位を得た李斯と、父の咎《とが》から少年時代に去勢刑にあって宮中に入るという逆境にありながらも、法律学を修めて上昇の機会をうかがい、はたせるかな始皇帝の認めるところとなった趙高とでは、権力抗争においてはおよそ勝負にならなかったのである。

宦官の主導するこのような王朝が存続するはずもない。そもそも宦官とは裏の存在である。商周以降すでに、大家を構える一族では、主人の血統の乱れを避けるため、去勢された人間を家事の男手として抱える風習があり、それが王朝に持ち込まれると、宦官という名称で呼ばれて宮中で使役された。あくまでも宮中奥向き（後宮《こうきゅう》）での雑務の男手を確保するためで、裏の存在であることに変わりはない。それなのに趙高は表舞台に姿を現し、あろうことか権力の中枢に自らを位置づけるまでになった。文楽における人形使いの黒子が、堂々とその黒衣を脱ぎ捨てたようなものである。

宦官の特性は、主君への絶対的忠誠にある。だからこそ絶対的権力者を目指す始皇帝にとって、宦官の趙高はそれなりに利用価値があった。だが自身の死後に、趙高のような人物が残ればどのような事態が生じるか、予測できないわけはない。とするならば趙高への対応は、後継指名を遅らせたことと並ぶ、自身の死を遠ざけ続けた始皇帝の失態ということになる。

始皇帝の死によって上からの強い圧力がなくなると、それまでの規律は一気に失われる。内の趙高の専横に加えて、外では各地で動乱の兆しが現れ、陳勝《ちんしょう》・呉広《ごこう》の乱《らん》を皮切りにして秦末の大乱となる。次なる時代に向けて各地で抗争が広がるなか、まずは項羽《こうう》が、そして後進勢力として台頭した劉邦《りゅうほう》が覇権を握ることになる。

そして秦はといえば、劉邦の関中《かんちゅう》突入を受けて危機に陥った趙高は、胡亥を位から引きずり下ろして自害に追い込み、あらたに始皇帝の孫にあたる子嬰《しえい》を擁立したが、その子嬰の裏切りにあって、彼および一族は皆殺しの刑となった。こののちに子嬰は劉邦に投降し、秦王朝の時代は幕を閉じた。子嬰は皇帝とは認められないから、胡亥の退位によって皇帝称号はたった二代で消滅したということになる［秦末の状況については「第二章一　前漢の恵帝劉盈《けいていりゅうえい》」に関連記事あり］。

二　前漢の武帝劉徹

皇后との確執

「どうしてなの、女が一人で歩いて心痛め、魂も抜け美貌も衰えて独り住まい。私にいいましたよね、朝に出かけても夕には帰ると。それなのに飲み食いを楽しみ、心移りして私を忘れ、他の女と意を通じて親しくするばかり。愚かなのでしょうか、思いを持ち続け、私のことを思い出して、お言葉だけとは分かっていても長門宮《ちょうもんきゅう》に来られるかと酒肴を用意して待つのに、あなたはどうしても来てくれません」

前漢武帝《ぶてい》の時代、賦と呼ばれる韻をふんだ文章の名手として高い評価を受けていた司馬相如《しばしょうじょ》の手になる「長門賦《ちょうもんふ》」の一節である。その前書きに、「武帝の陳《ちん》皇后は寵愛を得たものの、今では嫉妬して長門宮で悲しむばかり、司馬相如が天下の文章家と聞き、相如と卓文君《たくぶんくん》に黄金百斤を積んで、悲しみを和らげる言葉を求めるので、主上が寵愛をもどすよう導こうとして、この文を作る」とあり、すでに皇后の座を追われ、長門宮に幽閉状態にあった陳皇后（陳阿嬌《ちんあきょう》）の依頼を受けて、卓文君との夫婦愛の深さで有名だった司馬相如が、心情豊かに著した名文で、南朝梁の昭《しょう》明太子《めいたいし》が編纂した『文選《もんぜん》』に収録されている。

武帝は、中国皇帝を論じるなら欠くことのできない存在であるといえるが、彼の時代に至るまでの経緯をまず整理しておこう。

皇帝称号の復活

いったん途切れた皇帝称号を五年後に復活させたのは、劉邦、すなわち前漢の高祖であった。ただし劉邦は皇帝に即位して漢王朝（前漢）の成立を宣言したとはいえ、あくまでも燕王臧荼《えんおうぞうと》・楚《そ》王韓信《おうかんしん》・韓王信《かんおうしん》・淮南王英布《わいなんおうえいふ》・梁王彭越《りょうおうほうえつ》・長沙王呉《ちょうさおうご》芮《ぜい》ら異《い》姓諸侯王《せいしょこうおう》の支持のもとでのことであった。支配体制も、秦の中央集権体制を施行できたのは中央政府の直轄地でしかなく（郡県制）、領域の過半は周の封建制を援用してこれらの王に領土を付与する、すなわち封建制を援用した郡国制を採用せざるをえない状態であった。皇帝といっても、王の集合体の代表程度でしかなかったのである。

しかし高祖はこの状態に甘んじることなく、即位の翌年から、「劉氏にあらざれば、王たらず」（劉邦が重篤状態になった時に臣下に残した言葉。白馬《はくば》の盟《めい》）との信念のもと、先にあげた異姓諸侯王を、五年かけて同姓の劉氏一族に切り替えていき（長沙王は対象から除外された）、これを中央政府の周囲を固める藩屛《はんぺい》とした。しかし高祖が死亡し、第二代恵帝《けいてい》の時代になると、生母であり高祖の皇后であった呂氏《りょし》が政治に介入し、恵帝亡きあとは、恵帝の子を二代続けて皇位に即けて傀儡《かいらい》とし、呂氏一族とともに権力を掌握する状況となった。ここに前漢王朝は創立まもなくにして、存亡の危機に陥ることになる。

「弱幹強枝」から「強幹弱枝」へ

これを救ったのが劉邦の臣下達で、呂氏一族を斥《しりぞ》けて、劉邦の第四子で代王《だいおう》となっていた劉恒《りゅうこう》を擁立した。第五代文帝《ぶんてい》で、ここに劉氏の漢朝が復活したが、今度は各地に存在する劉氏の王たちの存在が問題となる。劉邦の同姓への切り替え時に、王国の領土は随分減少しはしたが、それでも形態は封建制そのままで、王朝内における自立的存在であることに変わりなかった。中央政府を幹とするならば「幹が弱く、枝が強い」（弱幹強枝《じゃくかんきょうし》）状態で、これを打破しなければ強力な中央集権体制の王朝は望めない。

そこで文帝は王国対策に注力し、まずはそれぞれの王の世代交代を利用して、諸子への国の分割、さらに後継子のない王国は中央直轄に組み入れる「分国策《ぶんこくさく》」を実行し、その勢力の削減を果たした。この流れを引き継ぎ進展させたのがその子の景帝《けいてい》（劉啓《りゅうけい》）で、理由をつけては王国の支配領域の削減を行う「削国策《さくこくさく》」を遂行した。ここに王国の不満は重積し、ついには呉楚《ごそ》七国《しちこく》の乱《らん》を誘発することになったが、三か月でこれを鎮圧することで乗り切り、ついに王国との関係は「幹が強く、枝が弱い」（強幹弱枝《きょうかんじゃくし》）関係に転換し、ここに漢王朝は安定した時代を迎えることになった。

実である。

武帝の生母王娡

劉徹《りゅうてつ》は景帝を引き継いで即位し（武帝）、その皇帝時代は、国内政治でも対外関係でも数々の成果をあげる華々しいものとなった。ただ、劉徹が皇帝に即位する道のりは決して平坦なものではなかったし、先にあげた「長門賦」の主人公である陳阿嬌なくしてはありえなかったことも事実である。

劉徹は景帝の第一〇子、王氏（王娡《おうし》）を母として紀元前一五六年にこの世に生を受けた。母である王娡が景帝の子を生むに至るまでにはなかなか数奇なめぐりあわせがあるので、母の前半生から振り返っておくことにする。

王娡の母親の臧児《ぞうじ》は建国の功臣である燕王臧荼の孫で、最初、王仲《おうちゅう》という男性に嫁ぎ一男二女を生んだが、死に別れて田《でん》氏に再嫁し、さらに二人の男児を出産した。王仲との間に生まれた長女が王娡で、次女が王児姁《おうじく》、そして田氏との間の長男が田蚡《でんふん》である。王娡は金王孫《きんおうそん》という男性に嫁ぎ一女をもうけるが、その後になって、臧児は占いで「娘の二人は必ずや尊い者となる」との託宣を受け、この二人にかけてみようと決めた。そこで彼女は、怒る金氏を横目に娘を無理やり離別させ、皇太子時代の劉啓（のちに景帝）の後宮に宮女として送り込んだのである。祖父の臧荼が燕王として漢王朝の創立に貢献しながらも、最期は謀反のかどで殺害されたことへの怨念と、一族の栄誉回復への執念が、臧児をこの行動に駆り立てたのではないか、と思わせられる。

ただこの時、皇太子にはすでに太子妃がいた。太子妃の薄氏《はくし》は正妻であるだけでなく、当時の皇帝である文帝の生母として皇太后《こうたいごう》の地位にあった薄氏の係累の女性で、家柄的にもとても対抗できる相手ではなかった。さらに加えて、皇太子には寵愛する栗氏《りつし》という女性がおり、こちらは男児のいない太子妃とは異なり、順調に男児を三人も出産していた。すなわち、ただの下級宮女となった王娡には、もはや入り込む隙などないような状態であったのである。

しかし、世の中なにが起こるかわからない、というように、なんと劉啓は王娡に目をとめ、そのうえ彼女は三人の女児を生むに至った。こうなるとあと一歩、次は男児を生むことである。日夜、祈禱を続けたかいもあったのか、すでに劉啓が景帝となったのちのある夜のこと、王娡が「日（太陽）が懐に入る夢をみた」と告げると、劉啓は「高位の人物が生まれる吉兆（貴徵《きちょう》）である」と喜び、はたせるかな男児が誕生し、この子は劉徹と名付けられた。

この当時、景帝には、皇后に次ぐ地位である姫《き》の称号を持つようになった栗氏（栗姫《りつき》）の生んだ男児三人に加えて、母親を異にする男児がほかに六人もいた。そのうち栗姫の生んだ第一子の劉栄《りゅうえい》はすでに成人年齢に達しており、三〇歳をこえて嫡子の望めない景帝が、この劉栄を皇太子にしたのは自然な流れであった。劉徹の生まれた三年後のことで、彼は立太子の候補にもあがってはいない。

男児を生むという願いをかなえた王娡ではあったが、この子が皇帝になるなど、もはや望むべくもなかったはずであった。ところが、ちょうど呉楚七国の乱が治まったころに、宮中で不穏な動きをしてうごめく女性がいた。景帝の同母姉で、「公主《こうしゅ》」という皇帝の女児としての称号を持つ劉嫖《りゅうひょう》（館陶《かんとう》公主）である。

館陶公主劉嫖の策謀

陳午《ちんご》に降嫁して出産した劉嫖は、この陳阿嬌と名付けられた女児を、しかるべきところに嫁に出そうとした。自分もその恩恵に浴そうとたくらんだ劉嫖は、まず皇太子となっていた劉栄との婚姻をはかった。ところが、母親の栗氏は、劉嫖が景帝と自身との関係を阻害する工作をした過去を怨みに、この話を受け付けなかった。諦められない劉嫖は、栗氏が出産した男児以外の皇子に標的を定め、吟味のうえで、残る七人のなかで「聡明にして利発」の評判のある、最も幼少の劉徹に的を絞ることにし、王娡に話を持ち掛けた。

この段階で劉嫖と王娡がどこまで具体的に踏み込んだ話をしたかはわからないが、結果的に両者は劉徹と陳阿嬌の婚姻に合意した。現代の我々の結婚観を基準にして考えてはいけないのは当然のこととして、夫婦は夫が年長であらねばならないというつもりもない。中国皇帝史のなかでも妻である皇后が皇帝より年長であるケースはまま目にすることではある。しかしこの時、劉徹は五歳、陳阿嬌は一三歳、自然な流れのなかでの男女の出会いではなく、年齢差は分かっていながらだからこそ、八歳の開きは大きすぎるといわざるをえない。

皇太子劉徹

ともあれ、こうなると劉嫖の目指す先は、劉徹の位置づけをできる限り高いものにすることに切り替わる。漢代の宮中出入りは後代に比べて自由であったと思われるが、彼女は慎重に事態を探り見極めた。そこに一つの情報が舞い込む。体調を崩した景帝が、栗氏に「自分の死後も、妃たちといい関係でいるように」と働きかけた時に、彼女が「不遜《ふそん》」の言葉を発して、景帝はひどく傷つき不愉快になりながらも、その場では怒りを言葉で表すこともなくぐっとこらえた、という。

少なくとも二人の間に感情的齟齬が生まれたのだけは確定的であると受け止めて誤りはない。ここでいう「不遜」とは、我々が夫婦の諍《いさか》い中の会話で耳にするような軽い言葉ではない。景帝がすでに、祖母の皇太后に押し付けられて気にくわず、まして男児を生んでいない皇后の薄氏を廃后《はいこう》、すなわち皇后位から退けてから間もないことであることからすれば、これは、栗氏が皇后への昇格を自ら申し出た、と思量するのが妥当であろう。

もとからの栗氏との感情的対立が、婚姻話の拒否からますます大きくなっていた劉嫖は、これを好機と捉え、栗氏追い落としの行動に出た。まず「王娡は人彘《じんてい》の被害にあわされるかもしれない」と、呂皇后と戚《せき》夫人《ふじん》の故事［「第二章一　前漢の恵帝劉盈」に関連記事あり］に事寄せて栗氏を誹謗し、さらに「栗氏は自分の侍女を使って他の妃たちに呪いをかけている」と讒言《ざんげん》して、景帝の彼女への不信感をあおった。そのうえで、宮中の礼儀をつかさどる官僚に指示して、「子は母をもって貴し、母は子をもって貴しという。だのに皇太子の母である栗氏には高い称号がない状態。ここは皇后にすべきである」と景帝に進言させた。

栗氏への疑念にとりつかれていた景帝は、これを聞いて確信を持つに至り、なんと皇太子劉栄の位を剝奪し、直後に王娡を皇后とし、劉徹を皇太子にするという決定を下した。まさに劉嫖にとっては思惑通りの展開となったといえる。ここに母の出自も後宮内での位置づけも決して高くはなく、さらに最後に生まれて可能性はほぼないとみられていた劉徹に、皇帝への道が開かれたのである。陳阿嬌との婚姻がその始まりで、その後の劉嫖の策略なくしてはありえなかったことである。

太皇太后の横やり

紀元前一四一年、劉徹が即位し、武帝の時代が始まることになる。だがその滑り出しは決して順調なものではなかった。彼の年齢は一六歳で、それを擁護する意味を込めて、先々代の文帝の皇后であった竇氏《とうし》が太皇太后《たいこうたいごう》、先代景帝の皇后王氏《おうし》（王娡）は皇太后として後見の立場を占め、さらに政権中枢には太皇太后の甥の竇嬰《とうえい》、皇太后の異父弟田蚡が配置された。二代にわたる母方の親族、つまり、外戚に周囲を固められた形になる。

武帝が、皇太子時代から温めていた儒教を尊重する施政方針を示すと、竇嬰と田蚡もこれに同意した。ならばと、さっそくこれを公にしようとすると、太皇太后から強い反発を受けた。太皇太后が黄帝《こうてい》と老子《ろうし》を信奉する黄老《こうろう》信仰の持ち主であることを武帝は知ってはいたであろうが、これほどの反発を受けるとは予想もしていなかったであろう。ただ、太皇太后の怒りはこれにとどまらず、竇嬰と田蚡を罷免する挙に出たのである。

官僚の人事権は皇帝に属することからすれば、これは後見する立場とはいえ太皇太后の越権行為であり、非正規の強権発動となる。しかし、武帝はこれに抗うことはなかった。いや抗えなかったというべきかもしれない。

振り返ってみれば、二代皇帝恵帝の母親で高祖の皇后呂氏による政治介入は別格としても、劉氏政権復活をかけた文帝の即位に向けて発言権を行使して強く即位を勧め、さらにはその子の景帝の皇后に一族の女性を無理やり押し付けた薄氏のように、女性の存在感を示す例が続いてきた。それもあって朝廷内では、皇后のみならず、皇太后や太皇太后を尊重する風潮が高まっていたことは確かである。親を含め年長者に敬意を払い、相応の対応をするというのは、普遍的に許容される家族道徳観であるが、この時代はそれが一層強く意識されるにとどまらず、なかば圧力となっており、それが武帝の反抗を押しとどめたと考えるべきであろう。

まさに出鼻をくじかれた形になったが、ここは、太皇太后の意向をうかがうなかで、隠忍自重に徹するに限る。この決断をした武帝は、これからしばらくは、新規事業に着手することもなく、皇帝としてのルーティーンである政務処理をするかたわら、もっぱら周辺地域への視察（微《び》行《こう》）や狩猟にでかけるなどして過ごすことになる。精力的な活動で定評のある壮年期の武帝からは想像できない姿で、実のところは悶々とした日々であったと思われる。しかしながら、この時の忍ぶ力が、青年期を迎えつつある劉徹をより大きく成長させたともいえる。

解放された武帝

この状態が続くこと一二年にして、転機が訪れた。太皇太后の死によって解放される日がきたのである。重しが取れた武帝は、自らが考える皇帝としての事業を思いのままに推し進めていくことになる。

まずは田蚡を復活させて側近を固め、儒教を軸とする体制作りに着手し、儒教教育の充実を図って太学《たいがく》を設置する。その一方で、法治の体制もあわせて構築、さらに文帝の「分国策」、景帝の「削国策」の後継ともいえる「推恩《すいおん》の令《れい》」を発布して、諸侯たちの王国勢力削減に見通しをつけた。また同じく文帝が始め景帝が継承した「察挙制《さつきょせい》」（郷挙里選《きょうきょりせん》）を引き継ぐことで、広く人材を求め能力に基づく官僚登用に道をつけたのも、この時期にあたる。隠忍自重の時代に温めていた新規の政策を矢継ぎ早に打ち出し、着実に実行に移していったのである。

皇后陳阿嬌

皇帝政治は順調に進み始めたかにみえるが、武帝には解決しなければならない課題が残されていた。即位と同時に皇后となった陳阿嬌である。二人が結ばれる経緯は先にみたとおりであるが、問題は婚姻後一〇年にもなるのに、彼女に子供ができないことであった。

後宮には、皇后を筆頭にして、夫人と呼ばれる上級宮女（妃《ひ》嬪《ひん》・姫《き》）、さらに美人・良人《りょうじん》・八子《はちし》・七子《しちし》・長使・少使という宮女群がそれぞれ複数整えられるなかでは、他の女性による皇子出産がいつ起こっても不思議ではなく、陳阿嬌の不安は一層募る。万金をはたいて医薬に頼るも効果なく、苦境に陥った彼女はあわや死ぬかの自殺未遂を繰り返し、ついには男性を引き付けるための媚道《びどう》という怪しげな術にはまることとなる。こうなると武帝はますます寄り付かず、またこれが彼女の嫉妬を掻き立てるという悪循環に陥ってしまう。

そしてついには、恨みを持つ人を呪い殺すという「巫蠱《ふこ》」と呼ばれる呪詛行為に走り、これが発覚して、武帝によって皇后の座を追われる事態に立ち至った。婚姻後一二年の紀元前一三〇年のことで、これ以後、陳阿嬌は長門宮に幽閉され、当然のように劉嫖も斥けられて影響力行使の機会を奪われてしまった。ここに武帝はやっと、過去のしがらみから逃れることができたのである。

衛青と霍去病

そのなかにあっても、武帝の政策遂行は順調に進んだ。廃后の翌年、専横化しかねないほど増長していた田蚡が死亡し、裁量権をより一層確固たるものとした武帝は、それまでも歴代継続的に行われていた対匈奴《きょうど》作戦を加速させ、また当時としては画期的な、平民出身の公孫弘《こうそんこう》を政治責任者に抜擢するという手に出た。名門一族に依存する旧来の手法から脱却し、実力主義による人材任用にかじを切ったのである。これが功を奏して、新しく登用された官僚たちがまた政権の活力につながるという、好循環の時代に入ることになる。

匈奴作戦で既存の武将に加わり、目覚ましい功績を挙げたのは、衛青《えいせい》と霍去病《かくきょへい》である。彼らは「察挙制」による文官官僚人材の採用に並ぶ、軍事における新規人材であった。彼らが世に出るきっかけとなったのは、衛子夫《えいしふ》という女性であったが、この経緯を明らかにするためには、時計の針を少し戻さなければならない。

即位の二年後に、武帝が文帝の葬られている覇陵《はりょう》に参詣した折に、近郊にある異母姉の平陽公《へいようこう》主《しゅ》の邸に招かれたのが事の始まりとなる。そこで催された接待の宴で、歌唱を披露したのが衛子夫で、その容姿と歌唱にほれこんだ武帝は、帰途に同伴させて、彼女を後宮に引き入れた。宴会での歌唱披露でおよその察しはつくが、決して出自のよくない衛子夫にとっては、思いもかけないことが起こったわけである。ただ、後宮に入ったものの、武帝とのお目通りが数年にわたりかなわないままに月日は過ぎる。そこで彼女は、状況に応じて行われる宮女の再点検の機会を利用して、涙ながらに後宮からの放出を願い出た。ところがこの姿を目にした武帝は、彼女を残留させ、これを機に寵愛の対象としたのである。

この結果、衛子夫は三女をもうけた。女児とはいえ武帝はこれを喜び、彼女の弟である衛青を皇帝の側近官に抜擢し、さらに男児を出産すると、ついに彼女を皇后とし、さらに甥の霍去病も抜擢することになった。衛子夫の希望を受けて歓心を買おうとしたもので、情実人事、外戚優遇と非難されても仕方がない話である。ただ、それを打ち消すほどにこの人事は有効なものになった。のちに衛青と霍去病は匈奴作戦で大きな功績をおさめ、これを転換点として、秦の始皇帝や漢の高祖らを苦しめた匈奴が弱体化し、張騫《ちょうけん》の派遣を嚆矢《こうし》とする西域《さいいき》地方との関係が生まれることになる。匈奴対策の成功は、武帝の華々しい業績である。情実人事は災禍を呼び込むことが多いが、ここでは王朝に福をもたらすことにつながったわけである。

内政の充実

内政においても続々と成果が現れる。紀元前一二二年に、「一角の麒麟《きりん》」が捕獲され、これを瑞祥《ずいしょう》としてこの年を「元狩《げんしゅ》元年」とし、遡って即位の翌年を建元《けんげん》元年とする元号制が始まった。

これがその後の王朝にも延々と引き継がれたことはいうまでもない。さらにこの年には、「推恩の令」による効果が如実となり、支配領域の中央集権化が達成された。また三年後には、商人出身の官僚桑弘羊《そうこうよう》が提案する塩鉄専売が施行されて、農本主義のなかでの商業行為への国家統制が始まり、続いて幣制改革も実施されるなど、経済政策も着々と成果をあげ、これは国家財政に多大な貢献をすることになった。

中央政府の強化と潤沢な財政は、対外発展を支え、南越《なんえつ》と呼ばれていた広東・広西地域、西南の貴州・雲南、西北の河西回廊《かせいかいろう》南部、そして朝鮮半島北部での領域拡大活動を成功に導き、地方行政体制の再編強化へとつながった。中国南部地域を完全に支配統制下においたのはこの時代なのである。

また付け加えておくと、王朝国家の支配原理として儒教が位置付けられ、暦法を大幅に改編して太初暦が作られ、これを契機に、それまで周では一一月、

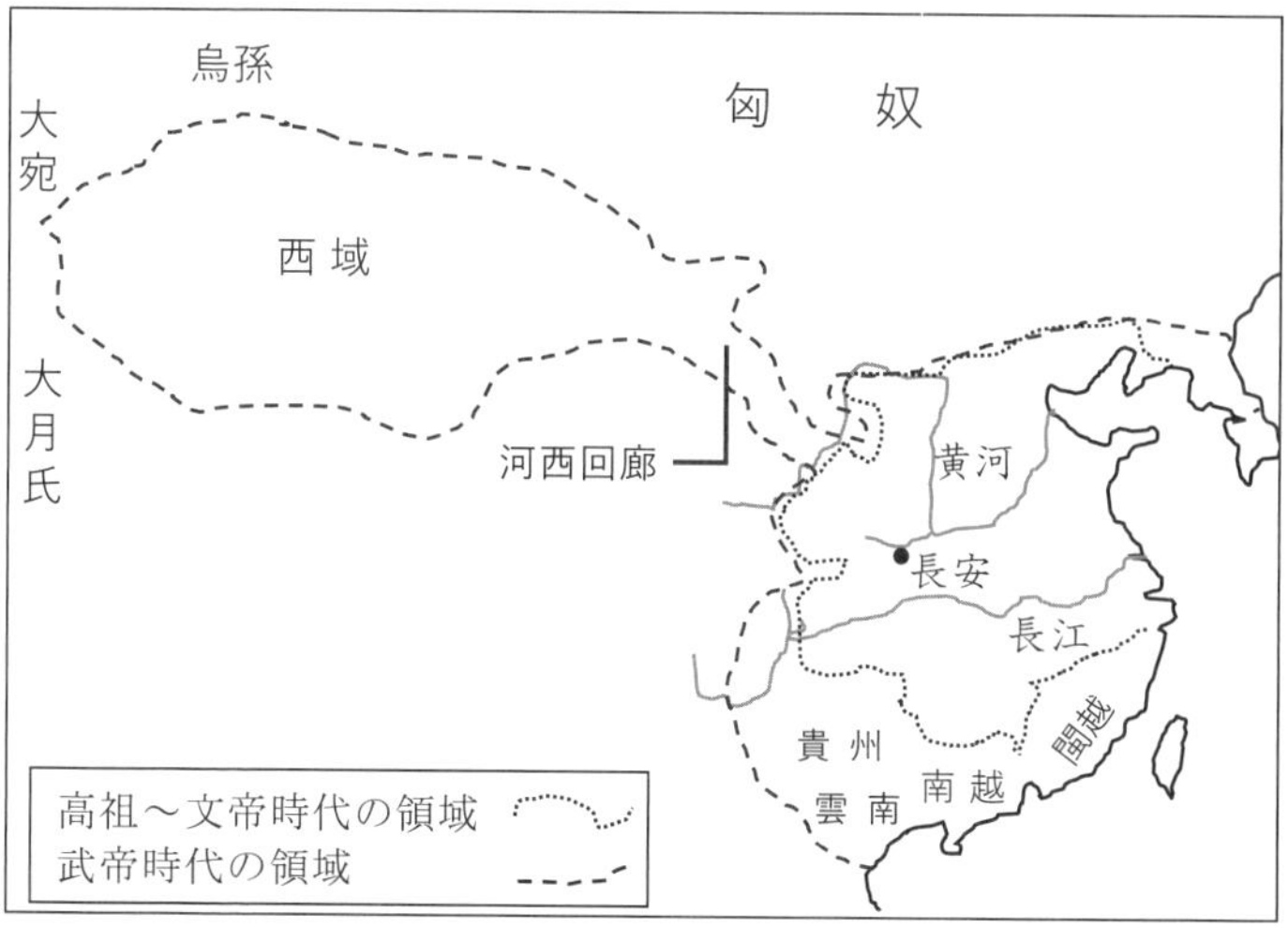

前漢の領域―武帝時代の拡大―

秦と漢では一〇月を年の初め（歳首《さいしゅ》）とする伝統を破り、今後は正月を歳首と定めた。ここにあげた数々の事績は、今後の中国王朝体制の枠組みとなったことは明らかで、ここにも武帝の皇帝時代の意義が確認できるのである。

男児の出生と立太子

リーダーシップのもとで人材を活用し、政治経済のみならず領域の拡大に新たな地平を開き、それが後世に大きな影響を残す、とすればやはり、武帝は中国皇帝を論じるなら欠くことのできない人材である、といえる。しかし彼も人間だった。五四年に及ぶ在位はさすがに長く、晩年には慢心を起こして政治を怠りがちになる。事業に成功し、確固たる地位を築いた人が陥りがちなことである。

さらに社会の好循環を三〇年以上にわたって維持するのは難しいし、そこに陰りがみえると歪みが出始める。格差が拡大し、大地主や大商人といった必要以上の富を集積する存在が現れる一方で、社会的弱者の一般庶民、特に農民は苦境に沈み、土地を離れて流民化する。ここに匈奴対策や領域拡大による経済的負担がのしかかると、国家財政も逼迫するという悪循環が起こり、社会は不安定化する。

「悪いことは重なる」というが、このなかで、ともすれば遅れがちで不安定な要素を残したままであった後継者選定にまつわる問題が表面化した。その経緯を少し整理しておこう。

陳皇后に長らく子が生まれず、その間、他の妃の出産もなかったため、即位して一〇年を過ぎても武帝は男児に恵まれず、臣下のなかに不安の声が出てもおかしくない状態であった。それを解消したのは、紀元前一二八年の衛子夫の男児出産であった。この子は劉拠《りゅうきょ》と名付けられ、七歳になってようやく皇太子とされた（戻太子《れいたいし》）。ようやく、とあえていったのには理由がある。

待ち望んだ男子誕生を喜んだ武帝は衛子夫をすぐさま皇后に推挙したので、劉拠は嫡長子という、最も望ましいとされる後継子となる。幼児生存率が低い当時のことであるから、無事の成長を見極めるために、念のため数年待って立太子することはありうる。しかし七歳になるまで持ち越す必要などはない。そもそもこの立太子は、側近からの幾度にもわたる進言を無視できず、まさに渋々といった形で行われたものであったのである。この時、武帝は三〇代半ば、脂の乗った壮年期にあった。まさに「我ありてこそ」の気概に燃えていた頃で、そこには、自己以外を皇帝に近い存在にすることをよしとしない意識があったとしか考えられない。

皇太子の宮中クーデター

さらに問題になるのはその後である。武帝と皇后衛子夫の関係はこのあとから急速に冷めていき、武帝の寵愛は、王夫人、李夫人、尹倢伃《いんしょうよ》、そして鉤弋《こうよく》夫人へ転々と移ってしまう。二〇代半ばの衛子夫が、これを不満に思わないわけはない。これが昂じると、自身が遠ざけられるのみならず、わが子劉拠の皇太子の地位に影響を与えかねない、との不安が膨らんで当然であろう。このような状態が長く続くなかで、紀元前九一年に、武帝と衛皇后の感情のもつれを突くかのように、江充《こうじゅう》という武帝の側近が、皇太子が宮中で木製の人形を土に埋めて武帝を呪い殺す呪い（巫蠱）をしている、と訴え出たから、事態はますます悪化する。

江充が以前から劉拠と不仲であったのがもとになった、といわれるが、もうひとつ目を向けておかなければいけないことがある。すなわち、この三年前に、当時寵愛を受けていた鉤弋夫人が男児を出産しており、後継者は劉拠にこだわらなくてもいい状況が生まれていたのである。とすると、この江充の訴えは、ますます真に迫ったものとなる。

武帝がこれを信じたかどうかは分からないが、先に動いたのは皇太子劉拠、そして衛皇后であった。彼ら二人は宮中クーデターを企て、実際に行動に移した。しかし、皇帝の親衛隊と皇太子のそれとでは勝負になるはずもなく、包囲されるなかで劉拠は自死、さらに衛皇后と劉拠の三男一女は自殺を命じられた。たった五日間の戦闘の結果で、ここに武帝の後継者問題は白紙に戻ってしまったのである。

外戚の禍を防ぐ究極の策

この大変な事態に直面して動揺していた武帝は、側近からの真相解明を求める動きが出たのに応じて、調査を命じた。すると、あろうことか江充の訴えが捏造であることが判明したのである。武帝は悔恨の情にさいなまれ、精神的に大きな衝撃を受けたという。すでに六六歳になっていた武帝に残された手は、もはや限られており、鉤弋夫人の生んだ劉弗陵《りゅうふつりょう》にあとを託す以外になかった。

臣下から立太子を強く要請されはするが、しかしこれを即座に実行するわけにはいかなかった。

臣下の捏造で皇太子と皇后を死に追いやった痛手は大きかったたし、自らの権威にもかかわることである。ここはしばらく待たねばならないし、今度はしくじってはならない。ようやく立太子を決意した武帝は、事前に生母である鉤弋夫人に賜死《しし》、すなわち自死を命じた（「立太子殺母《りったいしさつぼ》」という）。恐ろしい話であるが、あえて武帝を弁護すれば、彼は高祖の皇后呂氏を念頭に置き、我が子を守らんがために行動を起こした自身の皇后衛氏の再来を未然に防ごうとした結果、言い換えれば、外戚の禍を防ぐための究極の対応をしたにすぎないともいえる。

鉤弋夫人が命を受けて自死した翌年の紀元前八七年に、劉弗陵は立太子されて皇太子となったが、なんとその三日後に武帝劉徹はこの世を去った。

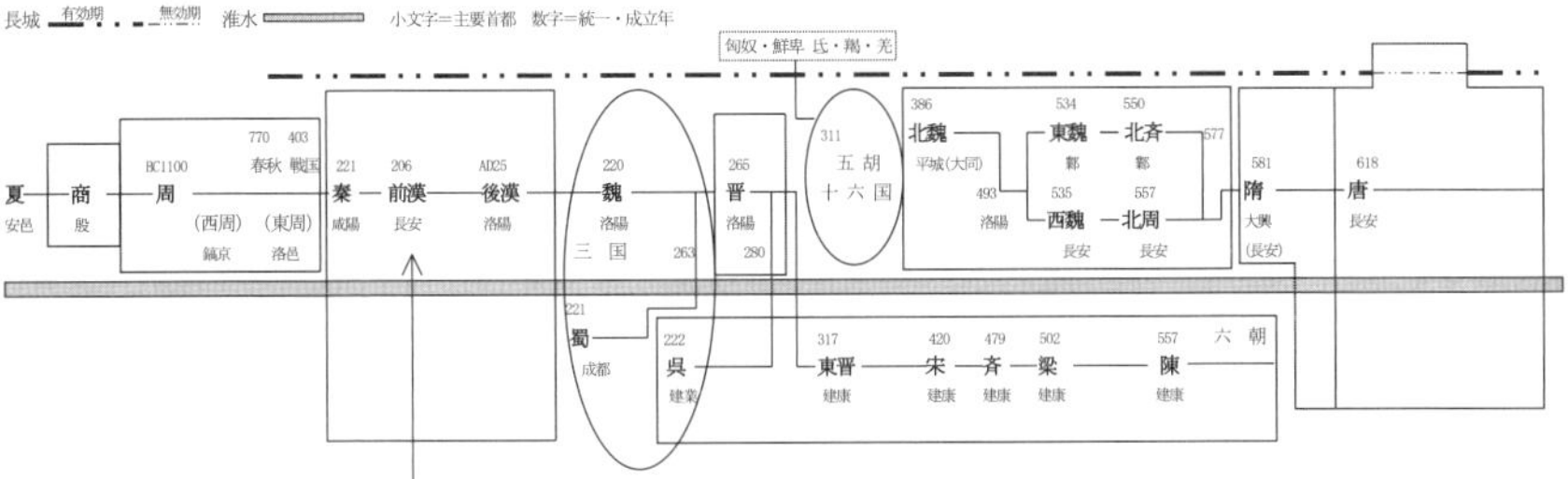

第二章　頼るしかなかった、とはいえ

——血縁のありがたさとその反動

恵帝劉盈

順治帝愛新覚羅福臨

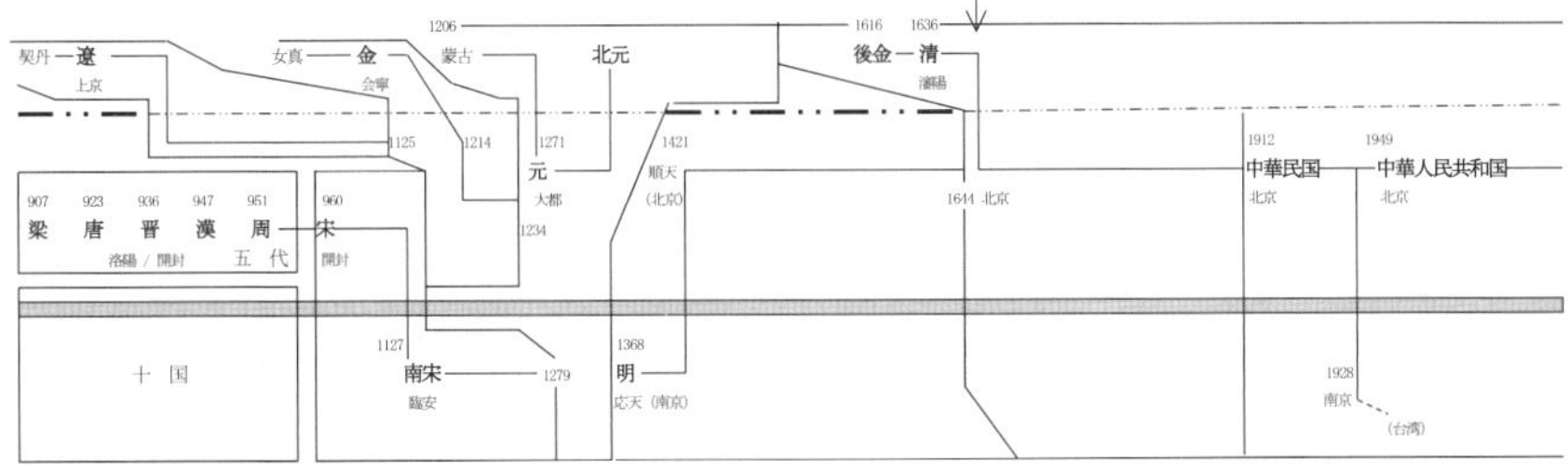

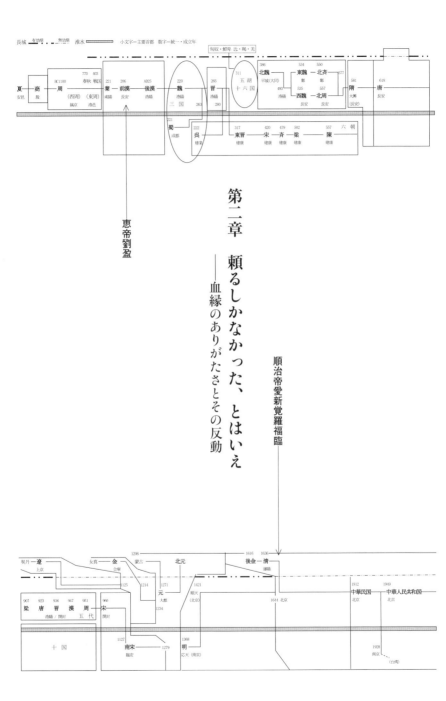

皇帝となれたのは誰のおかげ、さらには皇帝として振る舞えているのは誰のおかげ、と自らに問いかけた時、その答えは明らかである。前漢の恵帝劉盈《けいていりゅうえい》にとっては生みの母親である呂氏《りょし》、清の順治帝《じゅんちてい》にとっては叔父のドルゴン、彼らがいなければ自身の皇帝即位はなかった。恩を感じなければならないし、またそうあって当然である。

ただ即位した時に、恵帝はようやく一六歳、順治帝ははるかに若くまだ六歳、恵帝にはさらに加えて精神的な悩みがあったことから、二人には後見人がついた。皇帝への道筋をつけてくれた生母と叔父がその任につくのは当然であったが、彼らは後見の立場にとどまらず、若年の皇帝を越えて政治を主導した。マリオネットで、操り手が人形をかなぐり捨てて舞台に躍り出るようなものである。血縁のしがらみのなかで、捨てられる人形に等しい立場となった恵帝と順治帝はどのように対応したのだろうか。

一　前漢の恵帝劉盈【附：高祖劉邦】

衝撃の事態を前にして

「あなたのような母の子では、とても皇帝としてやっていけません」

漢の高祖劉邦《りゅうほう》が亡くなった翌年、生母である呂皇后の所業をみせつけられた、第二代の恵帝劉盈の言葉である。これは面と向かって、声を張って放たれたものではなく、目を伏せ、うめきにも似たつぶやきだった、と思われる。それは呂皇后の所業を確認すれば、分かってもらえるはずである。

劉邦亡き後、皇后であった呂氏（呂雉《りょち》）は皇太后となり、恵帝の後見人として、朝廷内で隠然たる権力を誇った。ただ彼女には、どうしても存在自体を許すことができない人間がいた。劉邦が漢王《かんおう》となり勢力拡大に邁進した頃から、それまで夫に尽くしてきた自分に代わって劉邦の寵愛を一身に集め、第三子となる劉如意《りゅうにょい》を出産していた戚夫人《せきふじん》である。尽くしに尽くしてきた自分ではない女性に入れ込むという、夫の仕打ちが許せないのと同時に、なにより我が子の劉盈より五歳下の劉如意がいつなんどき皇太子の地位を奪うか、心配でたまらない。劉邦が即位したあとも、戚夫人は側に仕えて意を通じていることも耳に入っていた。さらに劉邦は一度ならず、側近の臣下に皇太子差し替えの意向を漏らしたとも聞くし、そのような動きを察知すれば、呂氏は策を弄してこれを阻止してきた。しがらみのある女を許せるはずがない。これはもはや怨念というべきものである。

それでも劉盈は無事に即位できた。呂氏の心配は杞憂に終わったかにみえたが、これをしても呂氏の戚夫人への怨みは治まらなかった。劉邦存命中は手が出せなかったからこそ、その死後に呂氏の怨みは形となって現れた。高祖の宮女を整理するのにかこつけて、戚夫人にあらぬ濡れ衣を着せて罪に落とし、その髪を剃り落としたうえで宮中の宮女専用の幽閉所に隔離し、加えて、趙王として邯鄲《かんたん》にいた劉如意を長安に呼び戻したのである。これで怨みを晴らした、といいたいところであるが、事はこれですまなかった。その翌年、恵帝が早朝に狩りに出かけて宮中不在となったのを好機と、劉如意に毒を盛り殺害してしまう。

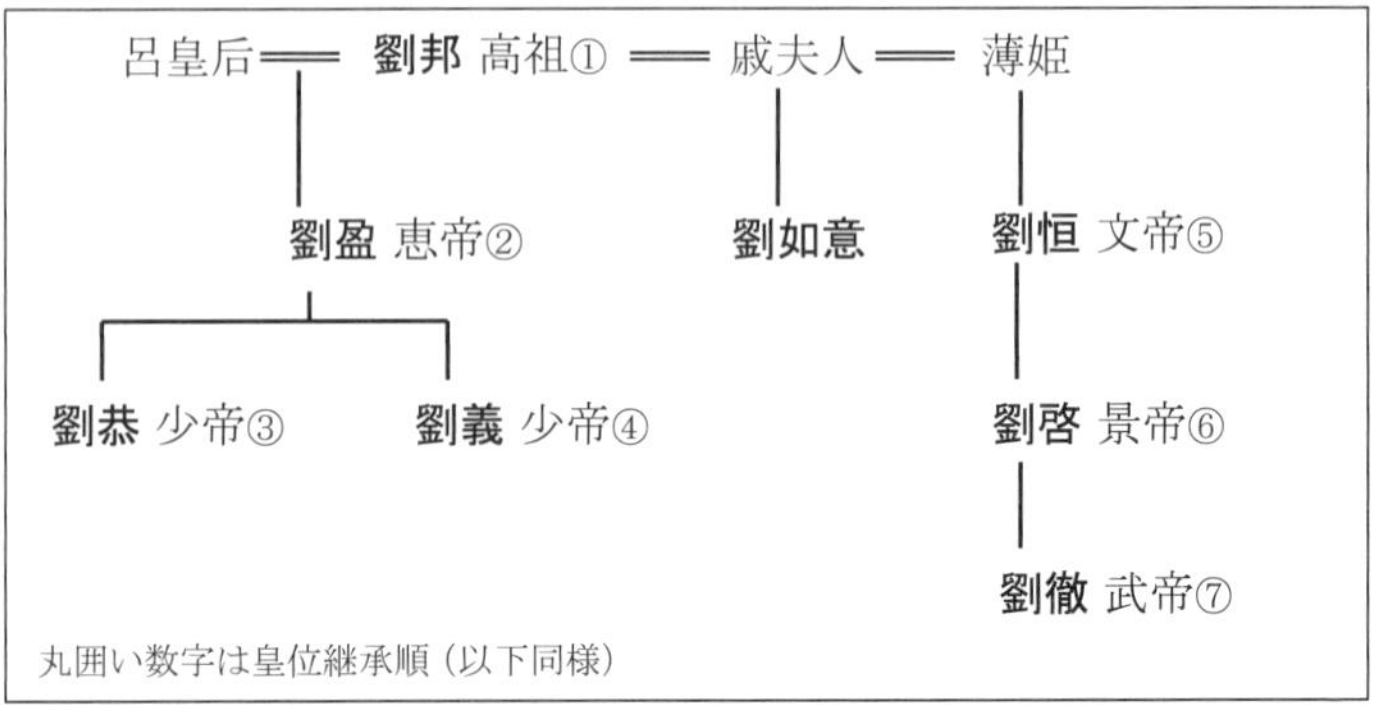

前漢（初期）系図

呂氏の復讐はこれで終わらない。戚夫人を幽閉所から引き出し、宦官に命じてその手と脚を切断し、さらに目と耳を使いものにならないようにして（人彘《じんてい》）、厠《かわや》に放置させた。想像するのもおぞましい場景である。それでも気が済まず、呂氏は息子劉盈をわざわざ呼びだして、「お前のためにしてやった」とばかりに、彼の目で戚夫人の哀れな姿を確認させたのである。

始皇帝と劉邦の出会い

劉邦は紀元前二五六年、当時は戦国時代の楚国の北部の沛《はい》に生まれた。呂氏はこのほぼ一五年後、沛の西方八〇キロばかりの、同じく楚国北部の単父《ぜんぽ》で生まれた。劉邦は農作業を好まず、もっぱら無頼との交友を楽しむ任俠気質、豪放磊落を旨とする人柄であったという。やがて、二人の生まれた地域は秦に併呑されるが、劉邦は顔の広さや親分気質が買われて、行政区画の下から二番目にあたる亭《てい》の長となった。この頃のこととして、次のような逸話が残されている。

政府から徭役《ようえき》に駆り出されて都の咸陽《かんよう》に行った劉邦が、秦の始皇帝の大行列をたまたま目にして、「男なら、こうありたいものだ」といったというのである。まさに、自己の権威をみせつけようとする始皇帝と、それに感応して将来の皇帝を目指す劉邦との出会いということになるが、あまりにできすぎた話であることは、誰にでもわかるだろう。

そもそも中国史上で王朝を創立する、いわゆる「創業皇帝」には、将来は大物になることを示す前兆として、この手の話が多く残されている。なかでも多いのは誕生時の吉祥を示すエピソードで、劉邦は雷鳴が轟くなかで龍が舞い降りた結果生まれ、後漢の光武帝劉秀《こうぶていりゅうしゅう》は誕生時に、室内に赤光が充満したし、隋の文帝楊堅《ぶんていようけん》も紫色の光が庭に溢れたといい、宋の太祖趙匡胤《ちょうきょういん》も赤い光が室内に満ちて特別な香りがするなか身体は三日間金色に輝いたし、明の太祖朱元璋《しゅげんしょう》も家から紅の光が出て数日間消えずに近隣の住人が火事と思い駆けつけた、などなど、その例はいくつもあげられる。俗にいうあと付けの逸話であるが、皇帝ともなると凡人とは違うと、このような不思議な話が作られ、権威づけに使われたのである。こういった話を幾度も聞かされるうちに、やはり高位の人はできが違う、と刷り込まれることになりかねないから、注意して向き合わなければいけない。

劉邦に尽くす呂氏

さて、亭長であった劉邦と呂氏の出会いである。話は呂氏の父親、名前が残らないので呂公《りょこう》とされる人物が、人間関係でトラブルになり郷里を出奔し、沛に移住してきたことから始まる。呂公はいっぱしの身分だったようで、沛の県令《けんれい》（県の副長官）が知己であったことから、その主催で歓迎の宴会が開かれることになった。州に次ぐ上級の行政区画の高位者が催す宴会では、亭長ごときではその他多数の扱いであったが、劉邦は、用意できるはずもないのに「お祝金一万」と申し出て、まんまと堂上の席を手に入れた。豪傑劉邦の面目躍如といえる。これを「非凡の人物」として認めたのが呂公で、なんとその場で娘との婚姻を申し入れた。当時、劉邦に妻はいないながらも一人の息子がおり、呂公の妻は好ましい相手ではないと反対したが、「女の口出しすることではない」と、ジェンダー問題に慎重であるべき昨今では顔をしかめられるようなひと言でしりぞけ、強引に二人を結び付けた。

下級官職である亭長の収入では生活は楽ではなかったが、豪放磊落を旨とし、広い交友関係を好む劉邦の浪費に不満をぶつけることもなく、呂氏は義父母も含めて劉邦に仕えた。彼が泥酔して、勾留すべき罪人を逃亡させてしまい、上級官庁からの譴責を恐れて山中に逃げ隠れた時には、夫の潜伏先への遠路をいとわず、毎日、食事と着替えの衣服を届けたという。「糟糠《そうこう》の妻」という表現があり（原典は後漢の官僚・宋弘《そうこう》の言葉）、これに匹敵するものとして彼女の献身ぶりを美談にする気はないが、尋常ならず夫に尽くす妻であった。そして二人の間に、女児に続いて男児が生まれた。これが劉盈である。

呂氏の捕縛と戚夫人の出産

その翌年、秦末の大乱の流れに乗って、劉邦は仲間を集めて兵を挙げ、自らを「沛公《はいこう》」と称した。まだ一派を構えるには実力不足であったので、楚の王族出身で当時大きな勢力を持っていた項梁《こうりょう》の配下に入った。その後、項梁が亡くなり甥の項羽《こうう》（本名は項籍《こうせき》）がそのあとを継いだ頃から、劉邦は自立的行動を活発化させ、反乱勢力のひとつに数えられるまでになる。当時、秦は宦官趙高《ちょうこう》が二世皇帝胡亥《こがい》を自害させ、すでに子嬰《しえい》の時代に入り崩壊寸前で、都の咸陽がある、函谷《かんこく》関《かん》と武関《ぶかん》に守られた関中《かんちゅう》に先に誰が入るかが、雌雄を決するといっていい状態にあった。先陣を切ったのは劉邦であったが、遅れた項羽が先に咸陽に突入して、子嬰を亡きものとし、覇権を握ることになる。

項羽はここで西楚覇王《せいそはおう》と称して、各地の反乱勢力を糾合してそれぞれに王の位を与え（十八諸侯王）、劉邦もその一員である漢王を名乗るようになる。子嬰の殺害、咸陽での略奪と破壊で評判を落とす項羽をしり目に、ただ「人を殺した者は死罪に、人を傷つけたり、盗みを働いた者は罪に落とす」という、簡潔にして分かりやすい「法三章《ほうさんしょう》」を掲げて実行した劉邦は人心を得て、項羽の好敵手という政治的位置づけを手中におさめ、ここに楚漢戦争《そかんせんそう》と呼ばれる時代に入った。

このなかで劉邦は、のちに彼を皇帝に推戴する中心となった諸侯王を味方につけ、リーダーとしての地位を確立することになるが、すべてが順調に進んだわけではない。楚漢戦争の状態になった翌年に、項羽の不在を好機とみて楚の拠点彭城《ほうじょう》を襲撃した劉邦は、急ぎ舞い戻った項羽の迎撃を受けて敗走し、追撃されて窮地に陥るという憂き目にあう。この時、沛が襲撃され、あやういところで劉盈姉弟は救い出されたが、呂氏が捕らえられ、二年後に釈放されるまでは、項羽側の捕虜となった。

劉邦が挙兵して各地を転戦していた時期、呂氏は沛で家を守っていたが、ここで戦乱に巻き込まれて災難に遭ったことになる。一方、劉邦の身辺に仕えていたのは戚夫人で、ちょうどこの頃、戚夫人は劉如意を出産している。ここでの境遇の違いが、二人の軋轢をさらに大きなものとしたことは疑いようもない。ただ、この段階で、劉邦は劉盈を太子、すなわち自身の名乗る漢王の正統な後継者と明言して、呂氏との関係をなんとか取り持とうとしているのは、なかなか人間臭くていい話ではあるが、それが最終的に戚夫人の「人彘」につながるとは知る由もなかった。

劉邦の皇帝即位

項羽軍の追撃に、一時は危機に陥った劉邦であったが、西方の洛陽《らくよう》近辺の栄陽《えいよう》にたどり着くと、その東方の鴻溝《こうこう》を基点として、ここを境に西は劉邦の漢、東は項羽の楚で領域を分ける、いわゆる「天下二分の計」を提示して和議を申し入れた。ところが、和議が成立して項羽が東に退却するのを確認すると、劉邦はここで盟約を破って追撃行動に転じ、その後も攻勢を続けて、ついに紀元前二〇二年に垓下《がいか》の戦で勝利をおさめ、項羽を自殺に追い込んだ。

ここに四年にわたった楚漢戦争は幕を閉じ、劉邦は皇帝に即位し、漢王朝（前漢）が成立する。ただこれは彼を推戴した諸侯王との連合政権でしかなく、あえて郡国制を採用するなかで王国対策が実行されたことは、先の武帝の項で指摘したとおりである。そのなかで高祖劉邦は秦の官僚制を踏襲して中央集権体制の確立を模

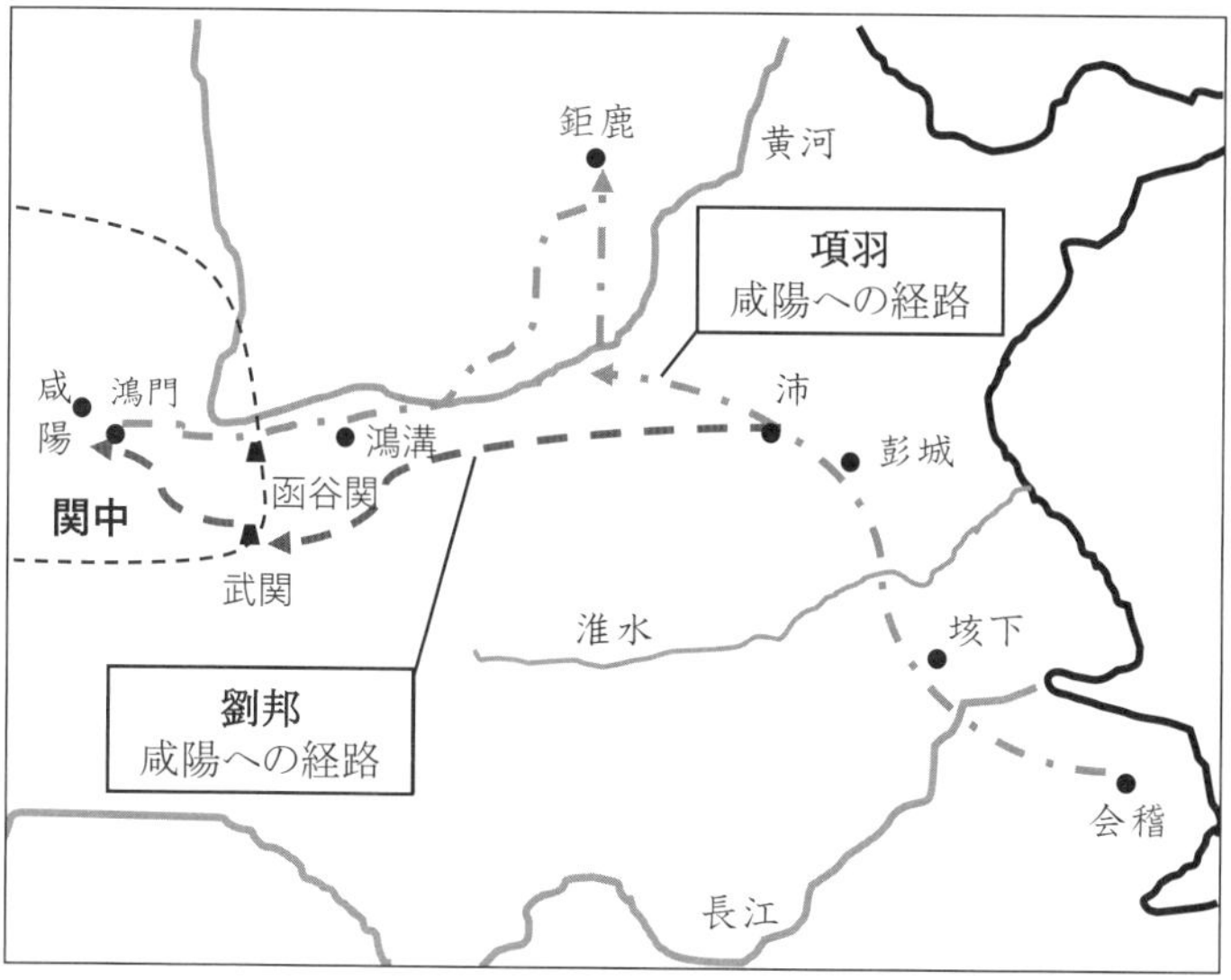

項羽と劉邦

索し、平和の訪れに応じて兵士を出身地に帰還させて秩序の回復を進めるとともに、農業生産の復興、農民負担の軽減をはかって社会の安定をもたらすなど、国家基盤を着実に確立していった。

資質に欠ける劉盈

しかしながら、彼には問題が残されていた。

劉邦は即位と同時に、呂氏を皇后に、劉盈を皇太子にしたが、正妻を皇后に推挙するのは一夫一妻制からして当然のことであり、嫡長子を優先するのも周代後半以降からの伝統に則るものである。形式的な面からいえば、最もオーソドックスな選択が行われたことになる。ただこの選択は、劉邦の本意であったかとなると、そうとはいえない。皇后という呂氏の地位は、正妻で艱難辛苦をともにしてきたことからしてゆるがせにはしにくいものの、立太子については他の皇子を選択する余地がないわけではない。中国における嫡長子優先は「暗黙の了解」に基づく伝統に過ぎず、絶対的な規則ではない。劉盈の立太子は、呂氏のあとには引かぬ強い希望に従った結果でしかなく、劉邦の本意は劉如意にあったとみるべきであろう。彼が、側に仕えて寵愛を独占する戚夫人の生んだ子であるだけではなく、なにより劉邦は劉盈のことがあまり気に入っていなかったのである。

劉邦は劉盈を評して「仁弱《じんじゃく》」としていた。たったの二文字だが、父という立場から我が子を評する言葉として意味を敷衍すると、「優しくて人柄はよく、思いやりが深いのはいいとしても、人としての強さがなく、相手を威圧して服従させることはとてもできない」ということになる。

さらに重ねて「我に類せず」、すなわち「自分とは人間のタイプがまったく違う」ともした。皇帝でもある父親の自分に対するこのような評価が息子を打ちのめし、絶望感から萎縮させたことは疑いない。父は強く偉大で押しも押されもせぬ存在であり、一方、母は自分をかわいがり後ろ盾になってくれるものの、たくましくて強く、皇帝となった夫に対しても頑として譲るところがない。両親の存在がそのまま重圧となる状況下で、まだ一〇歳を過ぎたばかりの子が生きていくのは、なかなか大変なことであった。

劉盈の器に不満を抱える劉邦が、その心情を側近の臣下に吐露したのは、即位から四年後のことになる。「皇太子を、自分とタイプが似ている劉如意に差し替えたい」と、内々に相談したが、側仕えの者からは「年長者を斥けて、幼年者を立てるのはもってのほか」と、年長者優先を盾に聞き入れてもらえなかった。おそらくこの話は、呂氏の耳にも入り、二人の間に以前よりも増して険悪な雰囲気が漂ったと思われるが、劉邦はあきらめきれなかった。

劉邦の死

先に武帝の項で述べた、異姓諸侯王への対策が最終段階に入った紀元前一九五年、抵抗を続ける淮南王英布の反乱を平定するための親征に出た劉邦は、流れ矢にあたって負傷し、これがもとで病床に伏した。先は長くないと悟った劉邦は、ここでもう一度、皇太子交代の思いを臣下に伝えたが、「死を覚悟してでも反対する」と阻止され、思いはついにかなわなかった。このことを病床に見舞った戚夫人に告げると、彼女は泣き伏したというが、これが呂氏の耳に入ったことも

「人彘」の伏線になったとみえる。

この年に劉邦は望み叶わぬまま亡くなり、恵帝の時代となる。劉盈は一六歳で成人といっていい年齢に達していたが、父の自分への評価や、二度にわたる皇太子差し替えの動きを知らぬはずもなく、とても政権を主宰できる精神状態ではなかった。それもあって皇太后となった呂氏が後見として控えると同時に、劉邦の残した臣下達が脇を固める体制が準備された。そのなかで、「人彘」事件は起こった。

もはや抜け殻に等しい状態で形ばかりの皇帝となってしまった劉盈は、即位から七年にしてその生を終える。皇帝への即位は母のおかげとはいえ、その母の呪縛に苦しんだ人生であった。

外戚介入の先例

劉盈を亡くしても呂氏は権力に固執した。恵帝亡きのち、呂氏はすぐさま劉盈の残した幼子(劉恭《りゅうきょう》・劉義《りゅうぎ》)を短期間で順次擁立し、自らが政治に関与する「臨朝聴政《りんちょうちょうせい》」(「呂后称制《りょこうしょうせい》」ともいう)と呼ばれる体制を整える一方で、王となっていた劉邦の子を殺害また冷遇して斥け、その一方で呂氏一族を優遇して、まさに外戚による政権壟断の状態を作り出したのである。これがその後、清朝まで続く皇帝政治の負の側面といわれる、外戚による政治介入の先例となったのはいうまでもない。

呂氏一族に権力を奪われた漢王朝は存続の危機に瀕したといえるが、呂氏も歳には勝てなかった。恵帝の死から八年後に六〇歳をすぎて亡くなる。この死を契機にして、劉氏皇族が再起し、臣下の助けもあって呂氏打倒の活動を展開し、代王《だいおう》となっていた劉邦の第四子劉恒《りゅうこう》が即位して文《ぶん》帝《てい》となり、漢王朝の命脈はからくもつながることになった［前漢初期史については「第一章二　前漢の武帝劉徹」に関連記事あり］。

二　清の順治帝愛新覚羅福臨【附：太祖ヌルハチ・太宗ホンタイジ】

ドルゴン断罪

順治帝《じゅんちてい》は、一二世紀に宋の北部領土を奪った女真《じょしん》民族の末裔で、後金《こうきん》を立てたヌルハチ（太祖・努児哈赤。音訳漢字表記は複数例ある）から数えて三代目、その子で皇帝に即位し国号を清としたホンタイジ（太宗・皇太極）の後継者にあたる。彼が一四歳の時、前年に急死した叔父ドルゴン（皇父摂政王《こうふせっしょうおう》・多爾袞）を糾弾した断罪文をみてもらいたい。「ドルゴン罪状一四条」（一六条とすることもある）と呼ばれるが、ここではそれを六項目に整理しておく。

・順治帝の即位は自身の助力によるとし、皇帝の若年に付け込んだ許可なき政治決裁と詔《みことのり》の偽造による独断専権。
・太宗の遺言をかたった政治執行と、爵位の自在の付与や任意の官僚人事。
・批判者に対する法の不正執行による抑え込みと、朝廷会議の私物化。
・太宗の即位は非正規に行われたとし、その時代の事績を自己の功績にすり替える詐欺的行為。

・自身の邸宅やそこでの礼儀の態様、さらに専属護衛の配置を、皇帝と同等なものとする不遜行為。
・公的財産の私的流用と自己勢力の増殖行為。

順治帝が即位して七年後の一六五〇年の年末、ドルゴンは体調不良をおして狩猟に出かけ、北京の北方近郊カラホトンで亡くなった。まだ三九歳の若さであった。五日後に訃報を受けた順治帝は激しく動揺し、臣下や民衆に喪服で哀悼するよう通達を出した。さらに五日して遺骸を乗せた霊柩車が北京に近づくと、順治帝は皇族をはじめ文武百官を従えて、宮城を出て北京の東北角にある東直門の外まで出向き、これを直々に迎えた。皇帝としては、叔父とはいえ臣下にあたる者に対する異例の行動であった。この時、順治帝は人目もはばからずに慟哭した、と清朝の公式記録『清実録《しんじつろく》』は伝えている。

ところが、これから年を越しての二か月、日数にすれば六五日後に、ドルゴンを弾劾する文書が順治帝の詔として公表されたのである。その豹変ぶりにいささか驚かされるが、そこにはそれなりの理由があったといえる。

〔注　清朝関係の人名については、姓である愛新覚羅《あいしんかくら》は除き、名前のみを原音に近いカタカナで記述することにし、必要に応じて音訳漢字表記を付記する。ただしホンタイジの子の世代からは中国風の名がつけられたと理解し、これ以下はそのまま漢字で記述することとする〕

女真族の系譜

清朝が中国最後の王朝であることはよく知られる。ただ、女真民族のとするか、満洲民族のとするか、両様で一定しない。ここは民族の系譜から話を始めることにする。

清朝を起こしたのは、中国東北地方、日本での通称では満洲地方を発祥とする半農半牧のツングース系の民族で、歴史的系譜をたどれば、紀元前、周の時代の粛慎《しゅくしん》にたどりつく。その後、勿《こつ》吉《きつ》、そして六世紀以降は靺鞨《まっかつ》と表記され、一〇世紀に遼を建国した契丹《きったん》民族の影響を受け、一二世紀に完顔阿骨打《わんやんあくだ》のもとで民族国家を形成して、中国に大きな影響を与えるまでになった。

この頃から、原音のジュルチン《Jurchin》またはジュルチ《Jurchi》をもとにした音訳漢字表記で、女真または女直《じょちょく》と記述されるようになる。この国は金と名乗り、現在の北京を含む地域にまで進出していた遼に攻勢をかけて滅亡させ、その領域を継承して中国内地への進出基地とした。そして宋王朝の中盤期にあたる一一二六年に、すでに退位していた徽宗《きそう》と時の皇帝欽宗《きんそう》をはじめとして宮中にいた皇族や宮女を一斉に捕縛し、北方の拠点であった東京遼陽府《とうけいりょうようふ》の近郊にある五国城《ごこくじょう》に拉致する事件を引き起こした。

遼と金の民族国家

北方系の民族による、中国北部地域の占有と国家建設の例はすでにあった。五胡《ごこ》十六国時代とそれに続く南北朝の時代である。

これは後漢王朝がその領域を拡大して、周辺の民族を吸収、ないしは彼らの移住を容認したことに始まる。彼らは農業労働に使役され、また兵力として活用された。しかし移住から数世代をへると、彼らのなかに差別的処遇をされているとの不満が蓄積しはじめ、社会不安のもとになっていった。それがさらに大きくなるきっかけになったのが、三国時代を収束した晋朝の時代で、王の地位を得ていた皇族が、相互に牽制して主導権争いをした八王《はちおう》の乱《らん》である。それぞれの王は軍事力の確保につとめたが、五胡の移住者集団は兵士の供給源として積極的に利用された。これを契機に、五胡勢力は軍事力を背景にして、一定の立場をえるようになり、さらには民族集団の団結力を生かして自ら支配する領域を手に入れて、ついに独自に王朝を打ち立てるまでになった。彼らが北部中国で攻防を繰り返したのが五胡十六国時代、この分裂状態を収束した鮮卑《せんぴ》民族の北魏とその分裂体（東魏→北斉・西魏→北周）が北部中国を地盤にして、南部の東晋・宋・斉・梁・陳と対峙したのが南北朝時代である。

ただし、金による北部地域の占有は、五胡十六国・北朝とは異質なものであった。すなわち女真民族は、これより先に遼を建国してから中国に進出した契丹民族にならい、彼らも金を建国して王朝としての体制を整えてから、宋朝への攻勢に打って出たものである。このように中国領域外の民族が、中国に進出する前に作りあげる国家を、民族としての国家創立という意味を込めて「民族国家」と呼ぶ。秦漢を苦しめた匈奴《きょうど》、五胡十六国を収束した北魏の鮮卑、隋唐に対抗した突厥《とっけつ》とは、同じ北方系民族とはいえ一線を画してみなければならないのである。

金による進攻と皇族の拉致事件は、時の元号から「靖康《せいこう》の変《へん》」と呼ばれるが、これを機に中国は淮水《わいすい》を境に分断され、宋は南部地域に逼塞する南宋と呼ばれる時代に入った。これまでも西の西夏《せいか》、東の遼と、北方の二方向からの圧力を受けていた宋は、中華民族にとって固有の領地と考えられてきた北部地域を完全に喪失したのであって、これは中国社会に大きな衝撃を与え、かつ屈辱となった。さらに、この北方からの攻勢はモンゴル勢力の興起、さらには元朝による中国全土支配につながるのだから、中国史上における転換点となったといえる［民族国家・靖康の変および遼と金については、「第四章二　南宋の高宗趙構」に関連記事あり］。

ヌルハチの後金建国

宋と金が中国を南北に分割して対峙することになってからほぼ一〇〇年後の一二三四年、宋とモンゴルの連合軍の攻勢によって、最終拠点である蔡州《さいしゅう》が陥落して金は滅亡し、女真民族はモンゴルの支配下に組み入れられた。その後、元朝の支配が弛緩すると、一時的な独立状態となったものの、それも長く続かず、明朝が成立して東北地方への攻勢が始まり、特に三代目の永楽帝《えいらくてい》の時代（在位一四〇二～二四年）になると、黒竜江《こくりゅうこう》下流地域に置かれた明の統括機関である奴児干《ぬるがん》都司《とし》によって野人部《やじんぶ》・海西部《かいせいぶ》・建州部《けんしゅうぶ》の三部に分割されて、軍政下に置かれることになる。この支配は、なかば収奪に近い形での現地物産の徴収をともなうとはいえ、女真民族の自治を容認する緩やかなものであった。永楽時代が終わり明からの統制が弱まると、三部間における内部抗争が激しくなり、これが続くなか、一六世紀に入ると明は支配権を事実上放棄するに至る。

この状態のなかで、建州部に現れたのがヌルハチである。部族統合を果たし、軍事組織を行政支配機能に敷衍した八旗《はっき》制度を創出して東北地方に覇権を唱え、明朝の中核都市である瀋陽《しんよう》に近いカトアラを拠点に、国号を金とする王朝を建て（「後金」と呼ばれる）、汗位に即いた。そしてヌルハチは、かねてからの女真民族への弾圧や殺害行為、部族間同士の離反工作をあげて、明朝に対する敵意をあおる「七大恨《しちだいこん》」を発布して闘争を本格化し、一六一九年、カトアラの東方サルフでの戦いで圧勝した勢いにのって、瀋陽の攻略に成功し、さらなる南方進出を目指した。

後継者ホンタイジ

一気呵成の進軍が続いたが、一六二六年、華北と東北の境界にあたる山海関《さんかいかん》の東北に位置する寧遠《ねいえん》での戦闘で負傷し、これがもとでヌルハチは死亡した。主導者の後継指名のないままの突然の死は、一族内に混乱を引き起こすことになる。ヌルハチには一六人の男児がいたが、第一子のチョイン（褚英）は汗位代理の立場にありながら、謀反の疑いをかけられ、すでに処刑されていた。となると、後継候補は、甥にあたるアビン（阿敏）と並んで、側近の最高位である四大貝勒《べいれ》に位置を占めていた第二子タイシェン（代善）・第五子モングルタイ（莽古爾泰）・第八子ホンタイジに絞られることになる。部族の有力者と皇族を集めた合議の場が設けられ、ここでタイシェンとモングルタイはホンタイジを推挙して、自分たちは辞退した。これまでの実績からして、ホンタイジが後継者として汗位を継ぐのが妥当と判断したからというが、合議の真相は不明で、この決定に疑いの目を向ける者もいたという。

周囲の疑心暗鬼のなかでの汗位継承ではあったが、この決定はおおいに意味あるものとなった。結果的に、ホンタイジは金を大きく飛躍させたからである。まずは南下し、ヌルハチが落とせなかった寧遠の攻略にとりかかったが、なかなか戦果があげられないとみるや、一転して西方に勢

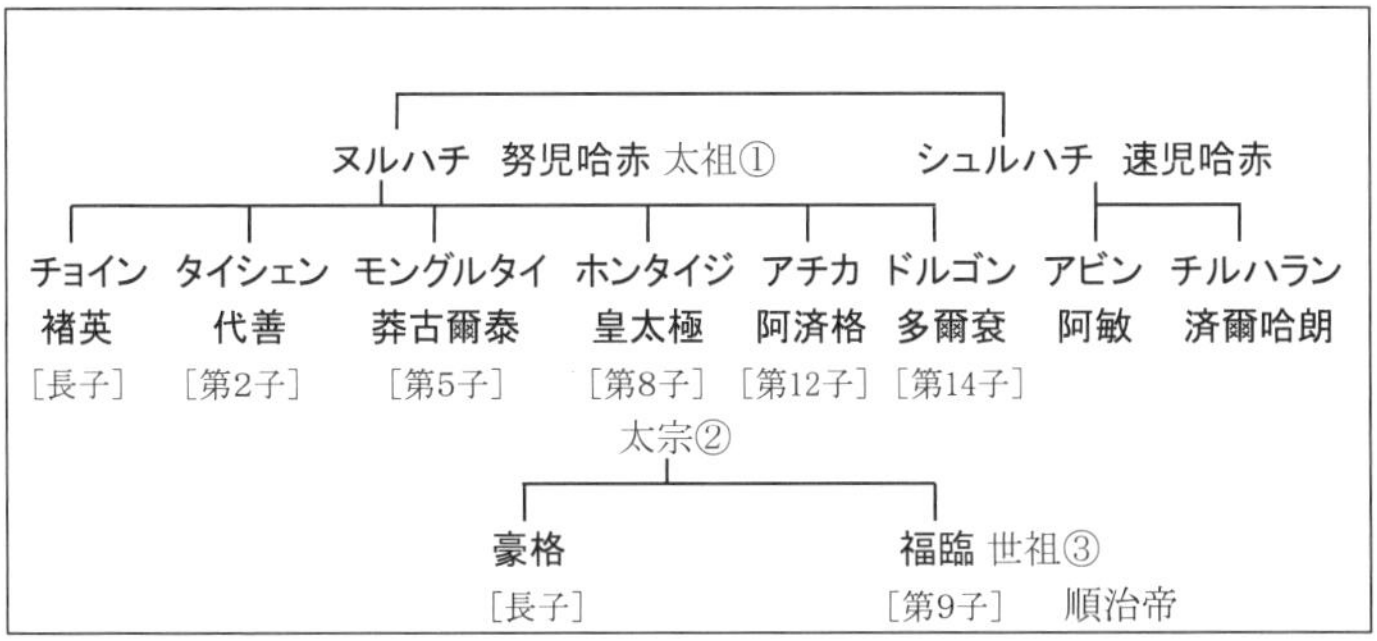

清（初期）系図

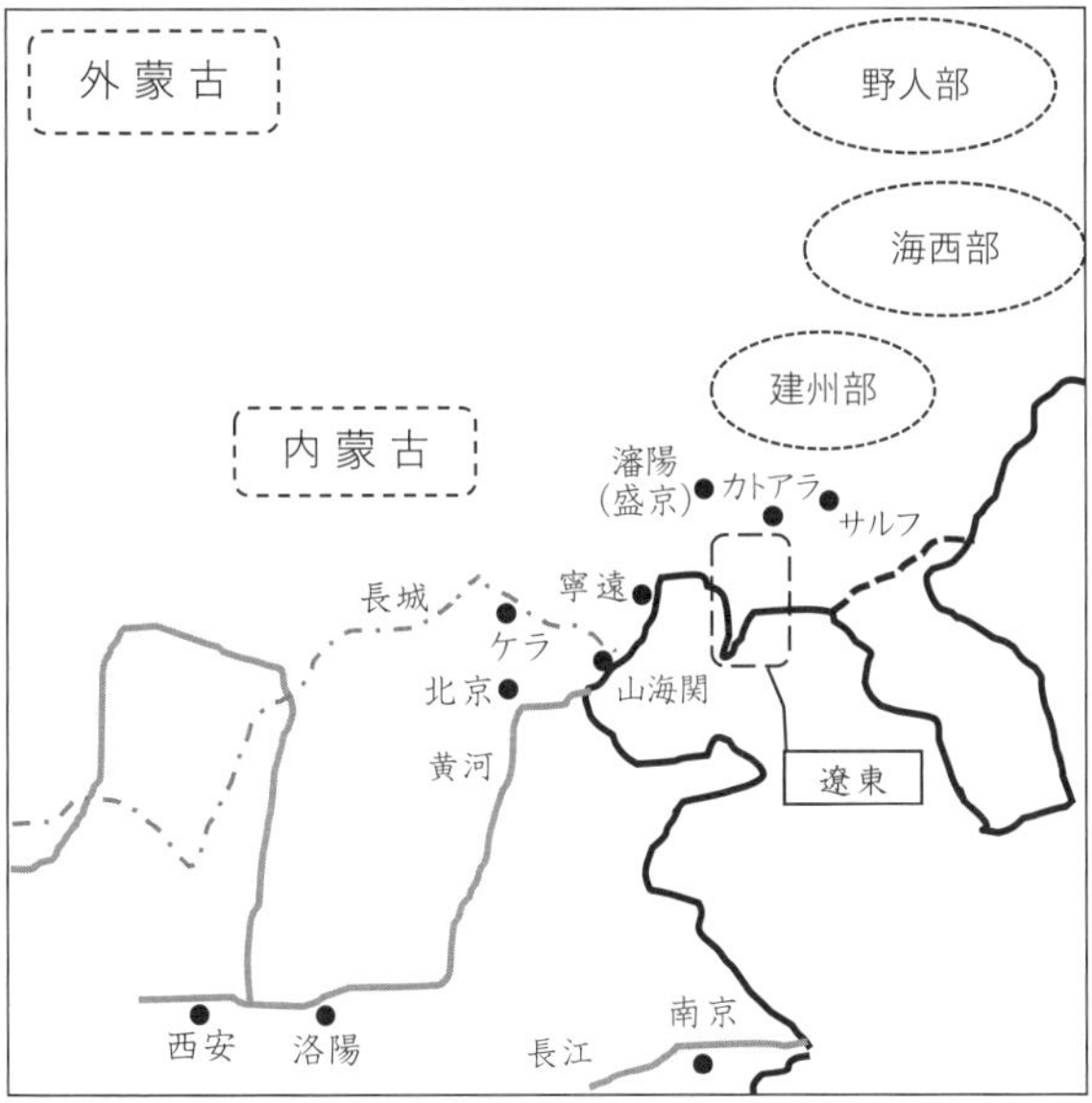

満洲（女真）民族の興起

力を張るモンゴル民族を制覇する作戦に転換し、内蒙古《うちもうこ》を攻略して後顧の憂いを取り除いた。

ホンタイジの評価すべき点は、軍事一辺倒にならず、広い視野を持って事業を推進したことにある。「武の力によって混乱を治めると同時に、文教によって太平の世を作り出す」という考えに基づき、中国文献の女真語への翻訳を進め、皇族をはじめとした高位者の子息への教育を振興したのである。これはすでに政権内に取り込んでいた漢族知識人の影響で始めたもので、ホンタイジの中国への向き合い方を象徴するものであるといえる。だからこそ、農地の開墾を奨励するとともに、奴隷的扱いを受けていた漢族の下層農民を解放して自作農に転化させて、農業の振興をはかり、かたや明朝制度を模倣して、中枢官庁である内三院《ないさんいん》と六部《りくぶ》、そして監察機関である都《と》察院《さついん》を置くなど、官僚機構を整備した。女真民族伝統の部族支配体制からの完全な脱皮を図ったといえる。

その一方で、従来は汗とともに四大貝勒が横並びで臣下と向き合っていた並列的権力形態を改め、飛び抜けた権力者として汗のみが南に顔を向けて座るという、中国の皇帝南面制度を採り入れ、独裁体制を強化しようとするとともに、民族の力の源泉であった「八旗制度」を再編・強化し、支配下のモンゴル民族と漢民族の武人たちの編制にもこれを導入して、モンゴル八旗と漢族八旗を創設するなど、軍事面での措置も怠りなく遂行していった。

こうして自己の政権を強固なものにしたうえで、ホンタイジは一六三六年に皇帝に即位すると同時に、国号を金から清と改め、さらに民族名も女真から満洲とした。女真民族の金による「靖康の変」とそれがもたらした中華民族の屈辱的な過去から、中国社会に植え付けてしまった悪い印象を払拭しようとしたものであることはいうまでもない。さらに、この国号と民族名の変更は、これからはより正面切って明朝と向き合い、将来的にその領域内に進攻したのちに支配を行うという、強い意志の現れであったといえる。

イメージ操作

話を進める前に、ここで国号である金と清、また満洲について触れておきたい。ヌルハチが国号を金としたのは、先祖にあたる女真民族の国号によることは明らかであるが、金としたのは、もとはといえば完顔阿骨打が「遼は堅い鉄の意味から付けられたが、いつかは朽ちる。それに比して金は朽ちない」としたことによるという。これを清と変えたのにも理由がある。金と清は現代中国のピンイン（拼音）表記では《jin》と《qing》と発音に微妙な差が出るが、カタカナで表記すると「チン」と書くしかない類似音である。イメージ一新をはかるための国号の変更とはいっても、ヌルハチが採用した金の音の響きは残して、漢字表記を清としたと理解される。

また民族名である女真が原音を音訳漢字表記したものであることは先に述べたが、これを避けて満洲としたのは、仏教信仰によるところが大きい。インド発祥の仏教が後漢時代に中国に入り、その後広く浸透して中国仏教として独自の形態を整えたことは広く知られるが、中国の文化的影響を強く受けた周辺民族にもこれが波及していた。その仏教において釈迦《しゃか》の左側に位置して、智慧をつかさどる菩薩《ぼさつ》は梵語《ぼんご》で《Manjusri》と呼ばれ、漢字では「文殊文利」と表記されることになるが、それはのちに簡略化されて、ただ「文殊」・「曼殊」・「満殊」と書かれるようになり、これが転じたのが満洲である。慈悲溢れる菩薩の名を借りて民族名とする、巧みなイメージ操作である。このような国名や民族名の変更がどれほど有効かと思われる向きもあるだろうが、近年、日本でも企業名が旧来の漢字の表記から片仮名ないしはローマ字表記に変更され、我々もそれになじんで、現代社会にそぐう企業であるかのようなイメージを持つに至っていることを想起すれば理解できることである。

満洲と満州

ちなみにホンタイジが満洲と民族名を変えたことから、その発祥の地も「満洲」と呼ばれることになり、現在でも英語では人や言語は《Manchu》、地域名は《Manchuria》となっている。横道にそれたついでに付け加えると、現在の中国では「満洲」と必ず「洲」の字があてられ、日本では「州」とも「洲」とも書かれ、時にどちらにするかを迷うことになる。

「州」という字は、もとはといえば「川の中州」を意味する字として作られたが、のちに地方行政区画を表す字として援用されるようになったのを受けて、あらたに「島や中州」を意味する字として「洲」が作られ、これがより広い地域を表す字として使われるようになったことから起こる混乱である。それもあって中国では最初から「満洲」でこれが今に続き（簡体字では満洲）、ついでにいえばアジアは亜洲（亚洲）、ヨーロッパは欧洲（欧洲）とされる。日本でもこれにならって満洲と表記していたが、第二次世界大戦後の当用漢字（現在は常用漢字）の制定において、「洲」は人名に限って使用を認める人名漢字として当用漢字から除外されたことから、日本では

「満州」と書くのが一般的になったというわけである。

事業達成目前の急死

ともあれ、ホンタイジの皇帝即位を契機に推し進められた南下政策は、これから四年にわたる北京北方に連なる長城をめぐる戦いとなるが、これが清側にとってはなかなか思うようにはいかなかった。一時的に長城を越えることがあっても明朝領内に留まることはならず、やむなく略奪行為ののちに撤退するという事態が続いた。明朝が永楽帝のモンゴル親征に効果が出なかったことに懲りて、先々代の洪武帝《こうぶてい》時代に立ち返り、営々と塞《さい》（とりで）を築き、特に北京周辺では壁（辺墻《へんしょう》）を高く連ねて堅固にした効果が出たといえる。ここでホンタイジは、広域に軍を展開するそれまでの戦術を改め、あえて難攻不落との評もある山海関に可能な限り戦力を集中させる方針転換を行い、全軍を投入しての親征に打って出た。戦上手のホンタイジならではといっていい作戦の変更だが、彼はこの戦役中に体調不良の状態に陥り、もとは明朝の瀋陽、当時は名前を変えて清の拠点としていた盛京《せいきょう》に帰り着いたものの、体調は回復せずそのまま亡くなった。時に一六四三年、直接の死因は脳溢血による五二歳での死であった。

療養中にホンタイジは「山は高くなりすぎると崩れ、木は高く伸びすぎると折れるように、年齢が行き過ぎると衰えてしまう」という言葉を残している。目前にあったやるべきことを次々とやり遂げてきた自らの軌跡を振り返り、その生き様を肯定的に捉えるという、達観というべき彼の人生観がそのままここに出ているといえる。

後継者はまだ六歳

王朝の草創期にありがちなことだが、その基盤を確固たるものにするためには主導者が、何事かは問わず常に先頭に立って配下を鼓舞する必要に迫られる。ヌルハチとホンタイジ父子は統治組織の構成や軍事指導において強いリーダーシップを発揮した点からして、ともにその象徴的な存在であったといえる。戦陣で負った傷がもとで死を迎えたこと、さらにはその時に後継者の指名をしていなかったことも共通する。

当時の女真政権では、中国王朝で長年にわたり継承されてきた皇太子制度はまだ取り入れられていなかった。王朝名や民族名の変更など斬新な政策を遂行したホンタイジであったが、主導者の後継指名は有力部族長の合議によるという、伝統的な慣習を変えることができないままにこの世を去った。さすがのホンタイジも、部族社会を支えてきた有力部族長の権限を奪うことには躊躇せざるをえなかったのである。

結果、ホンタイジの後継者を決める際の、有力部族長と皇族による合議は混迷を極めた。すでに長老の立場になっていた兄のタイシェンがホンタイジの第一子の豪格《ごうかく》を推すと、八旗のうちの六旗がこれを支持し、すんなり結着がつくかにみえた。だが、弟のドルゴンがこれに敢然と異を唱え、自ら後継者に立候補したのである。このため会議は紛糾し、結論を出せない状態となった。

ここで豪格案は取り下げられ、部族長たちの協議の末、ホンタイジの第九子でわずか六歳の福臨《ふくりん》を後継者とし、そのうえでヌルハチの甥で豪格を支持していた長老格のチルハラン（済爾哈朗）

とドルゴンがその後見人になるという妥協がようやくにして成立した。明王朝で始まった、皇帝の在位中は元号（年号）を変えない「一世一元《いっせいいちげん》」に従い、彼は廟号《びょうごう》や諡号《しごう》を持つものの、時の元号から、順治帝と呼ばれる［一世一元および皇帝の称号については「第七章一　明の洪武帝朱元璋」に関連記事あり］。

呉三桂の開門

継承時に疑惑の声が出たとはいえ為政者として十分すぎる実績を残したホンタイジに比べると、順治帝はまだ幼少であったため、その政権運営は二人の後見人によって行われるはずであった。しかし妥協の産物ともいえるこの体制に満足していなかったドルゴンは、チルハランを寧遠攻略軍の総帥にして政治的中枢から遠ざけ、独裁的権力を自らの掌中に納めることになった。

順治帝の即位の翌年、万里の長城を突破し華北を攻略する準備を整えたドルゴンは、ホンタイジも構想した山海関一点突破の作戦を決行した。しかし戦いは難渋をきわめ、両軍一進一退となった。「山海関は難攻不落」との評は正しかったのである。ところが、清軍が作戦の変更も検討せざるをえない状況になった時、予想もしなかった事態が起こった。前線となる山海関北面を守る関門が、明の守備部隊長であった呉三桂《ごさんけい》の命令で、内から開かれたのである。

当時の明朝は第一七代崇禎《すうてい》帝の時代で、万暦《ばんれき》時代以降からの官僚の派閥争い（党争《とうそう》）や宦官の権力への介入に苦しんでいたが、そのなかで社会不安が醸成され、各地で反乱の火の手が上がっていた。なかでも勢力を誇ったのは、陝西地方で流民《りゅうみん》を糾合して兵をあげた李自成《りじせい》の軍団であった。彼らは厳正な規律のもとで統制され、支配下におさめた農民には租税の減免を行うなどして支持を拡大し、一六四四年には西安《せいあん》を拠点に国号を「大順《たいじゅん》」とする政権を打ち立てるまでに成長していた。この軍団が北京を襲撃すると、都はひとたまりもなく陥落し、そのなか、崇禎帝はもはやこれまでと、宮城の北に位置する景山《けいざん》に登り、自らで果てた。南方にいた皇族が明朝の再興を目指して活動したものの（南明《なんみん》）、ここに明朝は実質的に滅亡したのである。そしてこの時、呉三桂の愛していた陳円円《ちんえんえん》と呼ばれていた妓女が反乱軍の捕虜となった。この明滅亡と愛妓が捕虜となったという情報が山海関に届き、呉三桂は公的な理由と私的な感情のもとで、関門を開けて清に降伏したことになる。ちなみに、呉三桂はその後、清朝の命令のもと、南明の勢力下にあった雲南平定に功績をあげ、「平西王《へいせいおう》」の称号と封地を与えられて優遇され、陳円円は彼と再会し、生活をともにしたという。戦乱のなかでの愛情物語である。

「飴と鞭」政策

難なく山海関を越えたドルゴンは、「罪のない人を殺してはならない。民衆の財物を奪ってはならない。民間の家屋を焼いてはならない」という布令を出して北京に入城し、崇禎帝を哀悼する行事を挙行し、明朝の官僚や漢族知識人を採用する方針とともに、農民への減税や貧民救済策を宣布するなど、漢民族への融和策を打ち出した。その一方で、「薙髪易俗令《ていはつえきぞくれい》」、すなわち「辮髪《べんぱつ》令《れい》（弁髪令）」によって、満洲民族による統治が開始されたことを被支配民となった漢民族に知らしめようともした。「飴と鞭」といわれる清朝支配の嚆矢となる動きである。ただこの時の民衆間の反発は激しく、それを見て取ったドルゴンはすぐさまこれを撤回する柔軟な対応もみせた。

その後、ドルゴンは李自成の乱を平定し、また明朝の残存勢力の掃討戦に成果をあげるなど、騒乱状態の収束が確実なものになるのを見極め、民族発祥の地である満洲に留まることに固執する反対勢力を押さえて、北京への遷都を宣言、翌月には順治帝を呼びよせて皇帝即位の儀式を挙行し、自らは「叔父摂政王《しゅくふせっしょうおう》」という、他の有力者や王を凌駕する称号を手に入れた。これまでは手堅く慎重に自らの施政を推進してきたドルゴンであったが、ここを区切りとして、山西・陝西地方や江南地方の攻略のための大軍を派遣するという強硬姿勢に転換し、そのめどがついたのを確認して、ふたたび辮髪令を公布した。今度は一歩も引かぬ姿勢でこれを強行し、服従しない連中への弾圧は苛烈を極めるものとなった。情勢の分析に長け、臨機応変に方針転換をはかるドルゴンの資質が、ここに現れているといえる。

自信を深めたドルゴンは、かつて皇位継承候補だった豪格の王位を剝奪して庶人《しょじん》（一般平民）に降格して幽禁、その支持者を排除する一方で、有力な満洲皇族を議政王大臣《ぎせいおうだいじん》に任命する議政王体制を採用して政権基盤を固め、体制の整備を進めた。そのうえで「満漢一家《まんかんいっか》」を標榜し、行政執行機関である六部には満族と漢族の官僚をバランス良く配置する「満漢併用」を採用して、漢族の官僚や知識人の不満の抑制につとめ、さらには官僚の粛清をはかるために監察制度を充実させた。また明朝後半期から中国内に逗留していた宣教師を宮中に招き、アダム・シャール（湯《とう》若望《じゃくぼう》）を介して、ヨーロッパ暦に基づく暦（時憲暦《じけんれき》）を完成させるなど西洋の文物を積極的に取り入れたのも、このドルゴンの時代であった。

ただ「満漢一家」といっても、満族と漢族が平等に扱われたわけではない。少数者が多数者を支配するにおいての便法であり、政権内でのドルゴンの立場を確固とするためには、八旗制度に属する満族を優遇しなければならない。その代表的な例が、「圏地《けんち》（占房《せんぼう》）」と呼ばれる、八旗人の所有地を確保するための現住者への立ち退き命令である。これには流民保護という美名のもとで、八旗の所有地に漢族農民を奴隷的耕作者として投下し、その逃亡を極力抑えることを目的とする施策があわせて行われており、まさに八旗の経済的基盤を形成することで、政権への支持を固める意図を含むものであったといえる。

増長するドルゴン

敵対者を排除し、思うままに政権運営を行うドルゴンであったが、それを裏で支えたのが、妃として福臨を生み、その即位後は皇太后の称号を得ていたボルチギト（博爾済吉特）氏であった。真相は不明ではあるが、彼女とドルゴンは男女として深い関係にあったという噂がまことしやかに語られることになり、ついには「皇太后の嫁入り」と婚姻関係に入ったとまでいう伝承も残されている。話の本筋から離れるので、これ以上詮索するのは避けるが、このテーマを正面から取りあげた論文まであるのだから、歴史学の対象は幅広いとだけはいっておく。

ともあれ、ドルゴンは宮廷において、皇帝の存在も影が薄くなるほどの威光を放つようになっていった。順治帝の即位、すなわち摂政体制に入った一六四三年から三年後には、皇帝以外は手をふれることも許されない皇帝玉璽《こうていぎょくじ》を自分の邸宅に持ち帰り、そこで政務処理をするようになった。皇帝の絶対的権力をないがしろにするこの行為を咎める大臣がいなかったのかと思わせられるが、それほどにドルゴンの勢威は大きくなっていたのである。

もはや誰からも制止されることのないドルゴンは、一六四七年には称号を「皇叔父摂政王《こうしゅくふせっしょうおう》」、さらにその翌年には「皇父摂政王《こうふせっしょうおう》」と、あたかも実の父親であるかのように変更するよう求め、これ以後は順治帝に対して臣下の礼を取らなくなり、朝廷での儀式では皇帝と同等の扱いを受けるなど、その増長ぶりは止まるところを知らなかった。

憎しみからの名誉剝奪

もはや皇帝が二人いる状態になったわけであるが、当時ようやく一一歳であった順治帝は内心不満を感じつつもなすすべもなく、いつまでこの状態が続くのかと不安であったであろう。しかしその時はやってきた。二年後に、ドルゴンはこの世から消えたのである。ここに順治帝はようやくにして親政に入ることになった。冒頭にあげた、ドルゴンを断罪したのは、その二か月後のことになる。この時、順治帝は続けざまに、ドルゴンの墓地を暴いて屍を毀損し、すでにつけられていた死者を顕彰する諡号も剝奪するとともに、その係累者に対しての処罰を断行した。

しかし振り返れば、福臨が皇帝に即位できたのは、本命とみられていた豪格の案が紛糾し、その結果に生まれた妥協の産物とはいえ、ドルゴンなくしてはありえなかったことである。そしてその後の入関《にゅうかん》から北京での即位儀式、全国の平定活動はすべて彼の指揮のもとに行われたものであり、清朝の創建と確立においての極めて大きな功績といわねばならない。ドルゴンのおかげあってこその順治帝である。確かにドルゴンの越権行為によって、順治帝は傷つき、屈辱も感じたことは否定できない。しかし大きな恩を受けた叔父への仕打ちとしては、あまりにも行き過ぎたものといわざるをえない。

これより約一三〇年後の、順治帝の三代後の乾隆帝《けんりゅうてい》の時代に、ドルゴンが名誉を回復する日はやってきた。皇族として持っていた「睿親王《えいしんのう》」の王号も復活、あわせて「忠」という諡号が与えられ、荒れるにまかされていた墳墓も修復された。ただこれも、皇太后であったボルチギト氏が順治帝に続いて即位した孫の康熙帝《こうきてい》にその思いを託し、これを受け継いだそのまた孫の乾隆帝がドルゴンへの怨念のほとぼりが冷めるのを待って執行したものと受け取るべきだろう。なにより、ドルゴンなくしては自分たちの皇位継承もなかったのだから。

順治帝親政のつまずき

まさにドルゴンを全否定することから、親政は始まったといえる。順治帝は手始めに、左遷されていたチルハランを復権させて自らの側近に配置した。これがドルゴンへの意趣返しであることは誰もが認めるところであろう。続いて打った手は、朝廷儀式の再整備を官僚に指示したことである。自分の皇帝としての権威を誇示する思惑のもと、ドルゴンがいた時代に鬱積していた不満を解消するためであったとしかいいようがないし、即位当初に著手しなければならないことではない。社長に就任してすぐに、社長室の内装を大改修し、声高に自分は偉いのだと叫ぶに等しい。側近の臣下は、面前では従順を装っても、心のなかでは軽蔑し、本人は軽くみられるだけのことである。この朝廷儀式の再整備には時間がかかったわりに、彼の狙った効果は現れず、順治帝は勝手にそれに落胆して心理的不安状態となり、これを契機にチベット仏教に傾倒し始めたのだから、なにをかいわんやである。

出だしからつまずいた順治帝の時代といえるが、これが直接に政治運営に悪影響を及ぼしはしなかった。皇帝政治においては、通常の業務以外に緊急に対処しなければいけない案件が出ない限り、その実質的な執行は官僚群に委ねられる。すなわち官僚制度が整備され、各部署が事柄を適切に処理する体制があれば、皇帝がいくらか愚かであっても問題は起こらないということである。宋朝において皇帝独裁体制が確立されて以来、この傾向は顕著なものとなる。極端にいえば、皇帝は官僚に任せて、最終的に決裁のための皇帝玉璽を捺せばいいのである。そこでは官僚達が皇帝に対してあきれはてることがあったとしても、それがすぐに反映されることはない。ただし、すぐにはであって、これが長く続くと蓄積されて皇帝をないがしろにする空気が醸成され、皇帝がリーダーシップを失う事態に陥ってしまうのも、事実である。

意図的に過ぎる施政方針

親政に入って三年目に、順治帝は正式に統治施策を発表し、議政王体制の廃止とホンタイジ時代の内三院の復活、官庁ポストの満漢同数制、そして『大清令《だいしんれい》』（法令書）の厳格な施行に基づく綱紀粛正《こうきしゅくせい》、さらに宦官官庁の整備を打ち出した。内三院は明朝の内閣制《ないかくせい》をまねた政治の最高決裁機関の整備、満漢同数はまさに「満漢一家」の体現、綱紀粛正は官僚の汚職や権力乱用の防止と、それぞれ新時代の到来を形でみせる意味ではなんの問題もないと受け取れる。

しかしその裏に潜ませた意図があったことが問題なのである。議政王体制は有力な満族皇族で構成され、形式でいえば合議制である。ドルゴンはこの合議制を前面に押し出すなかで、実質は独裁を行ったことになるが、これを廃止するということは、満族皇族の政権からの排除を意味する。すなわちここには、順治帝を無力な存在に押し込めたドルゴンと彼を支えた満族皇族を排除する意図があったのである。満漢同数も聞こえはいいが、実質的には漢族への優遇につながり、ここでも満族勢力の減衰を狙う意図が隠されていると理解できる。

綱紀粛正も不正は許されないという向こう受けする施策であるが、その判断基準と適用については恣意的な要素が潜み、権力を握る側の思いのままに執行できるものであることは誰でも知っている。ここでの狙いも同じで、敵対者、または服従度の低い官僚の排除に使われたことはいうまでもない。

宦官依存と皇后問題

最後の宦官官庁の整備は、明朝の宦官十三衙門《かんがんじゅうさんがもん》を模倣して、まだ確立していなかった後宮《こうきゅう》制度に取り入れたということになるが、これが宦官の増長と跋扈を生むことは明朝の例に明らかなはずである。それを知りながらの宦官官庁の整備は、官僚層から絶対的な心服を得られない皇帝による宦官依存にほかならないといえる。威厳をもって朝廷会議に臨むことが求められる皇帝にとって、気の休まる空間は後宮の乾清宮《けんせいきゅう》だけで、そこで悩みや不満を吐露し、慰めたり元気づけたりしてくれるのは、側付きの宦官しかいないのである。ドルゴンに虐げられ、屈折した感情を持つ一六歳の少年の姿がみえてくる。

順治帝にとってこのほかに、というより大きな問題がまだあった。女性問題である。親政を開始して以来、皇后を立てるべきだという意見はいくどか出たものの、順治帝はまだその時ではないと拒否し続けた。しかし皇太后ボルチギト氏はこれを許さず、強引に自身の姪をあてがい、皇后とした。相性というのもあるが、それよりも順治帝はこれに猛反発し、皇后を近づけなかった。同じ年に、位は低いが宮女の一人が男児を出生しているのだから、順治帝が女性を好まなかったわけではない。ひたすら嫡長子の出産を望む皇太后は、皇后との冷たい関係には根負けしたようで、二年後には、皇后を妃の地位に降格することを認めざるをえなくなった。しかしあきらめのつかない皇太后は、その翌年に、別の姪を推挙して皇后とした。順治帝がこれを受け付けなかったのは当然といえようが、それよりこの頃から鄂賢妃《がくけんひ》と呼ばれる妃の一人に思いを寄せ、彼女を寵愛するようになったのである。生母である皇太后への報復の意味もあったといえる。ドルゴンとのことを思い合わせると、なんと報復の多い人生であったかといいたくなる。

順治帝は皇帝権限を行使して、彼女の後宮での位置づけを一等上の貴妃《きひ》、そして皇后の一歩手前にあたる皇貴妃《こうきひ》に引きあげるが、皇后がいる限りこれが限界であった。再びの廃后を画策するものの、これは皇太后に阻止され果たせない。この状況に不満で嫌気がさした順治帝は、今度は仏教に傾倒し始める。そのなか鄂皇貴妃は男児を出産し、これを順治帝は喜んだが、その子は数か月で夭折するという不幸に見舞われた。この頃には体調不良をきたしていたこともあり、順治帝は出家して僧侶になるとの願望を抱いたが、これは臣下の阻止にあって果たせないままに、その翌年の一六六一年に二四歳で死亡した。天然痘によるといわれる。

「己を罪するの詔」

ドルゴンによって皇帝の位に即き、翻弄された彼の人生はここに終わった。廟号は世祖《せいそ》とされる。中国に入って中国王朝としての清朝を建てたという意味を込めてであるが、その実態を知る限り、「祖」とつけるには評価が高すぎるといわざるをえない。

彼には「己《おのれ》を罪するの詔《みことのり》」と呼ばれる遺書が残されている。内容を箇条書きにすると以下のようである。

・太祖・太宗の教えに背いて、漢族の伝統に傾斜した。
・父母（太宗・皇太后）に孝養を尽くさず、かつ母を残して死ぬことになった。
・皇族や満族有力者を尊重せず、漢族に依存し、満族の意欲を喪失させた。
・評価する力が足らず、官僚の任用に不適切な点が多かった。
・明朝の反省を顧みず、宦官の権力強化を促進する体制を作った。

死を前にして、順治帝は急に変節したのであろうか。反省と後悔ばかりで、目を疑うような内容と受け止められたなら、それは当たっている。これは死後に偽造されたものとするのが定説である。それにしても死んだのちに意に沿わない遺書まで偽造されるとは、彼の人生は、下世話にいえば、踏んだり蹴ったりであった、ということになろう。

最後に後継問題に触れておこう。順治帝には八人の男児がいたが、亡くなる二年前にあらかじめ検討された時には第一子と第四子はすでになく、生まれたばかりの幼児三人を除くと、候補はおのずと第二子福全《ふくぜん》（七歳・生母：満族）・第三子玄燁《げんよう》（六歳・生母：漢人）・第五子隆寧《りゅうねい》（三歳・生母：満族）の三人に絞られた。このなかで玄燁が聡明との評価が高くて筆頭候補とされたが、最終的には、宣教師のアダム・シャールの推薦で決着したという。その理由は、この三人のなかで玄燁のみがすでに天然痘に罹患していて、免疫保持者であったからという。彼が清朝第四代皇帝康熙帝である「以後の清朝については「第七章二　清の康熙帝愛新覚羅玄燁」に関連記事あり」。

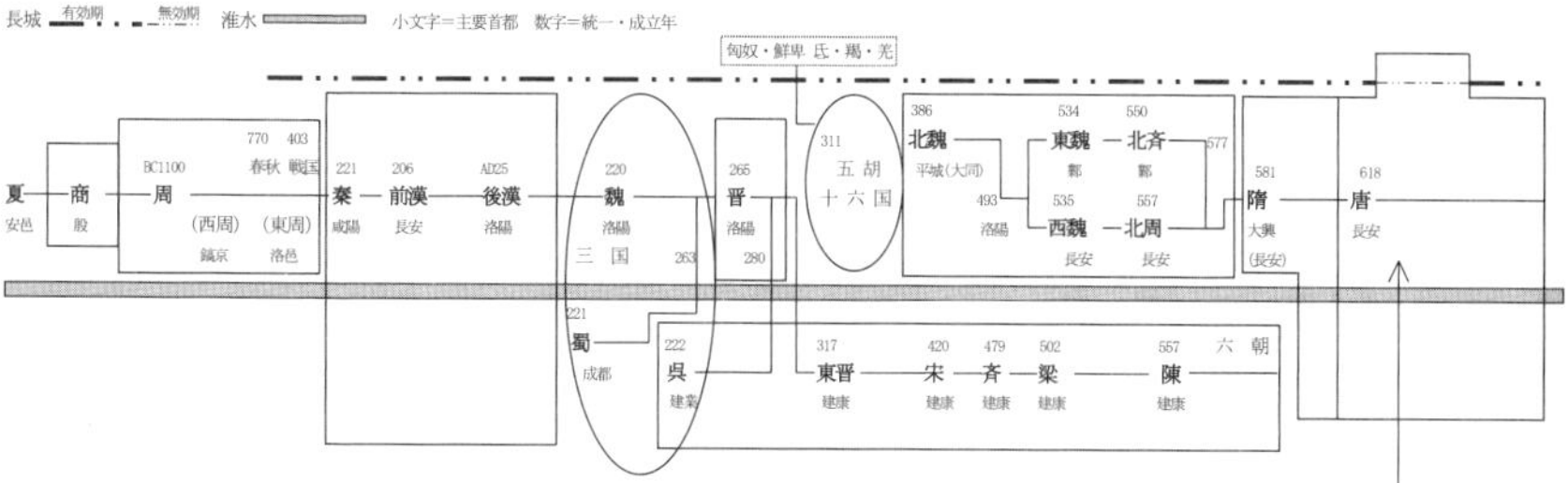

太宗李世民

第三章　我をおいてほかになし
——ともに業をなしとげたものとして

太宗趙匡義

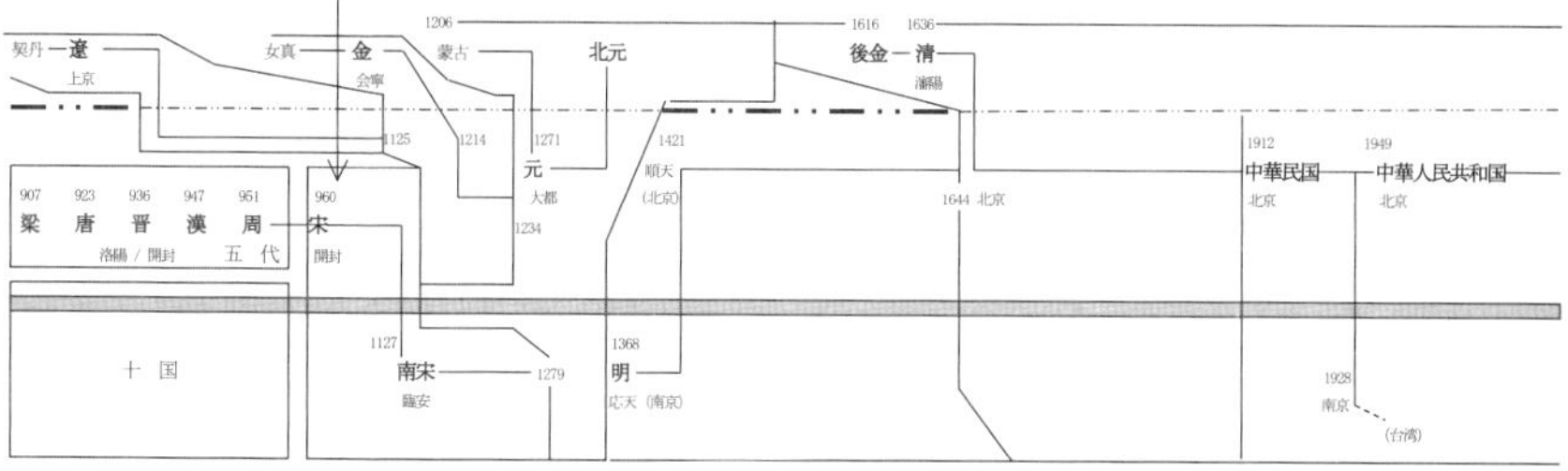

人には資質や能力とは別に、タイプ（特性・類型）というのがある。組織の最高位に立ち、どんと構えて部下の仕事を大所高所から眺め、大きな決断を下すことに秀でる者もいれば、そのもとで副官的立場にあって、補助者、いうならナンバーツーとして、一定の職務を委ねられ、実務にたけて事柄を処理することの方が得意な者もいる。両者を兼ね備える人がないとはいえないが、向き不向きというのがある。会社でいえば社長と副社長ないしは役員、法人でいえば理事長と理事、学校でいえば学校長とそれを補佐する副校長や教頭となろうか。

副官的立場の人間が、実務における業績を認められて長の立場に立つことになれば、従来の在り方から自己革新して、「司《つかさ》、司《つかさ》に」すべてを委ね、そこで生じる事態には全責任を負うという度量が新たに求められる。それがないままに長として振る舞えば、それは組織にとって不幸なことになる。

父親の李淵《りえん》を支えた李世民《りせいみん》、兄の趙匡胤《ちょうきょういん》を支えた趙匡義《ちょうきょうぎ》、彼らはともに王朝の創立に多大なる貢献をした。副官的補助者そのものである。ただ二人はそれに甘んじることなく、自分なくしては王朝創立の事業に成功はなかったという自負心にあふれていた。とすれば、彼らが「後継者は我をおいてほかになし」と考え、行動を起こすことになるのもまた当然といえるが、事はそう簡単ではなかったし、その行く末に問題を残すことにもなった。

一　唐の太宗李世民【附：高祖李淵】

李淵と李世民

隋王朝の煬帝《ようだい》の時代、李淵に対して、その子李世民が自ら私兵集団を形成したうえで、兵を挙げて隋朝を打倒し、自己の政権を建てるよう進言した。その時、李淵は太原留守《たいげんりゅうしゅ》という、山西地方の統括と北方系民族突厥《とっけつ》に対しての防衛を全権委任される立場にあった。王朝に仕える者としての義務感もあり、李淵はこれを拒否し、さらに、

「お前を愛しているからこそ、お前を告発することはできない」

と、李世民を諫めた。謀反は臣下としての大罪である。それを勧めることは、今でいう犯罪教唆で、息子といえども許されるものではないが、ここは臣下としての義務よりも、息子への愛情がまさった、ということになる。

しかし李淵を取り巻く状況は決して安泰ではなかった。突厥への防衛戦はこれといった成果がみえず、自己の立場への不安感も萌し始めていた。また国内情勢をみると、各所で内乱が発生し、

隋朝の先行きも極めて不透明なものとなっていた。おりもおり、戦乱を避けて「大興城《だいこうじょう》」と呼ばれていた長安《ちょうあん》から脱出して長江沿岸の江都《こうと》（揚州《ようしゅう》）に避難していた煬帝から、江都への召喚命令が届いたのである。

こんなことは以前にもあった。煬帝は即位当初から、李淵の存在感の大きさに危惧を抱き、身近に置いて監視する必要があると考えていた。そのため大興城に召喚しようとしたが、その時は仮病を装い、ていよくこれを受けなかった。今度の召喚も、その意図が同じであることは容易に察しがつく。煬帝の状態は、前より格段に悪くなっている。そうなると身近に置かれるだけでなく、身に危険が迫ることさえあるだろう。不安に駆られる李淵をみて、李世民はここぞとばかりに、

「事態は切迫しています。いまこそ軍事行動に出るべきですよ」

と促すと、

「賊軍（反乱軍）を放置して懲らしめないのは、死に値する罪だということは分かってはいるが、江都は遠すぎて、これでは機会を失ってしまう。どうしたものだろうか」

と、今度は、臣下としては、江都にいる煬帝の命令がなければ動けないことを理由に持ち出して、踏み出すことをしない。このやり取りをみていた臣下の一人が、

「国家の利益を考えるならば、公《こう》を優先すべきなのです」

と、たまらずに声をあげ、皇帝を越えた「公」という国家全体の利益というものがあり、天命を受けている煬帝とはいえ、現状ではすでに公的存在ではないと考えるべきで、彼の命令を待つこ

とは必要ない、と説いたことによって、李淵はようやくにして挙兵に同意した。こうして経過を追うと、こちらがイライラしてしまいそうになるくらい、優柔不断な李淵がここにいる。

準備を整えて李淵の軍隊は、太原をあとにして関中《かんちゅう》を目指したが、長雨にたたられたことから歩が進まず、糧食の不足が心配されるような状態に陥った。するとここで李淵は、なんと太原にいったん帰還する意向を示したのである。事、ここに及んでまたかの思いを持った李世民が、

「大義のある軍が、すでに天下のために立ち上がってしまっているのですよ。直ちに咸陽（長安）に入って、天下に号令すべきなのに、ここで帰還して、地方の一都市（太原）に閉じこもるようでは、賊軍とされてしまいかねない」

と猛然と抵抗しても、李淵は耳を貸さない。感極まった李世民は大声をあげて泣きながら、

「帰還することになれば、部下はちりぢりになり、我々を敵視する者たちにうしろから襲いかかられ、すぐに死に絶えるでしょう。だから私は悲しむばかりなのです」

と、直接、父を責めることもなく、涙の訴えをしたのである。これに対しての李淵の言葉が振るっている。

「もとはといえば、事を起こしたのはお前だ。ということは、決めるのはすべてお前ということになる」

主体性のないのにもほどがあるというもので、これでは無責任のそしりを免れない。それ以上に、すべての責任を息子に押し付けるとは許しがたい、といいたくもなる。地方の一区画とはいえ、国家事業の一端を任される立場にまでなっていた李淵がこのざまか、と誰しも考えて当然で

あろう。しかし、勢いのよい発言をし、ばりばり仕事をこなして、やり手と目されていた人が、いざトップの地位につき、これまでとは比べられないような大きな責任を持つ立場になると、途端に、小さくまとまってしまって大きな決断ができなくなる、よくいえば責任を自覚しての慎重な行動、悪くいえば責任逃れの状態になるという例は、我々の身近にもあるのではないだろうか。

以上は、李淵と李世民父子の唐王朝創建に向けての挙兵に至る経緯である。優柔不断で決断できない李淵が強調されたきらいがないわけではない。ここは名誉回復を兼ねて、李淵の前半生から話を始めることにしよう。

李氏の系譜

李淵の先祖は、前漢武帝《ぶてい》時代に匈奴《きょうど》討伐に功績を残し、部下の信望も厚かったといわれる李広《りこう》とされるが、これはいわゆる系図作りりで、事実ではない。五代前の李重耳《りじゅうじ》が北魏の武将になり、以後三代にわたり北魏に仕えたというが、これも言い伝えによるものと考えられる。ただ北方系民族の武人系の一族であったことは確かなようで、祖父にあたる李虎《りこ》は北魏の流れをくむ西魏で、主力将軍である八柱国《はちちゅうこく》の一人に数えられるようになり、父の李昞《りへい》は西魏を受けた北周で、「柱国《ちゅうこく》大将軍《だいしょうぐん》」となった。李虎はその功績から生前に「隴西郡公《ろうせいぐんこう》」、死後にはさらに上位の「唐国公《とうこくこう》」という称号を受け、李昞もこれを継承（襲封《しゅうほう》）していることで分かるように、祖父の代から支配階層の一角を占める存在となったといえる。また李虎は、「大野《だいや》」という姓を王朝から与えられ（賜姓《しせい》）、これがこの一族が最初に名乗った姓ということになる。

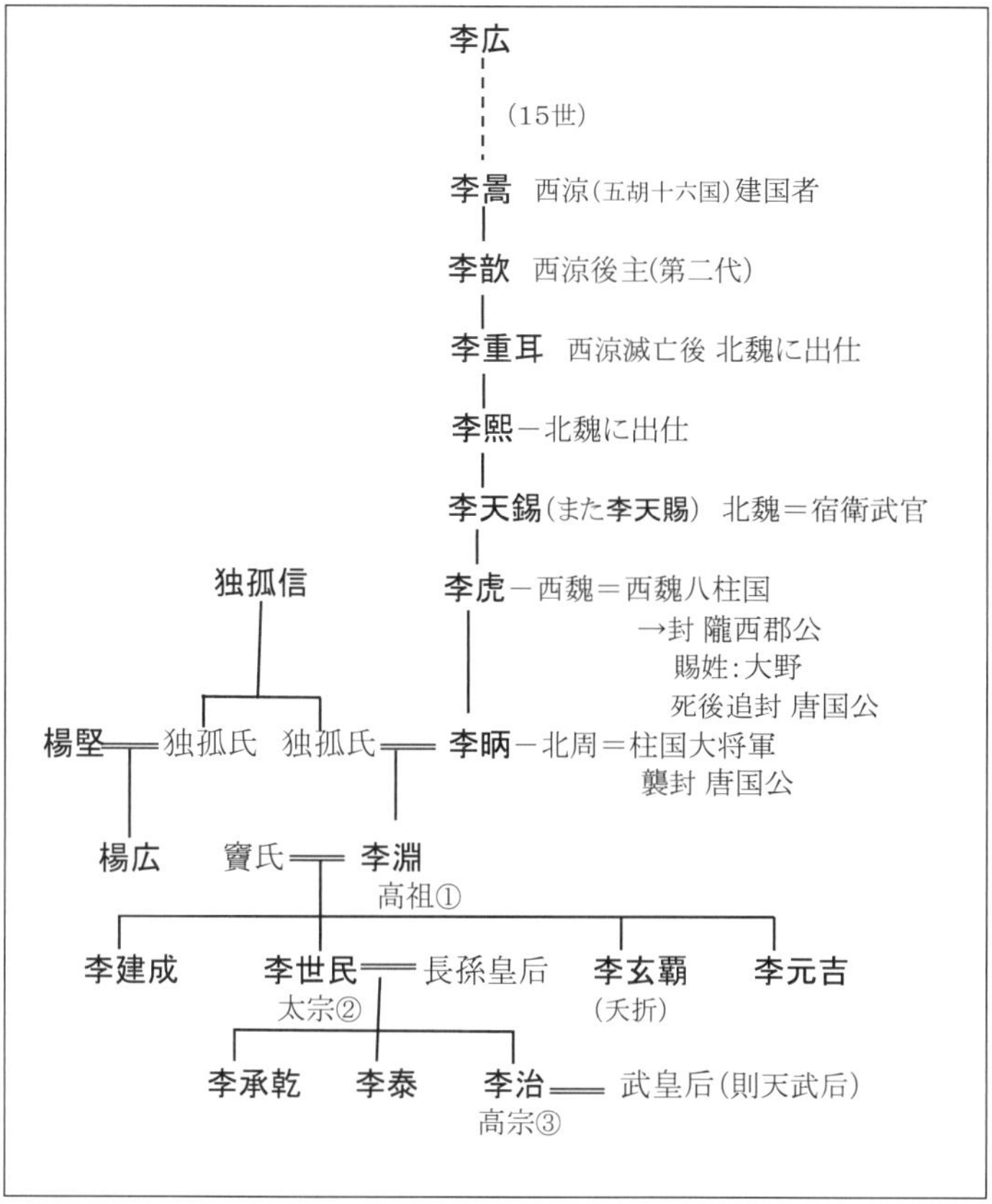
李広
(15世)
李暠 西涼(五胡十六国)建国者
李歆 西涼後主(第二代)
李重耳 西涼滅亡後 北魏に出仕
李熙－北魏に出仕
李天錫(また李天賜) 北魏＝宿衛武官
独孤信
李虎－西魏＝西魏八柱国
→封 隴西郡公
賜姓:大野
死後追封 唐国公
楊堅
独孤氏
独孤氏
李昞－北周＝柱国大将軍
襲封 唐国公
楊広
竇氏
李淵
高祖①
李建成
李世民
長孫皇后
太宗②
李玄覇
(夭折)
李元吉
李承乾
李泰
李治
高宗③
武皇后(則天武后)

李氏の系譜　唐（初期）系図

さて李淵であるが、北周武帝《ぶてい》の時代の五六五年に、長安で生まれ、父が亡くなると、まだ七歳ながら「唐国公」を襲封した。「人付き合いよく、明朗快活で寛容、身分の上下に関わらず人々から好意を寄せられた」というように、男として親分肌の魅力ある青年に成長した。おそらくこの頃に、彼は「隴西の李氏」と名乗るようになり、「大野」という北方系民族の名残を残す姓から、漢族の姓「李」に切り替えたと考えられている。ちなみに、先にあげた先祖を李姓とするのは、漢族姓に切り替えたのちに作られた記録に基づくものであることはいうまでもない。

祖先のおかげで一定の社会的地位を得ていた李淵がさらに飛躍を遂げたのは、五八一年に楊堅《ようけん》が北周の静帝から皇帝位を譲られて（禅譲《ぜんじょう》）、隋王朝を創建し（諡号は文帝《ぶんてい》）、李淵を皇帝の禁衛武官（親衛隊）に抜擢したことによる。親衛隊には最も信頼できる人材を抜擢するのが通例だが、楊堅と李淵には姻戚関係があったことが大きい。当時、北周の宇文氏《うぶんし》は同じ北方系民族の血を引く勢力一族の独孤氏《どくこし》から嫁を迎えることで結びつきを深めており、楊堅はこの独孤氏の七女を、李昞はその四女を妻としていた。すなわち、李淵は楊堅にとって、母を介しての甥にあたるのである。北魏以後の西魏・北周を形成した、このような勢力を「関隴集団《かんろうしゅうだん》」と呼ぶむきもある。

この親衛隊を出発点として、李淵は黄河中下流域の河南・山西の地方統轄官を歴任し、隋朝内で一目置かれる存在に成長していく。文帝（楊堅）にかわり、皇太子の地位を嫡長子の楊勇《ようゆう》から無理やり奪ったに等しい第二子の楊広《ようこう》が即位（煬帝）してからもこれは変わらず、高句麗《こうくり》遠征の軍糧輸送の総監督の任に就いたり、一時は洛陽を陥落させた楊玄感《ようげんかん》の乱《らん》を鎮圧する一翼をになうなど、軍事行動にもおおいなる貢献をした。人望もあり、任された職務を遂行するという点では、李淵に十分な実力があったことを示すものといえる［隋の成立過程については「第五章一　隋の煬帝楊広」に関連記事あり］。

隋朝の崩壊

強引な手法を駆使して即位した煬帝は、その政治手法にも原因があるが、文帝以来の大興城の造営や運河開削工事、さらには高句麗遠征による過度の負担からくる民心の離反にあい、しだいに窮地に陥っていく。権力者が不安に陥ると、まず気になるのが実力のある臣下であり、「自分にとって代わるのではないか」と警戒感は高まることになる。李淵が参画した楊玄感の乱の鎮圧はそれをより助長し、大興城への異動と側近への配置の命令を受けたが、それには病気を理由に応じず、その代替措置の形で、反乱勢力が跋扈し、また突厥の不穏な動きがあった山西への異動となったことは、先にみたとおりである。

文帝に恩を感じ、煬帝を従兄弟《いとこ》とする李淵が、李世民の進言に即応せず、挙兵の決意を固めても、そのスローガンを「昏《くら》きを廃し明《あき》らけしを立て、代王《だいおう》を擁立して隋室を匡復《きょうふく》せん」と、隋王朝を打倒するのではなく、問題を持つ煬帝の退位と孫の代王楊侑《ようゆう》の即位を目指す、と大義名分を立てたのには理由があったといえる。しかし李淵の心配は杞憂に終わった。それほどに煬帝の支配は崩壊し、人心は離反していた。李淵の軍団は、まさに破竹の勢いで進軍し、長安を攻略すると楊侑を手中に納めて皇帝に即位させ（恭帝《きょうてい》）、煬帝を形の上で引退させて太上皇《たいじょうこう》に祭りあげる。そのうえで、恭帝による冊封との形式をとって、李淵自身は唐王《とうおう》の地位につき、嫡長子の李建成《りけんせい》を唐王世子《せいし》（王の後継）、李世民を秦国公《しんこくこう》、さらに京兆尹《けいちょういん》（首都長官）に任命してその功績に報いながら、実質的な意味での自己政権を始動させた。

李建成と李世民の確執

六一八年、江都に逃れていた煬帝が、随従していた宇文化及《うぶんかきゅう》に殺害された報を受けて、李淵は正式に皇帝に即位する（高祖）。公爵位（唐国公）から王位（唐王）、そして皇帝と、段階を踏まえた唐王朝の成立で、隋の中央官制を踏襲し、李建成を皇太子とし、秦王《しんおう》となった李世民に尚書《しょうしょ》令《れい》という行政最高職位を与えて、息子二人を側近にした政治体制を構築した。ただこの当時は、隋の中盤期から各地に勃興した勢力が周辺に林立し、唐朝が直接支配するのは長安近郊に限られている状態であった。真の意味で隋朝を引き継ぐには、これらの群雄を討滅し、中国全土の支配を完成しなければならない。この六年にわたる平定事業を武将とともに中心的に担ったのは李世民で、一〇をこえる群雄の過半は彼の手によって制圧されるなど、その功績は際立ったものとなり、ここに王朝内での位置づけで兄の李建成との間に歴然たる差が生じることになった。

李建成は李世民より九歳年長であり、そのため李淵が挙兵した時にはすでに独立していてその側を離れていたことから、関与するのが遅れ、ここでも李世民に功名を奪われる形になった。さらに、李淵が妻の竇氏《とうし》を亡くしてからは、李世民とその妻の長孫氏《ちょうそんし》が同居して生活をともにするなど、親子の関係としてははるかに深い状態にあった。李建成は皇太子としての地位に安穏としていられる状態ではなくなったのである。

この頃の逸話として、次のような話がある。ある日の夜、宴会で李建成が無理やりに酒を飲ませると、李世民は前後不覚となり倒れた。幸いに事なきをえたが、それを耳にした李淵は二人を呼び出し、

「秦王はもとより酒が飲めないのだから、今後は夜の宴会を開かないように」

と、まずは李建成をいましめた。李世民が下戸であったというのは脇において、宮中では、李建成が鴆毒《ちんどく》を仕込んで暗殺し

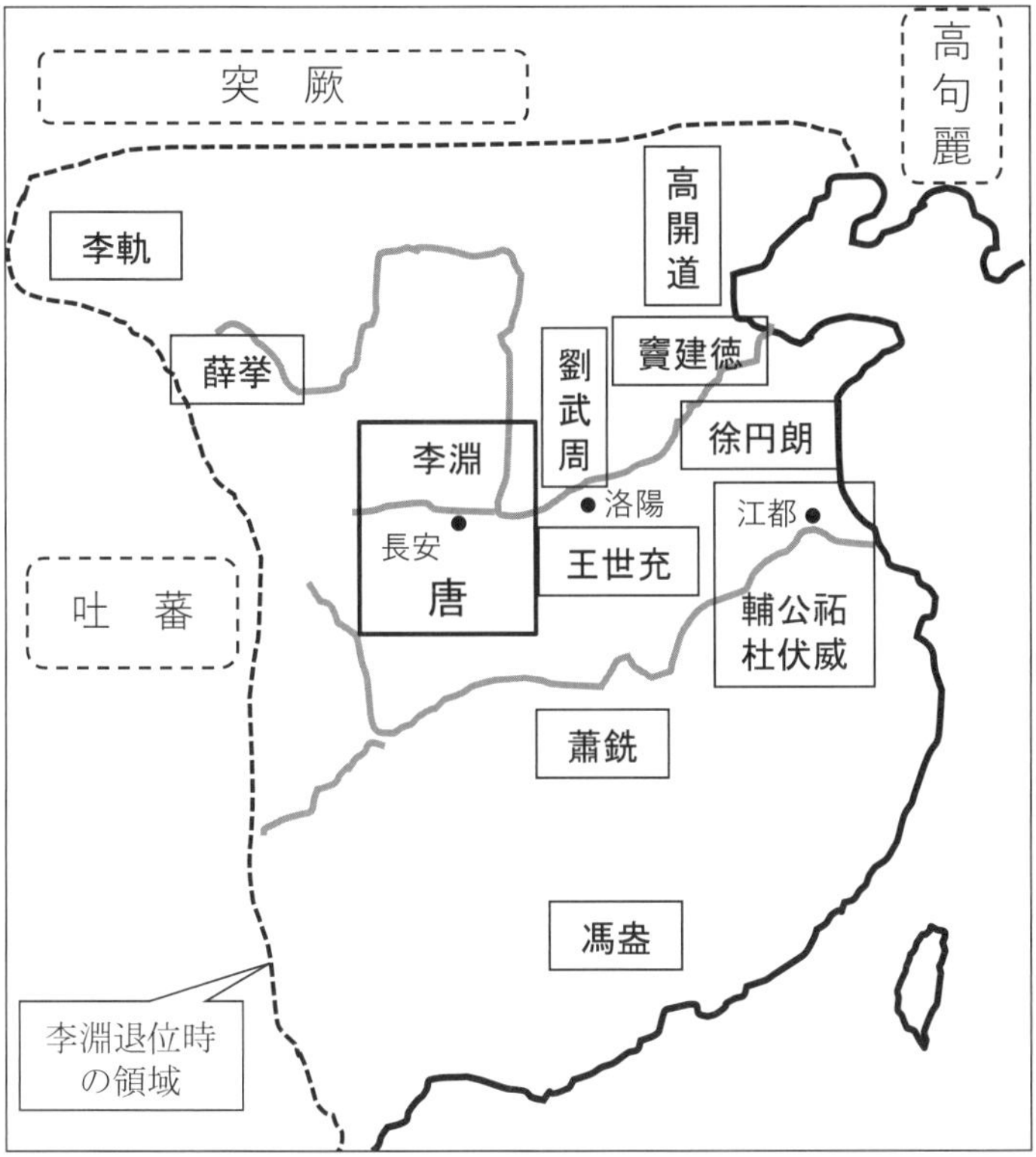

唐成立期の領域と周辺の群雄

ようとしたのではとの噂の流れるなかでの、この発言である。

さらに加えて、横にいる李世民に対して、

「山西での起兵はお前の功績、領域の平定拡大はお前の大功績。お前に位を譲ろうとしても辞退するし、建成は長らく皇太子の地位にいて、いまさら覆すこともできない。どうもお前たち兄弟は仲が良くない。長安の宮殿にともにいるのはよくないから、お前を洛陽に移し、さらに洛陽以東のことはすべてお前の管轄に委ねることにしたい」

と伝え、実際に、あえていうと無神経にも、洛陽に「天策府《てんさくふ》」と名づける官庁を開設して、李世民に「天策上将《てんさくじょうしょう》」という王を越える称号を与え、文武両権を委任したのである。中国統一をなしとげながら、自らでこれを分断するようなものである。李淵が皇帝である間は、あくまで息子にその支配の一部を担当させると言い訳もできようが、李建成にとってみれば、自分の引き継ぐ領域が半減することを意味する。

痛み分けという言葉があるが、これはそうではない。ひたすらに李建成の不安をあおり、よけいに李世民への憎悪を膨らませたに過ぎない。皇帝として、いや親として、この対応はないであろう。目前の事態が大きなものとならないように丸く収めることを優先して、大局的な見地に立って出るべきところで踏み出せなかった、山西での李淵を思い起こさざるをえない。

李建成がこれに反応しないわけがない。彼は自らの地位を守るために、まずは弟の李元吉《りげんきつ》を取り込み、さらに秘密裏に子飼いの兵士を身辺に集め、いざという時に備えようとしたが、これを通報する者が出て、李淵の知るところとなった。李淵は激怒して、廃太子の意向を示したものの、すぐにこれを撤回した。またもやの優柔不断である。リーダーたるものが子供の対立にこのような態度で臨むと、これは臣下にも影響を及ぼす。これ以後、臣下群は皇太子派、李世民派、そして中立派に三分化した。兄弟対立が、国家問題になったのである。だが、李淵はこれを座視して、有効な対策を打つことなく過ごした。

宮中クーデター「玄武門の変」

問題を引きずるなか、六二六年に突厥が北辺を侵犯したとの情報が入った。群雄を平定してまだ二年で、ようやく安定した唐にとっては重大事件の発生である。対応が協議されることになったが、ここで李建成は一つの提案をした。当時はそれぞれの王にも皇帝親衛隊に類する軍隊が配置されていたが、秦王李世民配下の軍を主力にして、これを斉王《せいおう》である李元吉に統帥させて対応しようというのである。その内実の意図が、李世民の周辺兵力を削減し、その隙を狙って、一気に片を付けようとしたにあるのは、自明である。李世民がこれに反応しないわけがない。数日後、宮城の北門に部隊を秘密裏に配置し、朝廷に参内しようとする李建成と李元吉の一団を待ち受け、一気に襲撃して彼らを殺害したのである。門の名から、「玄武門《げんぶもん》の変《へん》」と呼ばれる。李淵は宮城北の庭園にいて、騒動の音を聞いて驚いたというが、すでに遅しで、その結末を李世民から聞くしかなかった。

運命を分けた人徳の差

それにしても李建成の立てた策略は、なぜこうも簡単に漏洩したのであろうか。皇太子には「東宮官《とうぐうかん》」と呼ぶ皇太子付けの官僚が配置されるが、そのなかから内通者が出た可能性がある。また皇太子派と目された官僚が謀議に参加し、寝返ったとも考えられる。しかし宮城奥向きにある皇太子の居処（東宮）に出入りできる官僚は限られているし、たとえいたとしても官僚の行動は限られ、人の眼にさらされていることもあって内通行動には不向きである。このような時に陰で動くのは往々にして宦官であるとみるのが、当たっているのではないだろうか。宦官はもともと陰の存在であるから、人目につかない行動をしてもなんら問題にならないし、宮中は当然のこと、外界での行動も理由がつけば自在である。宦官から秘事が漏れる例は、ほかにいくつもある。

これに対して、李世民側の襲撃計画は漏れなかった。李淵も知らず、李建成も李元吉も不意を突かれている。これは、配下の官僚や兵士、そして宦官がどれほど主人を信頼し、服従しているかの差から起こったとしかいいようがない。功績ある弟を妬み、皇太子の地位を守ることに汲々とし、下戸の弟に酒を無理強いする、そのような人物に心服するほうが難しい。上に立つ人間の心得るべきことが、ここにみえる。

「貞観の治」

長男と四男、二人の嫡子を一気に失った李淵は、ここでは優柔不断に迷う余地もなく、一人残る李世民を皇太子にするしかないということになった。さらに立太子に際して、李淵は「今後、国家の重要事項は事柄の大小にかかわらず、すべて皇太子の決裁とし、そののちに皇帝に報告するように」と、実質的には譲位を宣言し、その二か月後には自ら退位し、ここに李世民が皇帝に即位（太宗《たいそう》）することになった。ちなみに李淵は宮中で九年をすごしたあと、七一歳で気苦労の多かったわりには長い人生を終えた。

太宗は即位の翌年に元号を貞観《じょうがん》と改めた（改元《かいげん》）。これにより太宗の治世は、称賛の意味も込めて「貞観の治」と呼ばれる。側近の力添えもあって、積極的な人材育成が三省六部《さんしょうりくぶ》と政事堂《せいじどう》を柱とする官僚制を支え、地方も州県制に加えて道《どう》が設置されて地方行政への監視を強め、これが政権のさらなる安定をもたらした。

また隋末の混乱による人口減少と農村の疲弊への対策として、農民に土地の私有を認める均田《きんでん》制《せい》を施行して農業の振興と生産の安定化をはかるとともに、租庸調《そようちょうせい》制による徴税で財源を確保し、均田農民の期間限定の徴発（輪番《りんばん》）による府《ふ》兵制《へいせい》によって、国内の治安維持や国防への兵士の供給体制を確立した。まさに唐朝支配の基礎がここに築かれたといえ、李世民にすれば、後継者として「我をおいてほかになし」というものである。

度重なる周辺民族の征圧

そしてなにより特筆すべきは、対外的な領域の拡大である。隋の攻勢で分裂した東突厥《ひがしとっけつ》の再興の動きに対しては大軍を派遣して滅亡させ、西域《さいいき》地方に領域を拡大して西突厥《にしとっけつ》の勢力をそぎ、東北の脅威であった高句麗には自ら指揮して圧力をかけ、さらにモンゴル高原に勢力を張る薛延陀《せつえんだ》を征服するなど、即位後二〇年にして、周辺民族を制圧して領域内に加えるとともに、あらたに都護府《とごふ》による統治体制を構築した。

都護府は服属地の経営機関で、その特徴は、当地の首領に実質的な支配を委ねて自治を容認することにあった。混乱なく他民族を支配に組み入れるひとつの手法であり、それほど珍しいことではない。唐の時代には、これを「羈縻《きび》政策《せいさく》」と呼ぶ。

現代中国の自治区もこれに類するものである。ただ漢族の定住者が激増し、中央政府の統制が強化されると原住民族の不満が増幅し、それがチベットや新疆ウイグルでの動乱になって現れていることはよく知られている。自治容認での支配には、脆いところがあることを示している。

この太宗時代に始まった領域拡大の勢いは、続く高宗李治《こうそうりち》と則天武后《そくてんぶこう》の時代も続き、東では朝鮮北部、南ではベトナム北部、西では西域まで達し、各地に都護府が設置されて、唐王朝は史上最大の領域を保有するに至った。ただし、中央政府が弱体化するとその勢いは止まる。高宗、特に則天武后が権力を握り政治が混乱すると、時間差をもってその影響が現れ、都護府体制が敷かれてから五〇年もたつと、各地で原住民族の離反が始まり、領域は縮小することになった［都護

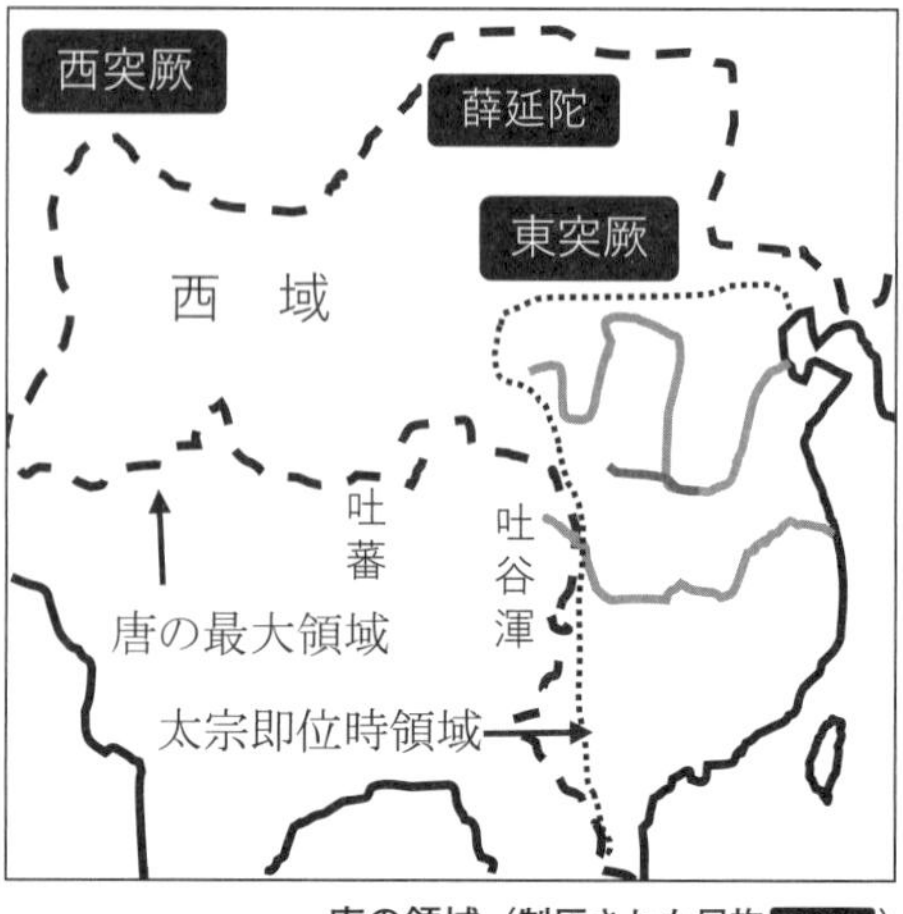

唐の領域（制圧された民族 ☆☆☆ ）

府体制のその後については「第三章二　宋の太宗趙匡義」に関連記事あり」。

三人の男児

父を支え、いささか意地の悪い言い方だが時には操り、はては兄を倒すことで皇帝となり数々の功績を残した李世民であったが、後継問題には苦しんだ。李世民と妻の長孫氏との間には、李《り》承乾《しょうかん》、李泰《たい》、李治と名付けられた男児がいた。上の二人は一歳違い、末の子は九歳ほど離れた兄弟である。李世民は即位するとすぐに長孫氏を皇后、李承乾を皇太子とした。嫡長子の立太子という、周囲の納得が得られる選択である。そしてその四年後、李承乾が一二歳になると、早朝という明け方の朝廷会議に陪席させ、皇帝見習いの経験を積ませることにした。その統治や軍事活動と並ぶかのように、着々と手を打ったといえる。

ところが、それが一三歳の少年にとっては重荷になったのか、ほかに要因があったのかは不明であるが、この翌年に李承乾は病気を発症し、計画は頓挫した。それでもあきらめきれない李世民は、一年間その回復を待って、今度は、皇帝が外出して朝廷に不在となる時にその政務の代理を務める監国《かんこく》となるよう命じたのである。期待の大きさがそうさせたのかもしれないが、病弱な李承乾には負担となったようで、ここでも翌年に病気が再発し、三年にして執行不可能の状態となった。

そんななかで賢母の名も高い長孫皇后が亡くなり、精神的支柱を失った李承乾は、その三年後に、今度は足疾《そくしつ》を発症し、行動も制限されるようになる。監国どころではないし、父の期待に応えられない自分への焦燥感もあったであろう。これ以後、李承乾は無気力状態に陥り、遊楽にふけることになった。これには一つ下の弟李泰が父にかわいがられ、彼を編集責任者とする『括地《かっち》志《し》』という、国内の地理状況を網羅する書物の編纂が順調に進んでいたことも影響したと思われる。

李承乾の無気力状態は官僚にも不評で、彼らの勧めもあって、李世民は彼への監視と教育を強化する方策を講じて手直しをはかる。しかしこれにも効果が出ない。それ以上に『括地志』ができあがり、過大ともいえる褒賞が与えられたことから、李泰が自らの立太子を期待するかの発言をするようになった。廃太子がちらつく李承乾にはたまったものではない。これを察した李世民は、わざわざ重臣を集めた会議の席上で、「嫡長子を尊重する」旨を宣言し、李承乾の不安を除く配慮を示した。だが、これは逆効果であった。李承乾は身の不安が昂じて、一気に李泰の暗殺計画に進み、これが情報漏洩で阻止されると、今度は謀反まで計画するに至った。後継問題が起こらぬように速やかに立太子し、事前教育をほどこし、さらに擁護に努めたのに、このような事件を引き起こしてはもはや守れない。ここに李承乾は廃太子され、庶人に降格、はるか南の黔《けん》州《しゅう》に幽閉されてしまった。

後継者の決定

兄弟間の確執、暗殺計画とくれば、いやでも「玄武門の変」を思い起こす。なにより李世民はその一方の当事者で、兄を倒して皇帝に即位した、その人である。ならば同じ次男で意欲溢れる李泰にあとを託そうとしたかというと、そうではない。まったく違った形での解決に出たのである。

すなわち「李泰が立つと、李承乾と李治は命ながらえることはなくなるだろう。李治が立てば、兄二人はつつがなく生き延びることになる」として、なんと一六歳の三男で、性格的には優しい、いい方を変えれば、指導者としての強烈な個性に乏しい李治を皇太子にしたのである。李世民の頭に「玄武門の変」がよぎったことは間違いない。だからこそかもしれない、彼に最も似ていた意欲満々の李泰をはずすことで、兄弟の安寧を願ったということになる。

この決断が正しかったのかどうか、その判断は難しい。李治が即位した（高宗）ことで、唐王朝の屋台骨を揺るがす、高宗の皇后武氏《ぶし》と中宗の皇后韋氏《いし》による「武韋《ぶい》の禍《か》」の種がまかれたのだから、ひとえに子供三人の命を守ろうとした、心優しい父親であったというだけで終えられる話ではない。ましてや、則天武后と呼ばれることになる武氏は、もとは太宗李世民の宮女であったのだから、事柄は複雑である「これより以後については「第五章二　唐の玄宗李隆基」に関連記事あり」。

二　宋の太宗趙匡義【附：太祖趙匡胤】

孝行息子の趙匡胤

趙匡胤《ちょうきょういん》は皇帝に即位した（太祖）その翌月に、母の杜氏《とし》に皇太后の称号を与えた。「昭憲杜太后《しょうけんとたい》后《こう》」と呼ばれる。「身体髪膚《しんたいはっぷ》、これを父母に受く。あえて毀傷《きしょう》せざるは、孝の始めなり。身を立て道を行い、名を後世に揚《あ》げてもって父母を顕《あら》わすは、孝の終わりなり」と孔子《こうし》がいうように（『孝経《こうきょう》』）、最大の孝行を果たしたことになる。

杜太后は、趙匡胤の即位を聞いて、

「もとから大志を持っていたが、今、それが実現したのか」

と喜んだものの、心配は尽きなかったのであろう。皇太后になり、周囲からお祝いの言葉が述べられても、心浮かず、楽しげなそぶりもみせないままで、周囲から、

「聞けば、母は子をもって貴し、というではないですか。息子さんが天子になられて、どうして喜ばないのですか」

と問いかけられると、彼女は答えていった。

「君主でいるというのは難しいこと、と聞いている。天子はその身を多くの庶民の上に置いている。その統治が道理をえたものとなれば、崇敬されるが、もし万が一にもうまくいかなければ、これ幸いに、そこいらの普通の男では無理なことだったのだといわれてしまうだろう。それが心配で心から喜べないでいるの」

子供の成功を有頂天に喜び、順風満帆を信じて夢ふくらませる人もいれば、あまりに順調な出世に、かえってそれに耐えられるほどの仕事がわが子にできるのだろうかと心配する人もいる。世の母親にみられる好対照の事例であるが、杜氏はどうも後者のタイプであったようである。これを聞いて、趙匡胤は「肝に銘じます」と、母親の心配とその言葉を重く受け止めた。

それからかれこれ一年後、杜太后は体調を崩し、先が長くないことがみえてきた。王朝を創立したとはいえ、まだまだ安定支配に程遠い時期にもかかわらず、趙匡胤は片時も側を離れず看病にいそしんだ、という。中国史書にみる、孝行息子の典型であるが、ここはうがった見方ではなく、そのままの美談として受け止めるのがよかろう。

後継者を決めた「金匱の盟」

いよいよ死期が迫った時に杜太后は、息子の趙匡胤と趙匡義《ちょうきょうぎ》、そして血縁ではないが彼らを支えて政権確立に尽力する趙普《ちょうふ》を第三者の立会人として呼び寄せ、まず、趙匡胤に、

「お前は、どうして天子になれたか分かっているのか」

と問いかけた。これに趙匡胤が、

「私が天下の主となれたのは、すべてお父さんとお母さんの善行のおかげです」

と、ここも孝行息子の模範例のような答えをすると、それに切り返すように彼女はいった。

「それは違うでしょう。すべては周の世宗《せいそう》が幼児を後継者にしたからで、年長者がいて、その子を天子としていれば、天下はお前のものになったはずもないのだ。お前は長寿を全うしたのちに、位をお前の弟に伝えるべきなのだ。地上は極めて広大であり、重要な事柄はずいぶんと多くある。年長者を立てることができる、それこそが国家にとっての良き事なのだ」

息子は面目丸つぶれ、母親は面目躍如といえそうだが、これに対して趙匡胤が、

「ご教示の通りにしないなど、ありえません」

と応じると、杜太后は趙普に向かって、

「お前は私の言葉を、一言一句間違えずに書き留めておきなさい」

と告げ、「臣下の趙普が記録した」との署名を添えて、金製の箱（金匱《きんき》）に納め、機密文書担当の宦官の手元で保管させた。

これを「金匱の盟」というが、ここに、宋朝においては、建国早々に二代目は弟の趙匡義と決まった、ということになる。ただ、危篤の母を前にして周囲は抗うことができなかった、ともいえるし、金匱に秘匿されて誰の目にも触れずで確認しようもなく、真相は定かではない、とみられても仕方がない。またみようによっては、母に先手を打たれて、趙匡胤は皇帝としての重要案件である後継者指名の権限を奪われたことにもなる。これが、憶測が憶測を呼ぶもとになる。

唐滅亡と五代十国

それをより昂進したのが、趙匡胤の突然の死であるが、ここではひとまず、杜太后の言葉にある周、すなわち五代の後周から説き起こすことにしたい。

唐朝の末期になると、中央政府の統御力は減衰して支配は弛緩し、各地に節度使《せつどし》の称号を持つ自立的な勢力が跋扈する時代になった。そのなかで専売制度をかいくぐって非正規の塩（私塩《しえん》）を密売する商人であった王仙芝《おうせんし》、そして黄巣《こうそう》を首領とする、いわゆる黄巣の乱が勃発した。この反乱は、従来の農民を主体とする反乱とは異なり、私塩密売のルートを生かして一気に広域に拡大した点に特徴がある。もはや唐王朝には打つ手がない混乱の状態に陥ったといえるが、ここで台頭したのが朱温《しゅおん》である。彼は、もとはといえば黄巣軍から身を起こした人物でありながら、状勢を見極めて唐朝側に寝返り、当時、長安を逃れて四川の成都《せいと》に一時避難していた唐の僖宗《きそう》を喜ばせた。「唐朝への忠義を尽くした」として、僖宗から「全忠《ぜんちゅう》」という名が与えられた（賜名《しめい》）ことから、朱全忠とも呼ばれることになる。

朱温は節度使の称号も手に入れ、同じく節度使で、唐朝擁護の立場を強くとる李克用《りこくよう》との抗争を有利に進めるなかで、時の皇帝昭宗《しょうそう》を手中に収め、その後、洛陽に拠点を移して昭宗を殺害し、その子を擁立（哀帝《あいてい》）、その三年後には禅譲を受けて皇帝位にのぼりつめることになった。九〇七年のことで、ここに梁が成立し、唐王朝は二八九年の歴史を閉じ、黄河中下流域を占有する五つの王朝と周辺の一〇の国によってなる、五代十国時代となる。

ちなみに、この時代の王朝は、通例に従って一字名の国号を持つが、歴代使われていた国名と重複するものが多く、その区別をつけるために五代の各国は「後」、十国には「前」「後」、または「南」「北」などを付けて呼ぶことになる。歴史を語る時の混乱を避けるためで、中国から始まった習慣であるが、日本では、特に五代の各国に関しては、「後」を「コウ」と音読することになっている。漢字の読音は例外を除き一つであるのが常識の中国の人には不可解なことで、これを説明しようとすれば、日本への漢字の移入、そこで起こる音読みと訓読みの併用、さらに音読みには時代や地方による原音の相違を反映して複数の読み音があること（漢音《かんおん》・呉音《ごおん》をはじめ、唐音《とうおん》や明音《みんおん》、さらには慣用音）などを理解してもらわなければならない。

後周郭威による束の間の平和

五代は後梁・後唐・後晋・後漢と、短期間で政権が交代するが、最後の後周を建てたのは、後漢の武将から身を起こした郭威《かくい》である。後梁の朱温のあと、五代の創業皇帝は突厥民族の血を引く人物が三代にわたり続いたが、この郭威は久方ぶりの漢族で、生まれたのは唐の昭宗が朱温によって殺害された九〇四年、父親は朱温の好敵手であった李克用の地方政権下で中級官僚を務めていたというから、文官系統の出身者ということになる。ただ彼のまだ幼い頃に父母がともに亡くなったために、叔母のもとで育てられることになり、そのうちしだいに農作業を嫌い、武事に興味を持つようになった。

一八歳の頃に、後梁配下の節度使李継韜《りけいとう》の兵士募集に応じたものの、数年ならずして後梁から後唐に政権が交代し、その折に李継韜が亡くなったために、後唐の配下に組み込まれる。ここで、節度使であった劉知遠《りゅうちえん》に認められて出世し、劉知遠の建てた後漢においても有力武将として活躍し、第二代の隠帝《いんてい》劉承祐《りゅうしょうゆう》の時代には軍政全般を統括するまでになった。ところが、寛容で人望の厚かったことが災いし、隠帝は彼に猜疑心を抱き、暗殺指令を出すと同時に、郭威の家族を襲撃させるに至った。ここに郭威は意を決して兵を挙げ、戦いのなかで隠帝が死亡すると、中国内地の混乱を機に南方への勢力伸長をはかる契丹《きったん》（遼）の脅威もあるなか、周囲に推戴される形で皇帝に即位し（太祖）、後周を開いた。

文官系統の家に生まれ、本人は武人としての人生を歩んだとはいえ、そこで経験してきたのは、後梁以降に展開された力の世界を優先する、殺伐とした皇帝の交代であった。郭威の評価されるべき点は、惰性に流れずに時代を刷新する気概を持っていたことである。彼は、武力ではなく文治による政権の確立を目指し、周辺諸国への軍事行動を抑制するとともに、国境を越えた商業活動（商旅《しょうりょ》）を奨励するなど、今でいう、平和外交路線に転じた。これは相応の成果を残し、長く続いた動乱の時代は収束に向かうが、郭威の時代は三年で終わりを迎える。その遺言に「屍をくるむ衣は、紙の衣にし、棺桶は（豪華な木製ではなく）瓦の棺とし、墓中には巨石を用いることなく、磚《せん》（煉瓦）によって代替するよう」と、生前も奨励した節約を実践するようにとの言葉を残した。五代の君主が、力で地位を勝ち取り、成り上がり者そのままに、自らを誇示するために過度に贅を尽くしたのと比べると、その差は歴然である。

柴栄の活発な軍事的遠征

郭威の後継者となったのは、甥の柴栄《さいえい》であった。王朝とは、男系、すなわち姓を同一とする血統者が主宰者の地位を継承する、その集合体を意味する。それからすると、これは異例なものとなるが、もとはといえば郭威とその妻柴氏《さいし》との間には子がなく、妻の兄で地方の名士であった柴《さい》守礼《しゅれい》の男児を引き取り、わが子同然に養育したことが背景にある。養子縁組で郭姓を名乗った、とするむきもあるが、柴姓で呼ぶのが通例となっている。

柴栄はその出自からしても、郭威の文治路線の継承者としては最適な人材であった。幼年から教育を受け、そのかたわら武芸をたしなみ、社会観察の経験も持っていたし、郭威の養子となってからは、身近に仕えて後漢の政治状況も把握し、挙兵時には最も信頼厚い部下ともなっていた。ただ彼に災禍が降りかかったのはこの時で、先にみた隠帝の猜疑心からの襲撃作戦で、郭威の一族が皆殺しの目にあい、そこで柴栄の妻とその間に生まれた男児三人も犠牲となったのである。柴栄が三〇歳の時のことで、おそらくこの男児三人は一〇歳にも満たない年齢であったと思われる。

大きな犠牲を払った柴栄であったが、後周成立後も郭威を助けて国家運営に力を尽くし、自他ともに認める後継者候補となっていった。そして九五三年一二月に、郭威のリューマチが悪化し、翌月に急逝したのを受けて、皇帝に即位した（世宗）。柴栄が郭威の政治路線を継承したのは当然のことであるが、その三年の治世の遺産で国内が安定化したのを受けて、一歩を踏みだし、軍隊を整備して周辺国への軍事攻勢に打って出た。

その皮切りになったのが、北漢《ほくかん》の進攻に対しての迎撃戦である。北漢は劉知遠の弟劉崇《りゅうすう》が、郭威の王朝創立に反発して建国したもので、北方に勢力を張る契丹民族の後援を受けていた。その意味では、唐末から五代の各国を通じて圧力を受け、時には妥協をしてきた契丹民族の遼との代理戦争ともいえる。これに勝利して進攻をくいとめた勢いにのり、続く三年間で西南の後蜀《ごしょく》への攻勢、東南の南唐《なんとう》への親征、北漢への進攻と、活発な軍事行動を展開して、相応の成果をあげた。このうち対後蜀戦以外で主力として活躍して功績を残したのが、当時、節度使の称号を持つとともに、皇帝親衛軍（禁軍《きんぐん》）の長官であった趙匡胤である。

「陳橋兵変」と開封帰還

こうして南方の勢力を押さえこんで後顧の憂いがなくなったのを受けて、柴栄は遼への親征を決意し、出陣するが、途上で発病、開封《かいほう》帰還後に死亡した。三九歳の壮年での死である。後継は、二番目の妻でありこの時点では皇后になっていた符《ふ》氏《し》の生んだ長子で、まだ七歳の柴宗訓《さいそうくん》となった（恭帝《きょうてい》）。状勢緊迫の際の君主としては若すぎることはいうまでもない。それを見透かしたように、遼は不穏な動きをみせるようになる。

翌九六〇年の正月元旦、北方の守備兵から、遼と北漢の連合軍が南方進攻の動きをみせているとの情報が入る。あわてた後周政府は、趙匡胤に出軍命令を出した。防衛軍はあくる日には開封を出発し、その夜は開封から東北に約一〇キロの陳橋《ちんきょう》で駐留することになった。ここで兵士の間で一つの動きが出る。すなわち、こんな時に戴く君主が幼年であることを不安視する声があがり、占星術師の「太陽の下にもう一つの太陽があり、黒光りして広がる様子が続いている」と、あたかも恭帝にかわる君主が現れることを予言する託宣が流布されると、一気に趙匡胤擁立の流れができあがったのである。この動きを目にすると、ともに従軍していた弟の趙匡義と側近の趙普の動きは素早かった。あくる日の明け方に就寝中の趙匡胤に黄色地の上着（黄袍《こうほう》）をかけて、皇帝への即位を強く迫ったのである。予想もつかない事態に動揺した趙匡胤であったが、集まってきた兵士に向かって「私が号令をかけたら、お前たちは皆、従うというのか」と問いかけると、「ただ命ぜられるままに」との返事がかえってきたので、さらに「皇太后と皇帝におかれては、我々は部下として北面して仕えてきた。その身に危険が及ぶようなことをしてはならない。（後周の）大臣たちは我々の仲間なのだから辱めるようなことをしてはならない。朝廷の貯蔵庫や民衆の家を襲い収奪してはならない。命令を順守すれば十分な褒賞を与えるが、それに背くようなことがあれば、妻子ともども殺してしまう」と告げて、即位を承諾し、開封に帰還した。この一連の動きは「陳橋兵変」と呼ばれる。

平和裏に建国された宋朝

帰還してきた趙匡胤を迎えた重臣たちは、「我々は君主がいないに等しかったが、今ようやく天子を得ることになる」と歓迎し、恭帝と符皇太后《ふこうたいごう》にはこの流れに抵抗するすべもなかった。恭帝は退位を表明し、趙匡胤は混乱なく皇帝に即位し（太祖）、宋王朝を開くことになる。そして己の言葉通りに、恭帝に鄭王《ていおう》、皇太后に周太后《しゅうたいこう》の称号を与え、ねんごろに彼らを遇した。なお、国号を宋としたのは、節度使を歴任してきた趙匡胤にとって、最後となる帰徳軍《きとくぐん》節度使の拠点が宋州《そうしゅう》（現在の河南省商丘《しょうきゅう》）であったことによる。

宋の建国はひとり趙匡胤の業績ではなく、趙匡義と趙普の協力がなくてはならなかったことは明らかであろう。北の脅威である遼と北漢の連合軍の防衛のために国家の主力軍を預かりながら、一転して皇帝位を奪うことになったという点では、まさしく逆臣が起こしたクーデターそのものである。趙匡胤としては汚点が残り、また後周の臣下の反発を買う恐れから、安易に踏み出せないところを、兵士の声や占星術師の託宣を巧みに利用して、皇帝を象徴する黄色の衣をかけて、いかにも天の決裁であるかのように演出して、致し方なく応じた形に整えたのは、この二人である。主演は当時三四歳の趙匡胤、作・演出は二二歳の趙匡義と三九歳の趙普の構図で、これはこれから始まる太祖の時代に色濃く反映したし、冒頭にあげた杜皇太后の「金匱の盟」も、これが背景になっているのである。

ともあれここに宋の時代が始まるが、課題は山積していた。ひとつは、王朝を創立したとはいえ、国内には節度使勢力が数多く存在し、中央集権体制には程遠い状態にあったこと。次に、北漢と南の旧十国の残存勢力を攻略して全国に領域を拡大し、可能な限り中国の統一をなしとげなければならないこと。さらに、すでに現在の北京周辺（燕雲十六州《えんうんじゅうろくしゅう》）を領有し、南への進攻に意欲を示す契丹民族の遼と、黄河湾曲部（河套《かとう》・オルドス）に勢力を伸長させつつあるタングート（党項）民族の西夏《せいか》に対抗し、可能ならばこれを北に押しあげて安全を確保すること、などである。これらの課題を解決しなければ王朝の安定運営は望めないと判断し、太祖は趙普を宰相格にし、趙匡義を実務責任者として、二人三脚ならぬ三人四脚で立ち向かうことになった。その具体的な展開に触れる前に、ここで節度使とはなにかについて述べておきたい。

都護府体制から節度使体制へ

唐朝の初期、新たに領域に含んだ西方および北方地域においては自治容認の都護府体制がとられたことは、すでに唐の太宗李世民の項で指摘したとおりであるが［第三章一］、ここでは都護府体制が節度使体制に切り替わる経緯を説明しておきたい。

太宗から高宗に切り替わる時代には、都護府内が不穏になると、中央から大軍が派遣されて収束する手法がとられ、その総帥は随時に任命された将軍で、配下の兵員の確保は府兵制によった。ところが、高宗から則天武后の時代に、中央政府の統制力が弱体化して都護府内の原住民の離反が顕著となると、従来の手法では効率が悪く、これに重ねて、均田制の弛緩から府兵制による兵士の安定的な供給が維持できないという事態が重なり、都護府に対する軍事行動は変更を余儀なくされる状態に陥った。

そこで打ち出されたのが、都護府内に軍隊を常駐させて、一人の将軍にこれを委ね、その兵士は均田制から洩れ落ちて耕作地を持てなくなった農民を中心に召募する形式である。兵士を募集するということで、これを「募兵制《ぼへいせい》」という。

こうなると都護府に配置される将軍と兵士の関係にも変化が出て、兵士は将軍に属する存在になった。唐朝の任命による将軍とはいえ、自前の兵士（私兵《しへい》）を擁する、自律的な軍団（都督《ととく》府《ふ》）が形成されることになったのである。則天武后の時代が終わり、混乱の修復に苦慮する中宗《ちゅうそう》と睿宗《えいそう》の時代に入ると、王朝の混乱を見透かすように周辺民族が離反して勢力を復興し、唐は領域の縮小を余儀なくされるとともに、彼らへの防衛体制を強化する必要に迫られた。そこで採用されたのが、節度使に委任する制度であった。「節度」とは「節制調度《せっせいちょうど》」の略で、任命時に賜予《しよ》される旗印（節）を打ち立てて、唐王朝の承認のもとで一定地域内の軍事・行政・財政を統轄（調度）することを意味する。

玄宗《げんそう》の時代に周辺地域の不安定化が内地に波及し始めると、節度使は国内の治安維持に活用されるようになり、一気にその数を増やすことになった。これを「内地節度使」と呼ぶ。この結果、国内各所に節度使が置かれて当地の支配を委ねられる状態となり、周の封建制、前漢初期の「諸侯国」などと変わらぬ「国中に国を抱える」分権状態となったのである。いかに節度使が半独立的で強力な存在であったかは、これを「藩鎮《はんちん》」（近代における「軍閥《ぐんばつ》」）と呼ぶこと、さらに安史《あんし》の乱《らん》の勃発とその後の混乱をみれば理解できる。これ以後も、唐朝では節度使が林立跋扈する時代が続き、節度使の一人であった朱温によって滅亡し、五代に入っても各国は節度使を多用して国内の安定を維持しようとしながら、その節度使によって政権が顚覆させられる事態が連続することとなる［高宗以後の唐朝については「第五章二　唐の玄宗李隆基」に関連記事あり］。

宋の節度使対策

宋が成立した時にも、多くの節度使を抱える状態であった。それはまた趙匡胤に協力して建国を支えた功臣といえる存在と、彼のクーデターもどきの行動には無縁で、逆に後周からの政権委譲に反感を持つ存在とに大別される。まず宋朝政権が手をかけたのは、後者の李重進《りじゅうしん》と李筠《りいん》の二人である。ともに郭威から節度使の称号を与えられた強力な支援者で、李重進は柴栄の従兄でもあった。即位して間もなく、趙匡胤はまず李重進に節度使としての管轄領域の配置換えを通告すると、案の定、李重進はこの命令を拒絶、李筠と連絡を取りあい反乱の機会を窺った。ところが、先に李筠が朝廷から監視のために派遣されてきた使者（監軍）を捕縛し、その勢いに乗って単独で反乱行動に出ると、これに対して、待ち構えていたように、趙匡胤は自ら軍を率いてこれを鎮圧したのである。おくれを取った李重進は、もはや引くに引けずに挙兵したが、こちらも同じく親征により鎮圧された。ともに二か月の抗戦の末であるが、二人とも最後は自らの体に火を放っての自焚死であったという。彼らの趙匡胤一党への反感を象徴する出来事であるといえよう。

反抗する節度使には強硬な対応も辞さないという、このような趙匡胤の行動は、他の節度使に大きな影響を与えた。それが最初に現れたのが、「杯酒釈兵権《はいしゅしゃくへいけん》（杯を傾けて兵権を釈《と》く）」といわれるものである。即位して一年たった頃に、趙匡胤は腹心中の腹心で節度使となっていた四人を宴席に招いた。会の冒頭、趙匡胤はこう口火を切った。

「皇帝となったものの、節度使であった時の心地よさには劣る。日々、心落ち着かずで寝られないし、いつお前たちの誰かが黄袍を着せられることになるかもしれないと思うと、不安で仕方がない」

これを聞いた四人に動揺が走るのをみて、

「人生は短くてつらいもの。豊かな生活を不安なくすごし、寿命を全うして子孫に財産を残すのが、なによりではないだろうか」

と独り言のようにいい、そのまま何事もなかったように宴会を始めた。その効果は絶大で、趙匡胤の心中を察した四人はあくる日にそろって節度使退任を申し出たのである。

これによって節度使削減の方向性は決まったといえる。残る節度使に睨みをきかせるとともに、着々と準備を進めて、今の四川省にあった後蜀が滅亡して領域拡大のめどがつき始めた九六五年に、節度使に対して、その管轄域内の税収入のうち、軍隊を維持するための最低限の経費を除いた残りのすべてを中央政府に供出すること、あわせて保有軍隊の精鋭軍を中央に移管するように、との命令を出した。節度使たちがもはや抵抗することができないと踏んでこその措置である。そしてその一二年後には、広大になりがちであった節度使の支配領域を州もしくは府の広さ（現在の日本でいえば、府県レベルであったのを市レベル）に限定することを決定し、残る地域には中央から官僚を派遣して直接支配する形に改めた。この結果、節度使は財政的基盤をほぼなくして、名誉の称号として残存するだけになってしまった。

趙匡義と趙普の二人と熟議して決定した、じっくり時間をかけて段階を踏んだ用意周到な措置といえ、これをして中央集権体制を確立し、ひいては君主独裁体制の基盤を完成させたことになる。

中国統一とその限界

次に、領域拡大であるが、これは趙普の助言「先南後北（南を先に、北をのちに）」「先易後難（易きを先に、難きをのちに）」に基づいて執行された。まずは連携の傾向を強める北漢と遼に対する防衛線を強化しておいてから、九六三年に長江中下流域の南に勢力を張る荊南《けいなん》と楚に攻勢をかけてこれを滅亡させ、この地を進撃拠点として、長江下流域の南部に勢力を維持する南唐、長江上流域の後蜀、さらに広東を拠点とする南漢《なんかん》への攻撃作戦を練り、後蜀は二年後に、南漢は九七一年、南唐は九七五年に平定と、ほぼ一〇年で南部地域の確保を確実なものとした。この間、後蜀の滅亡を確実に見届けた九六八年からは、兵力を北に割き、北漢への攻勢を強め、この間に趙匡胤が亡くなり趙匡義が即位する（太宗）という政権交代を挟みながら、九七九年には太宗が親征して、ついに北漢を滅亡させた。建国から一九年の歳月がかかったが、ひとまずは五代十国の分裂状態を収束したことになる。

ただ課題は残っていた。遼と西夏である。兄のあとを受けた趙匡義は、北漢攻略後に遼の保有する燕雲十六州地帯の奪還を試みたが失敗、翌年のベトナム北部の交趾《こうし》への進攻も成果が上がらず、態勢を立て直して九八六年に挑んだ遼と西夏への両面作戦もうまくいかなかった。ここに、宋の領域拡大は南北ともに限界に達したといえる。ただ南はいいとしても、北においては西夏が西域《さいいき》への進出口を閉ざし、遼が中国内への進攻に絶好の地を保有するという状態を残したのは痛恨の一事となった。

[統一事業]
962 対北漢・遼－防衛部隊配置
　＋対荊南・楚（湖南）攻撃開始 ①
963 荊南・楚 滅亡→中央直接統治＋対後蜀・南漢・南唐 作戦の拠点
964 対後蜀 攻撃開始（北路・西路） ②
965 後蜀滅亡
966 後蜀残存勢力の抵抗鎮圧 →南唐・呉越－服属姿勢表明
968・969 対北漢攻撃－不成功 ③
970 対南漢 攻撃開始 ④
971 南漢滅亡→江南地域（南唐・呉越）統一への準備開始
973 呉越降伏 ⑤
974 対南唐 攻撃開始（呉越との挟撃） ⑥
975 南唐降伏
976 対北漢 攻撃開始－作戦中－太祖趙匡胤 死去→太宗趙匡義 撤兵命令
979 対北漢親征 ⑦→北漢滅亡→燕雲十六州奪還作戦－失敗
980 対交趾侵攻－失敗 ⑧ *→南方拡大の限界*
986 対遼・対西夏攻撃－失敗 ⑨ *→北方拡大の限界*

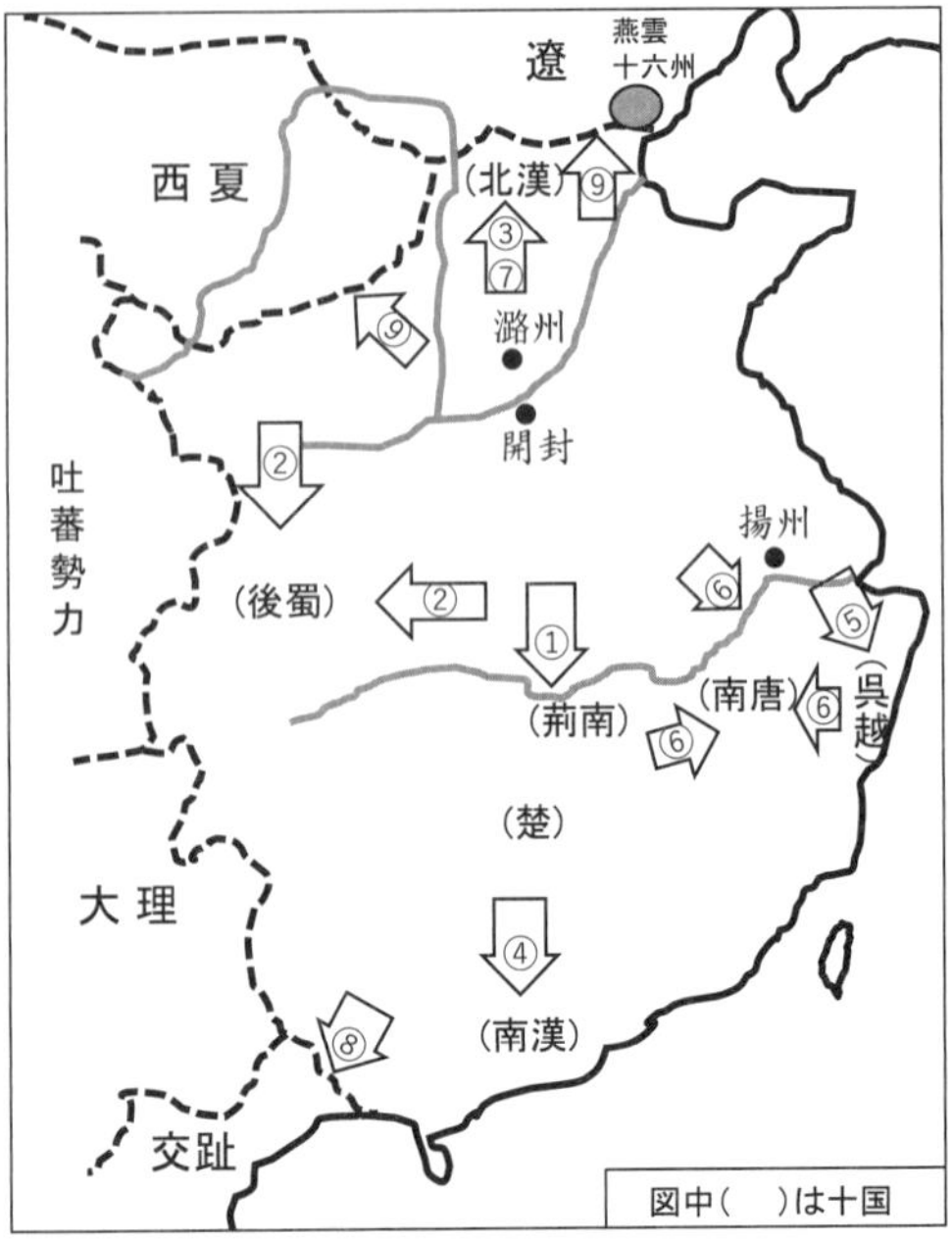

宋の統一事業

君主独裁体制の確立

領域の拡大と国内の安定を進めるその一方で、統治体制も着々と整えた。

宋朝の統治体制の特徴は、集中とそのもとでの分権、ということができる。行政権は、唐の三省六部の流れを汲みながら中書省《ちゅうしょしょう》に立案・決裁権限を集中し、同平章事《どうへいしょうじ》を宰相格の長官としつつ、その下に副官として参知政事《さんちせいじ》を複数配置して、過度な宰相への権限集中を避け、行政執行は尚書省《しょうしょしょう》に委ね、そのもとに置く六部が分担して職務の執行を担うこととした。そして軍事権は、枢密院《すうみついん》を置いて全権を委ねながらも、内部で軍政と調兵権《ちょうへいけん》（禁軍の配置と出動調整）を分担させ、財政権も三司《さんし》に徴税と国家財政を統轄させる一方で、下部機関として塩鉄部《えんてつぶ》（工商収入）・度支部《たくしぶ》（財政・食糧の漕運）・戸部《こぶ》（戸口管理・徴税・酒税）を配置して分散化を図った。

このうち中書省と枢密院、そして三司は皇帝直属機関に位置づけ、ここに皇帝への権限集中と、下部における権限の分割を果たすという官僚制度ができあがり、その円滑な運営のために、出身の家柄に頼らない実力による官僚採用方式として、儒教教養を課題とする科挙《かきょ》制度を定着させた。ざっとしたまとめになるが、こうして官僚制により皇帝権限を擁護するという君主独裁体制が確立され、後代に大きな影響を与えることになった。

そしてもう一つ、軍事制度においては、「禁軍」と呼ぶ皇帝直属の親衛隊を強化して、地方に配置して治安維持などを委ねる「廂軍《しょうぐん》」との実力差を明確につけることで、軍事面でも皇帝の権力基盤を強固にする形を整えた。この禁軍もおよそ三つの集団に分けて、互いに牽制させたのは、禁軍長官として主力軍を全面的に預けられ、結果的にはその戦力を背景に皇帝に即位した過去がある趙匡胤が、同じような事態が起こることのないように、兵力分散を試みた措置であったことはいうまでもない。

生前になかった後継指名

前代の漢や唐とは領域面では比較にならないとはいえ、中国を統一体にまとめた宋であるが、これは趙普を知恵袋にして、兄弟二人の協力でなしとげたものであった。王朝創立後もその関係は続き、国家の重要事項は必ず二人の相談と納得のもとで行われた。頻繁に二人きりで人払いをして飲酒しながら話し合い、時には体調不良を訴える弟に、兄自らが灸をすえてやり、熱がるのをみて、兄も自分に灸をして痛みを共有したこともあったという。さらに趙匡義は、兄が皇帝になったことで、名前に使われる字は臣下から一般に至るまで使わないという「避諱《ひき》」の風習に則り、自身の名を光義《こうぎ》と変えて、兄への君臣の分を果たした（即位後に炅《けい》と改名）。互いを認め合う麗しい兄弟愛である。皇帝には兄が即位したとはいえ、趙匡義に、自分こそが後継者として事業を引き継ぐべきだという、「我をおいてほかになし」の自負があって当然であろう。

ただ、問題となるのは、趙匡胤が生前に後継指名をしなかった、ということである。冒頭にあげた杜太后の「金匱の盟」があるからともいえる。しかしながら、趙匡胤が突然に死を迎えたのはそれから一五年後の九七六年で、すでに五〇歳、後継指名をしておいても決して不自然な年齢ではない。

趙匡胤には最初の妻賀氏《がし》との間に三人の男児（嫡子《ちゃくし》）ができ、うち二人は夭折して趙徳昭《ちょうとくしょう》のみが残り、庶子《しょし》として趙徳芳《ちょうとくほう》と、すでに成人年齢に達する後継子がいたのである。趙匡胤が弟に気を配り、あえて立太子の話題を避けたとも、また秘かに遺書をしたためて趙徳昭の名前を記していた可能性もないではないともいわれる。

噂がとびかう趙匡胤の死

しかし、王朝の公式な記録である『宋史』の「太祖本紀《ほんぎ》」は、「(開《かい》宝《ほう》九年一〇月) 癸丑《きちゅう》の夕、帝、万歳殿《ばんざいでん》に崩《ほう》ず。年、五十」、また「太宗本紀」は、「癸丑、太祖、崩ず。帝(趙匡義)、ついに皇帝位に即く」と、事実だけを残す。味気ないほどにあまりに簡素な記録である。これは逆に、裏に何か明らかにできない事情があったからではないか、との疑いを抱かせることになる。

当時の宮中を中心に彼らとかかわりを持つ人々は、我々以上であったのだろう。趙匡胤の死因、死に様、そして事後の動きについては噂がとびかったようである。「匡胤と匡義が二人きりで酒宴をしたあとで、匡胤は大いびきをかいて寝入り、明くる朝には死亡しているのが発見された」、「二人きりで酒宴をしていた夜分に、蠟燭が激しく揺れて人の影が映し出され、斧でなにかを断ち切る音を聞いたものがいた。

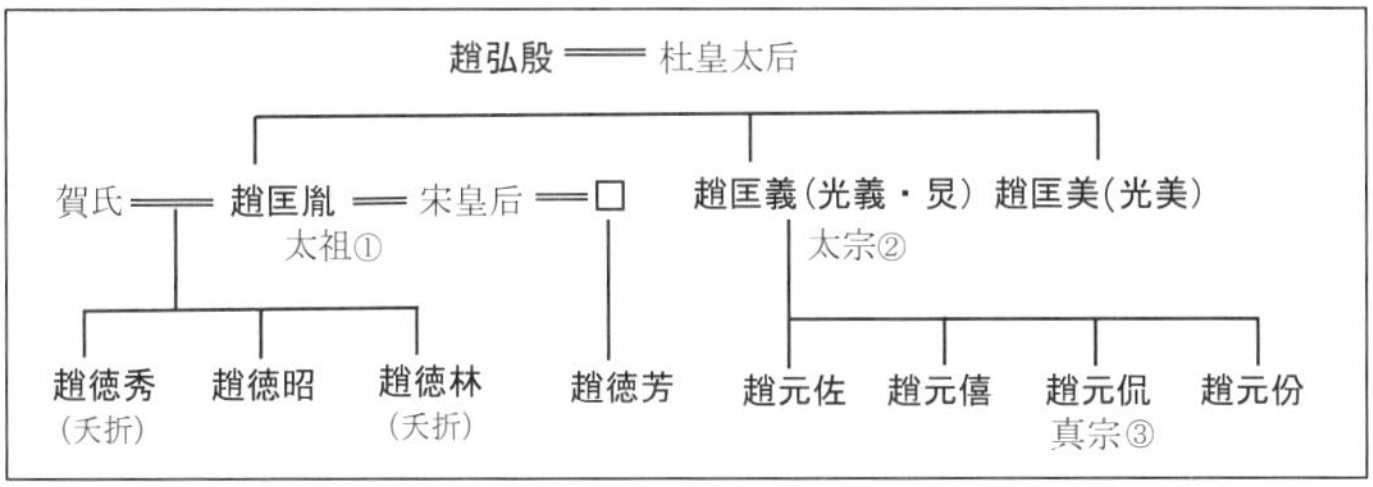

宋（初期）系図

明朝、匡胤の死亡が確認され、匡義が即位した」、「匡胤は内心では皇子の徳芳を後継者とする意向があって、死を悟った時に宦官の王継恩《おうけいおん》に命じて徳芳を招こうとしたが、王継恩はこれを匡義に密告し、それを聞き知った匡義は即座に寝室に乗り込み、斧で匡胤を殺害して、何事もなかったかのように即位した」、「匡胤の死を知った宋皇后が徳芳を呼び寄せるために派遣した宦官の王継恩は、匡義に通報し、それを受けて匡義は即座に宮中に入り、『母子の命運はあなたに託されている』という宋皇后に対して、『ともに富貴（位高く経済的に満たされた状態）となりましょう』と告げ、二人の合意のもとで匡義が即位した」などなど、まさに枚挙にいとまがないほどである。趙匡胤の死亡が急であり、脳溢血によるとするむきもあるが、誰かに、といっても丸わかりではあるが、斧で打ち殺された、死体が発見されたのちに宦官が介入して強引に趙匡義の即位を導いた、など、尾ひれがつくとはこのことである。真相は闇のなかというだけで、あとは読み手の判断に委ねるしかない。

ただ、これほど諸説紛々の状態になったについては、趙匡義の後継即位およびその後の政権運営を、妥当なものと評価しない風潮があったことを示している。太宗趙匡義の時代になったとはいえ、太祖趙匡胤の時代と代わりばえせず、趙匡義自身はといえば、組織の長となるための自己革新をすることなく、実務者的色彩を引きずり続けたきらいがある。

それを象徴するのが、北漢の制圧と燕雲十六州をめぐる遼との抗争であった。彼は一連の作戦すべてで陣頭指揮に立った。親征といえば聞こえはいいが、裏返せば、実務から離れて部下にすべてを委ねることができなかったのである。そのため作戦の不調はすべて趙匡義への不信感となり、さらに全体を見渡せる立場であってこそ説得力のある、論功行賞が適宜に行われなかったことが、それを助長した。将兵の意気は沈滞し、その結果、燕雲十六州の奪還はならず、それ以上に遼の南下進攻に糸口を与え、次の真宗《しんそう》時代の「澶淵《せんえん》の盟《めい》」につながることになる。

ともあれ事実として残るのは、宋王朝においては兄弟相続が行われ、ここに弟の太宗系に皇位継承の流れが移ったということである。趙匡胤の嫡子趙徳昭と庶子趙徳芳の系列は、割を食ったといえる。しかし皇室保護の名目と血統の途絶を未然に防ぐために、彼らは王位を与えられ、王朝からの庇護を受けた。そしてこれが意味を持つ日がくるのである。一五〇年後、女真民族の金の圧力を受けて、宋朝は開封を捨てて北部中国を明け渡し、江南の臨安《りんあん》に首都を移動して継続された（南宋）。その一一代目の皇帝である孝宗《こうそう》は趙徳芳の六世の孫、第五代の理宗《りそう》は趙徳昭の九世の孫で、太祖系はここに復活したということになる［これより以後の宋朝については「第四章二 南宋の高宗趙構」に関連記事あり］。

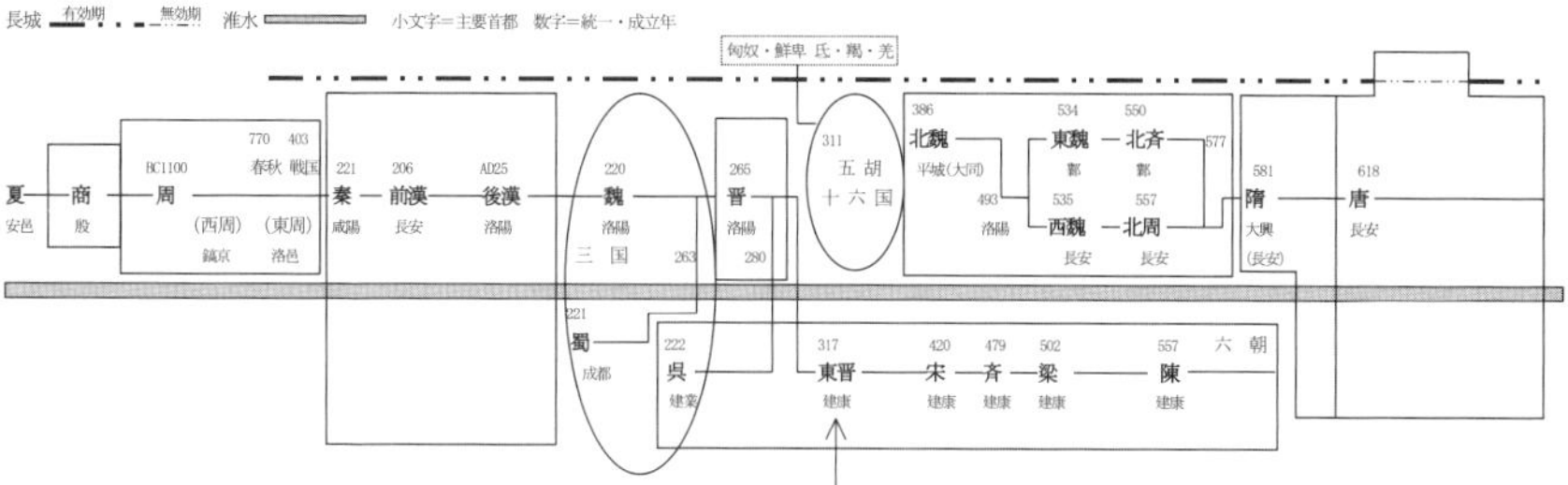

第四章　思いもしていなかったのに
——王朝を継続するために

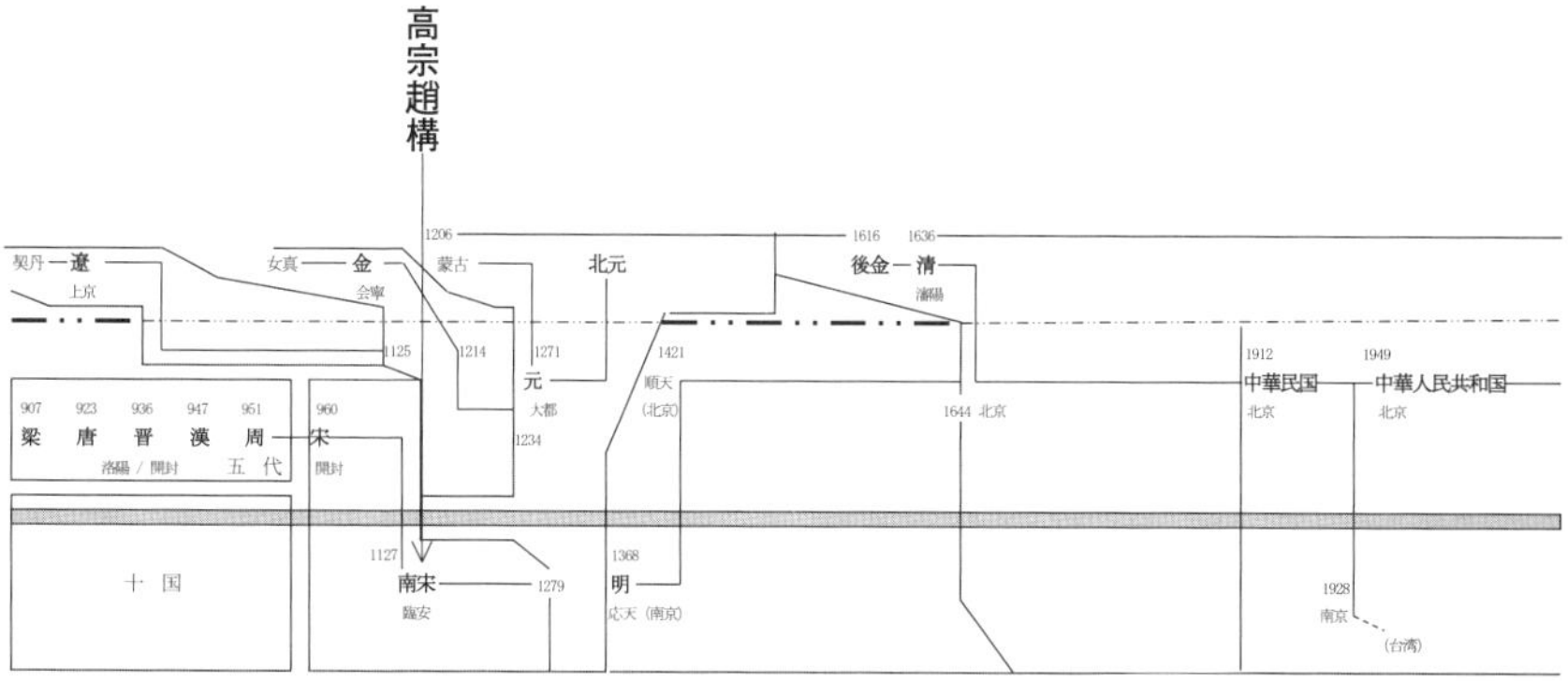

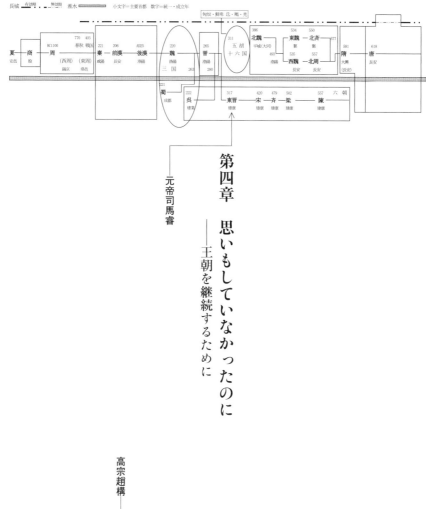

思いもかけないことが起こる、というのは我々の実生活でもありうることであるが、これが皇帝への後継即位となればそうそうある話ではない。皇帝の子、すなわち皇子全員に皇位継承権があるとはいえ、そこには生まれた順、特に農耕民族に色濃い長子優先の観念、さらには生母が正妻か否かによる区別（嫡庶《ちゃくしょ》の別《べつ》）も付きまとうし、当人の資質の問題、時には父である皇帝の生母に対する愛情の在り方も影響する。ただこれは選択する対象が複数あり、一定の時間的な余裕がある状況下での話である。

ここでみる東晋の司馬睿《しばえい》と南宋の趙構《ちょうこう》はこれとは趣を異にする。思いがけないどころか、本来ならありえないことが起こったのである。すなわち、皇位継承が可能な人材が極めて限られ、王朝の命脈を繋ぐためには、誰かを、本人の意向は二の次にしてでも選ばなければならなかったし、本人もこれを免れることができなかった。このような二人に待っていた皇帝としての境遇はどのようであったのだろうか。

一　東晋の元帝司馬睿【附：武帝司馬炎】

司馬睿の即位

「巡りあわせが悪くて立ち行かず、統治も順調でないなか、朕は徳の足りない身でありながら政権を引き継いだものの、天命に頼って王朝を立て直すどころか、かえって北方諸族が軍を率いて都の洛陽《らくよう》に迫ってくる事態をもたらしてしまった。朕はこの逼迫する状況のなかで様々なことに憂慮しながら、一夜にして国家が崩壊することをなにより恐れている。君は指名を受けて丞相《じょうしょう》となり、朕の意向を受けて政治を運営するのだから、伝統ある都（建康《けんこう》）を拠点にして、歴代の皇帝の霊魂を守り、この大きな屈辱をすすいでほしい」

時は三一三年、晋の第四代愍帝《びんてい》が長安から下した詔《みことのり》で、皇族の一人である司馬睿に丞相への就任を命じ、さらに全権を委任する旨を伝えている。当時、建康（現在の南京）において亡命政権を形成していた司馬睿は、この五年後に皇帝に即位した（元帝《げんてい》）。一度は滅亡した晋はここにかろうじて命脈を保ち、首都が洛陽からみて東に位置する建康に移ったことから、東晋と呼ばれることになる。

晋の成立

まずは晋の成立から始めることにしよう。二二〇年に後漢が滅亡して、中国は三分割の状態となり（三国鼎立《さんごくていりつ》）、その後、黄河流域に勢力を張った魏が優勢となり、蜀を併合して中国の再統一まであと一歩に迫った。魏の基礎は曹操《そうそう》（武帝《ぶてい》）が築いたものであることはよく知られるところである。

群雄割拠の争乱のなか、後漢の献帝《けんてい》から魏王《ぎおう》の位を与えられて、王朝内で自立した国を形成した曹操は、自国の領域内で屯田制《とんでんせい》・租庸調制《そようちょうせい》、さらに九品官人法《きゅうひんかんじんほう》の先行形態となる人材推挙を行い国力を増強させた。これを背景にして、曹操亡きあとに、曹丕《そうひ》が献帝から禅譲《ぜんじょう》を受けて即位（文帝《ぶんてい》）して、成立したのが魏である。

曹丕は父の遺産を生かして国内を安定させたが、後継者には恵まれなかった。二代目の明帝《めいてい》は、初期には政務に精励したが、支配が安定するにつれて慢心し、宮殿建設に巨費を投じるなど、享楽にうつつをぬかすようになった。それ以上に問題なのは、明帝には男児が生まれながら、その三人はすべて夭折し、一族から男児を迎えざるをえなくなり、死の直前になって、まだ八歳であった養子の曹芳《そうほう》を皇太子とし、後見を司馬懿《しばい》と曹爽《そうそう》に依頼したことである（曹芳は三代目の皇帝として即位するが、最後は廃位されたために皇帝としての諡号はない）。

幼い皇帝の後見人となった二人であったが、その関係はほどなく齟齬をきたし、皇族の血筋を自認する曹爽が司馬懿を権力から遠ざける画策をした。これに対して、司馬懿はしばしの隠忍自重の末、ついに二四九年に、曹爽が皇帝とともに明帝の陵に祭祀に出向いた機会を捉えて、クーデターを発動し、明帝の皇后で当時は皇太后になっていた郭氏《かくし》を操って、曹爽とその支援者の一斉排除に成功した。すでに一八歳になっていたものの、曹芳は無力でなすすべもなく、これ以後、魏の政治権力は司馬懿の掌握するところとなった。

その二年後に司馬懿が死亡してのちも、息子の司馬師《しばし》・司馬昭《しばしょう》兄弟がその跡を継ぎ、この間に曹芳は位を斉王《せいおう》に降格されて、従弟の曹髦《そうぼう》が擁立されたように（四代目皇帝。最後は刺殺されたために皇帝としての諡号はない）、すべては司馬一族の思うままに進められることになった。蜀の併合はこの時期のことになる。いうならば、魏は形ばかりとなり、実質的には司馬氏の王朝が始まっていたといえる。それを現実のものとして完成させたのが、魏の五代目皇帝となった元帝・曹奐《そうかん》から司馬昭の子の司馬炎《しばえん》に対して行われた、二六五年の禅譲の儀式である。

禍根を残す封地分配

司馬炎は皇帝に即位すると（武帝）、父の司馬昭が晋王《しんおう》を拝命していたことに基づき、国号を晋とした。彼は、政務に力を尽くし、また自ら節倹に努めるなど、模範的君主を目指し、相応の成果を残した。その意味では、ここに皇帝による政治という本来の姿に復帰したといえる。

しかし司馬炎は次代に向けて禍の種をまいたともいえる。それは即位早々に行った皇族に対する封建であった。魏の政権の脆弱性の根源は、皇帝が孤立してしまい、皇族が周囲を固めて支援する体制が整わなかったことにあるとみた司馬炎は、同姓の司馬氏一族二七人を封建して王とし、それぞれに封地を預けたのである。

秦の始皇帝が周の封建制を否定して中央集権体制を確立したことはよく知られるが、その後継となる漢王朝にあっては、初期には異姓諸侯王《いせいしょこうおう》を控え、その後に同姓諸侯王《どうせいしょこうおう》に切り替え、さらに諸侯王の実権を極力抑えて中央集権体制を作りあげたことは、すでにみてきたとおりである［第一章二］。ただ、これでのちの王朝において封建制が完全に消えたわけではない。皇族を優遇して王の位を与えて、皇帝を周囲から擁護する体制は維持されてきた。それは藩屛《はんぺい》と呼ばれ、皇帝血統の維持とともに、一旦緩急あれば皇帝の防護壁となって王朝を守るものと考えられた。司馬炎は強い意志によって、この施策に踏み出したといえる。

ただ、王に封建領を与えて、その領域内での自立を容認すると、なにが起こるかは歴史が示している。司馬炎にとって、後漢末の曹操の魏王としての存在は、なによりの教訓であったといえる。だからこそ当初は、皇族二七人を封建したものの、その封地に移住すること（就国《しゅうこく》・之国《しこく》）は許さず、首都洛陽に居住させ、あくまでも皇室擁護をその任務とした。しかしこれは封建制の在り方からしていびつな形で、封地に王が出向き、そこで軍事権を保有してこそ藩屛であるとの正論が出ると、結局、これを認めざるをえないことになる。こうして王の封地への就国は漸次的に進み、即位から一二年後の二七七年には、各地に封建された王が、封地を自己の所領地として軍事権と財政権を行使しうる、つまりはなかば独立した国として存在することになり、当初の目論見は雲散霧消する事態となった。

司馬炎死後の混乱

　二七九年、長江を下る水軍の育成などの準備万端を整えた晋は、翌年に呉に進攻してその併合を果たし、戦事の収束を受けて、兵士の帰農を進め、人心の安定と農業生産の向上を実現させた。祖父も伯父も、そして父もなしえなかった、三国鼎立状態の解消、中国の統一をなしとげたのである。しかしここで司馬炎はたががゆるんだ。従来の生活態度は一変し、奢侈享楽に走り、これが皇族や上級階層にも波及し、ついには彼らの皇帝に対する信頼感にも影響を与えることになった。

　二九〇年に司馬炎が死亡し、嫡長子の司馬衷《しばちゅう》が即位すると（恵帝《けいてい》）、その生母であった皇后楊《よう》氏《し》が皇太后として勢威を振るい、皇帝の教育係の名目で父親の楊駿《ようしゅん》を引き立てると、これに反発した恵帝の皇后賈氏《かし》が一族を背景に対抗したことから、朝廷は一気に混乱状態に陥った。事の始まりは賈皇后が、司馬懿の三男で汝南王《じょなんおう》であった司馬亮《しばりょう》と司馬炎の三男で楚王《そおう》であった司馬瑋《しばい》に楊駿の殺害を依頼し、司馬瑋がこれを実行すると、続けて司馬瑋に司馬亮の殺害を依頼、それが果たされると、今度は司馬瑋を処刑して命を奪った。外戚対外戚の争いに、司馬氏の王二人が利用されたということになる。

　この時、恵帝司馬衷は三二歳、立派な大人でありながら、なすすべもなくただ傍観するばかりであった。そもそも、司馬炎は司馬衷を後継者には適当でないとして一度は廃太子も決意しながら、生母である楊皇后に反対されて撤回したことがあった。適当ではないというのは、彼に資質の面で不安があったからである。

　こんな話が残っている。司馬衷が皇太子時代に、父親から意見を求められて答えに窮したことを知った太子妃の賈氏が、ある官僚に模範回答を作成して届けるように依頼すると、「太子に学問がないことは陛下も知っているから、古典からの引用はやめたほうがいい」と助言する者がいたという。これほど人を小ばかにした話があるだろうか。さらに決定的なのは、飢饉で庶民に餓死者が出ている報告を受けて、司馬衷が「どうして肉入りの粥でもいいから食べないのか」とあっけらかんといってのけたことである。時代も状況も異なるとはいえ、真偽のほどは不明ではあるが「パンがなければお菓子を食べればいい」と口走ったという、一八世紀フランス革命時のマリー・アントワネットを彷彿とさせる話で、司馬炎にとっては痛恨ともいえる後継者選定の失敗であった。

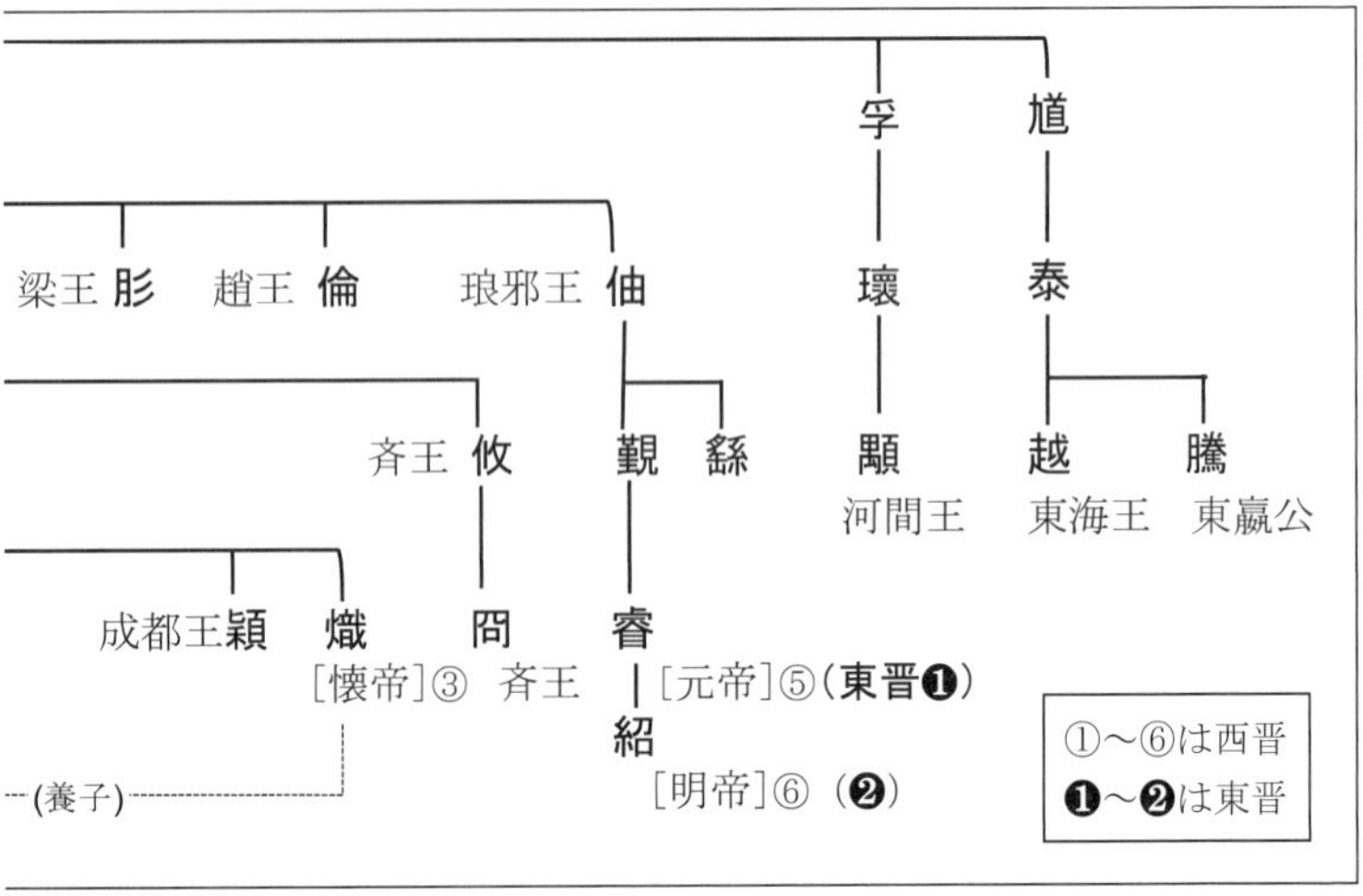

「八王の乱」と「永嘉の乱」

ともあれここに晋朝における王を巻き込む混乱が始まったが、賈皇后のこの行為は司馬一族の封建王の反発を招き、賈氏一族が外戚として政権を壟断するのは、彼らには許せなかった。そこでおりしも起こったのが賈皇后による、皇太子司馬遹《しばいつ》（生母は謝氏）の廃太子と毒殺で、これを契機に司馬氏の王が、賈皇后およびその外戚打倒のために兵を起こした。その結果、賈氏一族の排除は果たされたものの、これより以後は各地の封建王が、皇帝擁護を名目に兵を挙げ、実質的には覇権を争う闘争が開始されるに至る。ここで詳細な経過を追うことは避けるが、この戦いは東海王《とうかいおう》（江蘇省北部）の司馬越《しばえつ》が成都王《せいとおう》の司馬穎《しばえい》を打倒して政権を握った三〇六年まで、一五年にわたって続いた。これが「八王《はちおう》の乱《らん》」である。「八王の乱」の収束がみえた年に、恵帝は亡くなった。司馬越に毒を盛られたという。惨憺たる人生である。後継は司馬越によって擁立された異母弟の司《し》

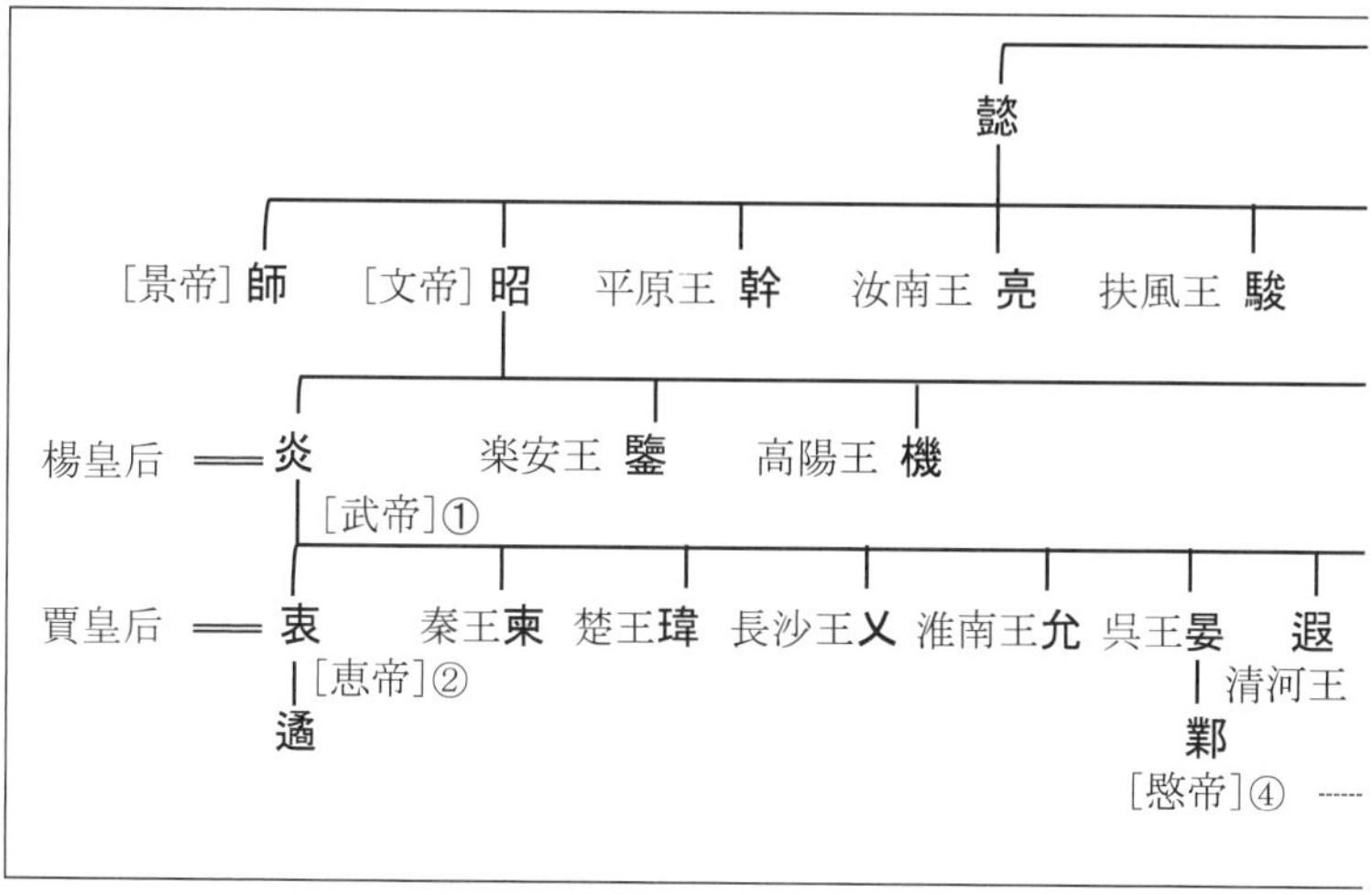

晋（司馬氏）系図

馬熾《ばし》（懐帝《かいてい》）となるが、その五年後に司馬越が死亡すると、これを機に、当時、山西に漢を名乗る国を建てていた匈奴《きょうど》民族の血を引く劉曜《りゅうよう》が南下進攻して、洛陽を陥落させ、あわせて懐帝を北方に拉致する事件が起こった。時の年号から、これを「永嘉《えいか》の乱《らん》」という。皇帝不在となった朝廷は急遽、呉王《ごおう》の司馬晏《しばあん》の子である司馬鄴《しばぎょう》を長安に呼び寄せ、二年後の三一三年に、懐帝が処刑された報告を受けて皇帝に即位させた（愍帝《びんてい》）。

「八王の乱」の時には、およそ藩屏とはいえない動きをみせた封建王であるが、皇帝の血統を残すという意味では、封建制が生きたともいえる。しかし指摘しておかなければならないことがある。それは「八王の乱」に参戦した各王は、自己の戦力を補強するために、当時すでに中国内地への移住を進めていた北方系民族の匈奴・鮮卑《せんぴ》・羯《けつ》や、西方系民族の氐《てい》・羌《きょう》を積極的に取り込み利用したことである。これらいわゆる五胡《ごこ》の中国内地での活動はこれによって活発化し、「五胡十六国」時代の幕を開くことになった。「八王の乱」は当時の晋のみならず、後代にも禍根を残すことになったわけである。

司馬睿の琅邪王襲封

冒頭にあげた司馬睿への詔は、愍帝の即位直後のものであるが、その後も事態は好転することなく、三年後に長安は劉曜に包囲されて、愍帝は投降して北方に連れ去られ、ここに晋はいったん滅亡した。そして愍帝が処刑され、その報が建康に届いたのを確認したうえで、三一八年に司馬睿の即位が実現したということになる。

司馬睿の祖父司馬伷《しばちゅう》は、司馬懿の末子で、司馬師と司馬昭からすると異母弟にあたり、司馬懿が魏の実権を掌握すると、都督《ととく》・寧朔《ねいさく》将軍として鄴《ぎょう》（河南省安陽の北）に駐屯する命を受けた。鄴といえば、曹操が魏王に即位した地で、当時にあっても曹氏一族が集居し、また軍事的要地でもあった。そして司馬炎が即位して晋朝を開くと、中央政府の官職とともに、鎮東大将軍《ちんとうだいしょうぐん》の名号を得て、淮水《わいすい》流域の徐州《じょしゅう》で当該地域の軍事を統轄するようになり、さらに封爵を受けて琅邪王《ろうやおう》（東海王の封地から北五〇キロ）になった。

呉に対する戦役では、管轄域の近さもあって主導的立場を担い、呉の末代皇帝である孫皓《そんこう》の降伏を受け入れる役割を果たしている。そういった意味では、晋における有力者であったといえる。孫の司馬睿が洛陽で出生したのは、ちょうどこの頃になる。母は夏侯光姫《かこうこうひ》と呼ばれる女性であったが、低い身分の官吏である牛金《ぎゅうきん》との私通によるとの噂が流れ、これを揶揄して「牛が馬のあとを継ぐ」という者がいたという。真偽のほどは確かではないし、下卑た話であるが、なかなかうまくいったものだと思わせられる。

その後、司馬伷は琅邪王の称号にふさわしく山東地域で軍事統括の任を継続し、二八三年に亡くなると、子であり司馬睿の父であるべき司馬覲《しばきん》がそのあとを継いだが、七年後に四五歳で死亡したため、一五歳になっていた司馬睿が琅邪王を世襲した（襲封《しゅうほう》）。これは司馬炎と司馬衷の政権交代と同じ年で、まさに「八王の乱」の前夜にあたる。よって司馬睿は祖父も父も経験したことのない事態に向き合うことになり、一族の王の覇権争いにどのように対処するかが大きな課題となった。抗争の中心である洛陽からは遠く離れていたこともあるし、野心があったわけではない彼が選択したのは、「ひたすら控えめに保身に徹し、禍を避ける」という傍観者の立場を守りつつ、もっぱら封地である琅邪で名士の呼び声高い王氏一族、なかでも同い歳の王導《おうどう》との交友を深めることになった。

建康の亡命政権

ところが、東海王司馬越が、当時覇権を握っていた司馬穎の専権に怒りを募らせて攻撃を仕掛けることになると、離合集散を繰り返す封建王同士の抗争のなかにあって隣国の琅邪王としては司馬越の誘いに乗らざるをえず、ついに渦中に身を投じることになった。不本意の参戦とみえるが、その結果は惨憺たる敗戦で、司馬越は東海国へ退避し、司馬睿は捕虜として司馬穎が当時拠点としていた鄴に拘留されてしまう。身の危険を感じる日々を過ごすなかで、ともに参戦した叔父が処刑されたとの話を耳にした司馬睿は、一か八かの逃走を試み、国境警備の兵に誰何されてあわやの場面を経験したものの、無事に洛陽に行き着き、その後、琅邪国に帰ることができた。

兵を挙げて動乱に参加した限り、もはや逼塞することは許されない。司馬越が勢力を回復して覇権を握り、懐帝を擁立すると、司馬睿は長江沿岸の揚州《ようしゅう》で安東将軍《あんとうしょうぐん》として治安維持に従事するようにとの命令を受けた。ただこの時には、北部中国の不穏な状況は日々に昂進して、政府の要人をはじめ、有力者が一族郎党を引き連れて長江下流域（江南《こうなん》）に雪崩を打って移住する状況であった。それもあって側近として同行していた王導の助言を受けて、司馬睿は長江を越えて建康に拠点を定め、亡命政権ともいえる政府組織を形成することになった。この政権は、「王と馬が、天下をともにする」といわれるように、頂点には司馬睿が立つものの、内政は王導が取り仕切り、軍事は王導の従弟で司馬睿の娘婿でもある王敦《おうとん》に委ねられ、その支持母体は、王導ら北から移動してきた一族（北来貴族《ほくらいきぞく》）と、江南に勢威を張っていた土着勢力（江南名族《こうなんめいぞく》）であった。

晋王から皇帝に

このような状態にあるなかで、冒頭の愍帝の詔が届き、丞相として国政全般の運営権を委譲され、さらに北方へ進軍して王朝の危機を救うように要請された。しかしこれはいかにも無理な話で、司馬睿は力量不足を理由にそれには応じなかった。だが愍帝が北方に拉致される日がやってくると、今度は皇帝権限の全面委譲の詔が届き、王導らの臣下からも皇帝即位の要請がなされた。司馬睿が涙を流してこれを拒絶して、

「私が責めを受けなければいけない立場にいることは分かっている。だからこそ、節操を守って置かれた立場を自覚し、今なすべきことに命を懸けることで天下の恥をすすぎ、それでもって厳しい責めを引き受けようと思っている。私はもとはといえば琅邪王にすぎない。諸君が切羽詰まって、要請をやめることができないでいることも、理解はしているのだが」

と、琅邪への帰国準備を進めるよう側仕えの者に命じるのをみた臣下は、妥協案として、まずは晋王となるように勧めた。同じ王ではないかと思われそうだが、晋は現在でいえば山西省を意味し、一都市の琅邪とは格が違うのである。さらにいえば、まず晋王になるというのは、司馬昭が晋王となり、それを引き継いだ司馬炎が皇帝に即位した例に倣うという意味をも持っている。こ

のような危急の時にも、形式をふむのは大事なことなのである。

晋王となった司馬睿がその翌年の三一八年に、愍帝の死亡を確認して皇帝に即位したことは、先に示したが、その折の臣下の即位勧進の言葉は、

「臣が聞くところでは、天は民衆を生み出し、これに君主を立てました。天地が融合し、民衆を教化・統治するためにです。聖帝《せいてい》・明王《めいおう》（立派な君主）はこれを受けて、天と地は融和しなければならないことを知り、自身を犠牲にして天の意向を尊重し、民衆は君主なくしては生きていけないことを理解したから、やむをえずその任に当たったものです。国家が困難に直面すれば、皇族の係累者はこれに対処し、皇位継承が直系以外になった時には、血縁者の優秀なものが先代皇帝たちの霊魂を守るのです。皇帝は長らく空位にすべきではなく、国家統治も空虚なものにすべきではないことを、聞き知っています。一日の空白でも皇帝の位は危うくなり、十二日（十二支のひと巡り）も続けば国家統治は乱れるといいます。現在、侵攻者は隙を狙い機会をうかがっていて、民衆は動揺し心を寄せる先もない状態、どうして見捨て哀れみをかけずにすみましょうか。陛下はとまどわれるでしょうが、それでは王朝は、そして民衆はどうなるのでしょう」

これに対する司馬睿の応答は、次のようであった。

「私は不徳ながら究極の困難に対面するものの、（天の）臣下としての役割を果たせず、事態の打開もできておらず、日がな寝食を忘れるほどだ。今、王朝は途絶えて民衆は寄る辺ないなか、官僚は統治を行おうと努力しているのに、辞退できるものではない。謹んで申し出

を受けることにする」

皇帝への即位は二つ返事で引き受けるべきものではない。天の子となるには不足が多いと謙遜し、世のため人のためにやむをえず引き受ける、と形式をふむ、このようなポーズをとらなければいけないものなのである。

神輿に乗る皇帝

まさに臣下の勧進の言にあるように、封建制に則った王の配置はここに生きたといえる。ただそれをして司馬炎が免罪されるものではない。かろうじて王朝は存続したが、中国の北部一帯が五胡に蹂躙され、多くの国が乱立する状態に陥る種をまいたのは、八王に代表される封建王であった。皇族の封建はまさに両刃の剣なのである。

こうしてかろうじて命脈を保った晋（東晋）ではあるが、その成立の基礎となった北来貴族と江南名族は競合することはあっても融和できず、政権、特に皇帝は彼らの神輿に乗せられる状態となった。ここに王朝に寄生する貴族の位置づけが高まり、これは唐代に引き継がれることになる。

たしかに神輿に乗せられた状態の司馬睿ではあったが、さすがに即位して二年を過ぎると、王氏一族の排除を模索するようになる。これに対して王敦は当時駐在していた武漢《ぶかん》で兵を挙げ、一気に当時の都建康に向かった。裏で王導が糸を引いていたのはいうまでもない。これを知った司馬睿はあわてて王敦に書面を送った。

「君がこの王朝を心にとめて兵を収めるならば、ともに天下を安定させられる。そうでなければ、朕は琅邪に帰り、賢者に道を譲ることにしよう」

講和提案というより、無抵抗の降参宣言である。これを機にさらなる忍従を強いられ、不満を鬱積させた司馬睿は、病気を発症し、在位の六年目に死亡した。長子である司馬紹《しばしょう》が後継者となったが、無力な皇帝であることに変わりはなかった。

最後にひと言付け加えておきたい。北来貴族の江南への移住は、上層階層のみならず、その配下にあった農民をも帯同するもので、水資源に豊かで、もとより肥沃であった土地に北方の先進的な農業技術が投入されることになり、これ以後、江南地方の農業開発が画期的に進み、その生産量は飛躍的に増大した。五胡十六国から南北朝をへて、再び中国を統一体に戻した隋朝が、国力を傾けてでも大運河の開鑿《かいさく》とその南方への延伸に力を注いだのは、政治の中心で人口稠密地帯であった黄河流域に江南の農業生産物を移送するためであり、これはなにより江南開発の成果を示すものとなる［大運河については「第五章一　隋の煬帝楊広」に関連記事あり］。

二　南宋の高宗趙構

屈辱の講和

「臣下の趙構《ちょうこう》が申します。今、境界を定めるに、淮水《わいすい》の中流を基準としたい。これまでも恩義を受け、私の存在を認めていただいていますが、子孫にも、臣下としての節を守り、皇帝の誕生日と正月元旦には、毎年絶えることなく使者を出してお祝いするようにさせます。盟約に背くようなことがあれば、天がこれを責めて、我が一族への天命を奪い、国家を倒すことになります。私、ここに誓表を届け、貴国が速やかに誓約書を出されて、我々を安心させてくださるよう願います」

これは中国北部を明け渡し、遍歴ののち、臨安府《りんあんふ》（杭州《こうしゅう》）に拠点を定めて宋朝を継続させた高《こう》宗《そう》趙構が、一一四一年に金の第三代の熙《き》宗完顔亶《そうわんやんせん》に送った誓書（誓表）である。これに続いて主戦派の岳飛《がくひ》を更迭して獄に落としたことも報告されて、金宋両国に講和が成立し、「靖康《せいこう》の変《へん》」以後の戦乱状態は収束し、以後二〇年にわたる平和が到来した。「紹興和議《しょうこうわぎ》」と呼ぶが、金による趙構の皇帝即位の認定と、金を君主、宋を臣下とする両国の上下関係の規定、淮水流域を基準とする南北の国境画定、そして宋は毎年多額の金品を金に贈る（歳幣《さいへい》）取り決めを主要な内容とする。誰がみても分かる不平等規程で、宋にとっては屈辱そのものであった。ただひとつ趙構個人にとって喜ぶべきは、これをして生母の韋氏《いし》が幽閉先の遼陽《りょうよう》（遼東半島の北にある都市）近郊にある五国城《ごこくじょう》から送還されてきたことくらいであろう。

万里の長城と北方系民族

中国と北方系民族の関係は抗争の歴史であったといわれる。間違いではないが、注意すべきは、両者が常に抗争していたわけではないということである。確かに中国が北に拡大した古代の周や秦の時代には、農耕文化と遊牧文化の双方が活動可能な地域をめぐっての争奪戦を展開し、万里の長城が築かれたが、それは当時の北方系民族の雄である匈奴《きょうど》への防御壁であると同時に、農耕の不可能な地を求めることはない、すなわち北への領土拡大はこれ以上しないという中国側の不可侵宣言を形にしたものでもあった（ちなみに、前漢代の西域《さいいき》へのルートを保護するために築かれた西方の長城は、これとはその趣を異にするものである）。

ともあれ中国の領域がほぼ確定すると、北方系民族内で部族の大連合ができて、その増長する勢いをかって中国内に進攻するなどの、一時的な領域をめぐる抗争はあるにしても、両者は「互《ご》市《し》」といわれる物品交換所で相互の産物を交換する関係に落ち着く。そこで争いが起きるのは、交易のバランスが乱れ、欲求を満たそうとして北方系民族が略奪行為に走る時で、そうたびたびのことではない。歴史の史料は、平時の当たり前の事象をわざわざ記録に留めることはなく、まれに起こる非日常的事件を記録に残すものであることを忘れてはならない。

平和な関係が続くと、北方系民族の南端に生きる人たちのなかには、中国の物産や安定した農耕社会へのあこがれから、さらに南に移住する者が現れはじめる。五胡《ごこ》（匈奴・鮮卑《せんぴ》・羯《けつ》・氐《てい》・羌《きょう》）がこれにあたるが、彼らは中国内地では生活基盤を持たないことから、多くは農耕奴隷として雇われ、差別的待遇を受けざるをえなくなり、それを嫌う人々は遊牧民族的気質を生かして兵士として生きる道を選ぶことになる。晋の「八王の乱」の時に彼らが兵力として利用されたことは、すでにみたとおりである［第四章一］。

契丹による遼の建国

このような北方系民族と中国の関係を一変させたのは、唐朝における領域の大拡大によって都《と》護府《ごふ》の支配下に入り、その影響を受けたウイグル民族であった。彼らは唐の国家体制を学び取り、部族の連合による勢力拡大から脱皮して、民族として国家を形成する段階に移行したのである。これを「民族国家」と呼ぶ。七四四年から八四〇年まで続く遊牧ウイグル国、またの名は「九姓《きゅうせい》回紇国《かいこつこく》」がこれで、地域的には現在の新疆ウイグル自治区にあたり、東は唐朝、西はソグド民族と交流して発展したが、最後はキルギス民族の急襲を受けて崩壊し、民族は四散した。その東南に移動した集団の一部は、中国の西北部に到達して漢民族と同化する例もあったが、東のモンゴル高原南部に移動した集団は、当時勢力を勃興させつつあった契丹《きったん》と接触して彼らに影響を与えた。この結果、耶律阿保機《やりつあぼき》のもとで部族連合を形成していた契丹民族は民族国家を建てるに至り、まずは「契丹」、のちに「遼」と名乗ることになったのである。

まだ中国に進出する以前のことで、すでに中国内に進出して以降に、そこで力を蓄えていくつもの国家を創建した五胡とは峻別される。ここに中国本土の王朝は、それまでの北方系民族との対抗関係ではついぞなかった、部族連合に成功して大勢力となり国家形成をすませた遼、そしてその影響を受けた女真《じょしん》民族の金と対峙する段階に入ることになる。

燕雲十六州の割譲

九一六年に耶律阿保機が皇帝に即位して（太祖）、国家体制を整えた契丹（遼）は、五代の時代に入って内紛を繰り返す後梁《こうりょう》や後唐《こうとう》を横目に、西はタングート民族や吐谷渾《とよくこん》、東は渤海国《ぼっかいこく》を制圧して勢力を拡大し、第二代の太宗耶律徳光《やりつとくこう》の時代には南への進出準備を整えた。しかし皇位をめぐる兄弟間の対立もあり、態勢が整わずに踏み切れないなかで、後唐の打倒を目指す石敬瑭《せきけいとう》から援軍の要請があり、これに応じることになる。その時に石敬瑭から提示された交換条件は、王朝交代がなった暁には、契丹に従属すること、そして北京周辺一帯の燕雲十六州《えんうんじゅうろくしゅう》を対価として割譲することであった。契丹の援軍のおかげもあり、石敬瑭は勝利して後晋《こうしん》を建国し、契丹側は石敬瑭の皇帝即位を認定して、ここに後晋の契丹への従属を確認し、燕雲十六州も自国領土に含むことになった。この燕雲十六州地帯の北辺は、秦朝の時代に完成した長城線にその急峻さが利用された山岳地帯で、当時は長城自体の劣化が進んではいたものの、それでも遊牧系民族の軍団が容易に越えられるところではなく、遼が南方への進攻を果たすには大きな障害となっていた。この割譲はその問題を払拭したのである。

後晋建国の際に起こった燕雲十六州の割譲は、一時的な影響を残しただけではなく、五代の混乱を収束した宋朝にも重荷として残り、ついに宋は奪還できないままに終わったことは、先に述べたとおりである。かたや契丹にとっては絶好の南進基地を手に入れたことになる。それより六年後の九四二年に、石敬瑭が死んで後継となった石重貴《せきじゅうき》が、先の盟約に違背して、契丹に対して臣下の礼をとることを拒否したことに腹を立てた太宗耶律徳光は、翌年、親征による後晋への攻撃を実行に移した。これは開封《かいほう》より直線距離にして二〇〇キロ東北の陽城《ようじょう》（河北省大名《だいめい》付近）で迎撃軍に阻まれ、略奪行為ののちに撤退した。これをみた耶律阿保機の皇后で、その時には皇太后になっていた述律《じゅつりつ》氏は息子に、「漢人を北方民の支配者にすることは、可能と思うか」と問いかけた。耶律徳光が「それは無理というもの」と答えると、返す刀で言い切った。

「ならばお前はどうして中国の支配者になろうとするのか。お前は、一時的に中国の土地を占領することはできても、留まることはできない。もしも失敗するようなことになれば、悔いても悔いきれないことになる。（中国には）昔から、中国あってこその北方民、という言い方があるが、北方民あってこその中国、というのは聞いたことがない。漢人が考えを変えるとは思えないから、我々は講和して引きさがるに越したことはないのだ」

農耕と遊牧・狩猟という生活文化の違いは当然として、いくら武力で優位に立っても、永続的に支配することはまだまだ無理というわけである。自己否定にもとれるが、歴史を重ねてきた中国における王朝支配と、国家体制を整えたばかりの民族国家では、まだ追いつけていない現実を冷静に直視し、分析した苦言とみるべきだろう。

しかし、耶律徳光は挑戦をやめなかった。それから三年後に後晋が全軍を投入しての北伐を敢行して、首都開封の防備が手薄になったのを確認すると、南下進攻し、宋軍から投降者が相次いだこともあって、一気に開封を陥落させたのである。この時に石重貴を捕縛して北方に拉致し、後晋は滅亡したので、その隙を狙うかのようにして節度使《せつどし》であった劉知遠《りゅうちえん》が後漢《こうかん》を建てた。遼にとっては対抗相手が代わった形になるが、それより開封の支配に苦しんだ。民衆の反発は想像を越える激しさで、一年もたたずに撤退に転じ、その帰路に耶律徳光は急病で亡くなった。屍となって帰国した息子をみて、「周囲が落ち着いてから、公表して、葬ることにする」と涙もみせずに述律氏はいったという。「だからいったでしょ」という、おそらくは多くの人が耳にしたことのある、母親の叱責を含む嘆きの声が聞こえてくる気がする。

遼の南侵と「澶淵の盟」

太宗の死は後継問題に混乱を引き起こし、それも原因して遼は国力を減衰し、後漢に代わった後周の世宗柴栄《せいそうさいえい》の攻勢に押されるままとなったが、それを一時的に立て直したのが、九八二年に即位した第六代聖宗《せいそう》の生母である蕭皇太后《しょうこうたいごう》である。皇帝が一一歳の年少であることから直接政治に関与した蕭皇太后は、宋の太宗趙匡義《ちょうきょうぎ》が放った北伐軍を析津府《せきしんふ》(現在の北京)で食い止め、それに報復するかのように、南に向かっての進攻を開始した。九八八年からの五年をかけて、燕雲十六州に近接する西南部地域（易州《えきしゅう》・保定《ほてい》・定州《ていしゅう》など）を攻略・占領し、この間に宋の将軍王《おう》継忠《けいちゅう》を捕虜とした。蕭皇太后はこの王継忠に信任を寄せ、その助言に基づき一〇〇四年の秋に、自らも参加する、大規模な攻勢に出た。黄河に沿うように南下した遼軍は、途中で一度、王継忠の助言で講和を提案したが、宋が受け付けないとみるや、一気に速度をあげて二か月後には、大名・徳清《とくせい》などの都市を、攻略する手間を省いて素通りし、開封まで約一〇〇キロの澶州北城《せんしゅうほくじょう》に達し、これを包囲した。澶州は、黄河に流れ込む澶水《せんすい》をまたいだ形で成立した漕運都市で、北城と南城《なんじょう》に分かれる。

一方、宋はこの遼の大規模進攻に有効な対応策が打てず、時の皇帝、第三代の真宗《しんそう》（趙恒《ちょうこう》）は宰相寇準《こうじゅん》による親征提案には応じず、もっぱら江寧《こうねい》（現在の南京）、もしくは成都《せいと》への遷都案に傾くばかりであった。澶州北城が包囲されたことを知っても、まだ遷都への希望

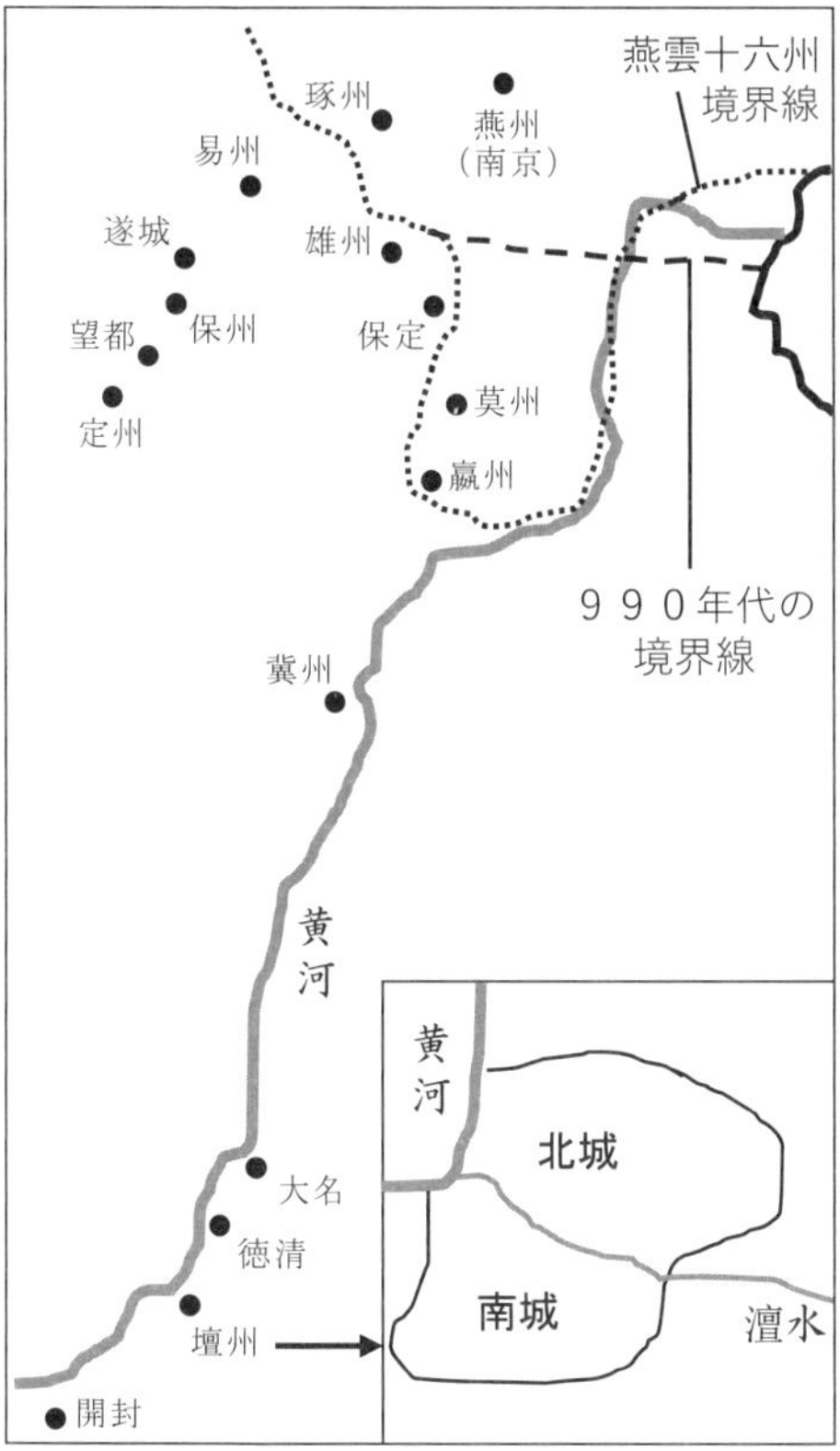

遼の南下進攻　附>澶州（澶淵）城

が捨てられなかった真宗であったが、親征要請には抗しきれず、ついに重い腰をあげて開封を出て澶州に向かい、その南城に至った。

城中で待機していた兵士から歓呼の声があがったといわれるが、肝心の真宗にはまったく戦意がなく、すぐさま使者を出して、金銭の支払いを条件とする講和交渉に入ることにした。この時、真宗が示した限度額は三百万両であったが、寇準は頑としてそれを認めず、「(一桁下の)三十万両での妥結でなければお前の頭をたたき割る」と、使者に厳命した。

交渉を終えた使者が結果を報告しにきた際に、まず無言で額の前に指三本を示すと、三百万両と誤認した寇準は激怒しかけたが、指一本は十万両を意味していることが分かると、真宗は、三十万両なら安いもの、とうそぶいたという。ここにみる一連の真宗の言動は、「我をおいてほかになし」と強い意欲をもって皇位を継承した、父親の太宗趙匡義《ちょうきょうぎ》が草葉のかげで泣いている、といいたくなる話である。

意外とすんなり講和が結べたのには、遼側にも理由があった。それは急激な進攻が兵士を疲弊させ、また進撃軍が孤立状態になってしまったことで、これ以上の軍事行動は危険と王継忠が判断し、蕭皇太后がそれに納得したからである。ここで結ばれた講和は、澶州の別称(雅名《がめい》)をとって「澶淵《せんえん》の盟《めい》」と呼ばれる。宋の真宗と遼の聖宗は兄と弟の関係となり、宋からは銀十万両と絹二十万匹が歳幣として贈られ、両国は従来の国境線を遵守して越えることなく、互市を設置して相互の物産の交易を行うというのが、その内容である。この三十万両の歳幣を高いとみるか、また「金であがなう平和」とみるかは、意見の分かれるところであろう。

ただ、この盟約によって、一時の例外を除き、遼との間に平和が維持され、西北に勢力を張る西夏《せいか》とも、少し遅れて和議が成立したこともあって、これからしばらくは戦事に追われることなく、宋の社会は安定し、経済の発展がもたらされたことは知っておくべきである。

「夷をもって夷を制す」

この状態に変化が訪れたのは、宋は第八代の徽宗《きそう》、遼は第九代の天祚帝《てんそてい》の時代である。徽宗は第六代神宗《しんそう》の子で、第七代哲宗《てつそう》の弟にあたるが、神宗の政治改革（新法）施行以来の官僚の党派争いが続くなか、およそ政務に興味を示さず、宰相の蔡京《さいけい》と宦官の童貫《どうかん》に頼り切り、遼の天祚帝もよく似た状態で、その統治力は減衰するばかりであった。

このような状勢のなか、遼の北部地域で勢力を蓄えて兵を挙げたのが完顔阿骨打《わんやんあくだ》で、一一一五年には遼の支配から脱して、皇帝に即位し（太祖）、女真民族の王朝「金」を創建した。これ以後も金の勢いはやむことなく、遼の劣勢を好機とみた宋は、これと連携することによって遼を滅亡に追い込む策略を講じた。いわゆる遼への挟撃作戦「夷《い》をもって夷を制す」で、宋の使者は遼の領域を避けて、山東半島から海路で北上して金に向かい盟約を結んだことから、これを「海《かい》上《じょう》の盟《めい》」と呼ぶ。

南北から攻撃を仕掛けて勝利したのちは、宋は燕雲十六州の領有を復活、遼に払っていた歳幣は金に引継がれることが約された。双方にとって、いや宋にとっては歳幣の支払いは続くとはいえ、なにより念願の燕雲十六州の奪回ができるのであって、極めて望ましい話といえる。

ところがいざ戦闘が始まると、宋は割り当てられていた主要都市での戦闘で敗退を重ねて成果をあげられなかった。かたや金は連戦連勝で予定通りに攻略に成功し、途中で太祖が死亡して弟の完顔呉乞買《わんやんごきつばい》（完顔晟《せい》）が即位して跡を継ぎ（太宗）、一一二五年には遼を滅亡させ、勢いに乗って翌年には開封まで進軍して、これを包囲するに至った。盟約にあった析津府と大同府《だいどうふ》の攻略を宋が果たさなかったことに怒った金のしっぺ返しである。

趙構の人質と「靖康の変」

ただここまでの進撃は金にとっては予定外のことで、とても開封を攻略する余力がないことは分かっていた。そのため金は包囲を解いて撤退する条件として、開封城内のありったけの金銀財宝の供出と、宋の皇族を人質として金の軍営へ送致するよう要求した。この一年前に徽宗から皇位を譲られていた長子の欽宗《きんそう》はこれに応じて、城内の金銀をかき集め、さらに徽宗の第九子すなわち弟で康王《こうおう》の称号を持つ（親王《しんのう》）趙構を人質とすることを決定した。ただその裏で、退位していた徽宗は開封を脱出して南方に向かい、欽宗も南方への移動を望みながらも臣下の反対で果たせないままで、この決定に至ったことは知っておくべきであろう。危機に直面しながら、主導者が自分だけ逃げだそうとする、そのような組織に先は望めない。

人質を誰にするかは皇族会議で議論されたが、簡単に決着のつくことではなかった。おそらく長い沈黙が続いたであろうが、そのなか敢然と自ら名乗りをあげたのが趙構であった。金が要求したのは皇族の一員で、なにも徽宗の皇子を要求したわけではないし、もっと低位の皇族でもよ

1120	遼 上京臨潢府 攻略	
1122	遼 中京大定府・西京大同府 攻略ー天祚帝 逃亡 →南京析津府 攻略	
1123	完顔阿骨打 死ー弟 完顔呉乞買 即位＝太宗	
1124	山西北部 攻略 ⓐ ＋西夏—西方よりの進攻開始	
1125	遼 天祚帝 捕虜＝遼 滅亡 大挙南進ー河北 攻略 ⓑ 両路進攻 ┌ 西路ー太原（1126 攻略）ⓒ └ 東路ー黄河 渡河ー開封 接近 ⓓ	
1126	開封 包囲→（陥落不能の認識）撤退条件 提示	

金の南下進攻—対遼戦役と開封進攻—

さそうなものである。ただ欽宗には誰かを指名する勇気がなく、さらに犠牲になってもいいという皇族がほかに現れなかっただけのことで、ここに当時の王朝中枢部の自己保身に汲々とする様子がみえる。

趙構は皇子とはいえ、武芸にも秀でていたというから、今でいうなら体育会系の気質で、黙ってはいられなかったのかもしれない。彼は出発を控えて、欽宗に「(状勢の変化があり)反転攻勢の好機だと判断する時がおとずれたならば、一人の親王のことなど気にすることはない」と、身を捨てる覚悟を伝えたという。なかなかの「男ぶり」、といいたいところである。

張邦昌《ちょうほうしょう》を随従者として軍営に赴いた趙構に、ある日、金の皇族との弓術対抗の機会が訪れた。そこで大弓を操り人並外れた技能を発揮した趙構に驚いた金の皇族の一人が、

「この人物は武将家系の子弟で、親王ではないだろう。皇子なら深宮育ちで、これほど熟達した射撃ができるわけがない。留め置いてもろくなことはないから、送還して人質を入れ替えるに越したことはない」

と進言したことから、なんと趙構は思いもかけないことに、張邦昌を残して開封に帰還することを許されたのである。だがここで、趙構は開封には帰らず、進路を逆に東にとり、その間に欽宗から河北《かほく》兵馬《へいば》大元帥《だいげんすい》の称号を授けられるとともに、反転攻勢の準備をするようにとの命令を受け、最終的には山東の済州《せいしゅう》まで移動した。

これが命運を分けた。これからすぐに、金は一転して開封への圧迫を強め、欽宗が降伏を表明すると城内に進入して、連れ戻されていた徽宗、そして欽宗、および后妃を含む皇族を一斉に捕

縛し、北方の根拠地遼陽に拉致する挙に出たのである。総勢三千人ともいわれ、そのなかに趙構の生母韋氏や妻子も含まれていた。道行の過酷さに、命を落とす人も多かったという。この一連の動きを、時の年号から「靖康の変」と呼ぶ。

傀儡政権の限界

金は全面撤退するに際して、自分たちの影響を残そうとし、張邦昌に楚帝《そてい》の称号を与えて、開封に傀儡《かいらい》政権を樹立させた。張邦昌といえば、金の要求する皇族の送致に随伴して北へ向かうなかで落ち込み、趙構に「これは男としてのこと、めそめそするな」と一喝された人物である。そんな男に傀儡とはいえ政権を担わせることは、どだい無理なことである。案の定、張邦昌は苦境に陥り、哲宗の皇后であった経歴を持つ孟氏《もうし》を開封城中から探し出し、協力を依頼したのである。

ところで、いったん後宮《こうきゅう》に入ると、その女性はいかなることがあろうと、外界に出ることは許されない。皇后や妃の地位を追われると、後宮内になかば幽閉されるのを常とする。ではなぜもと皇后であった孟氏が外界にいたか、それには少し説明が必要になる。孟氏は、哲宗の皇后となって四年目に、妃の劉氏《りゅうし》に寵愛が移ったことから廃后《はいこう》の憂き目にあい、皇后の宮殿から出て別宮に居住する措置を受けた。ところが徽宗が即位すると、これを憐れみ皇太后の称号を与えたために、相応の処遇を受けるようになった。それもつかのまで今度は当時徽宗と対立関係にあった旧《きゅう》法党《ほうとう》とのつながりがあることが判明して、皇太后の称号を剝奪されて、再び別宮に移されてしまう。それから二十数年後、金軍に開封が包囲されるなかで、居住していた別宮が失火で焼失したため、特例として市中の邸宅での生活を許された直後に、金軍による宮城内の皇族一斉拉致は起こった。すなわち、彼女は外界にいたがために、すんでのところで皇族の数少ない生存者となりえたのである。

趙構の即位と江南巡幸

ともあれ、ここに孟氏は表舞台に立つことになり、「宋太后《そうたいこう》」（宋王朝の皇太后）と呼ばれて、張邦昌の相談役となった。そこで着目されたのが、河北兵馬大元帥の称号を持って済州に駐留する趙構であった。宋太后は書信で彼に即位を要請したのである。連行中であった徽宗から、「正式に即位し、父母を救うべきである」との密旨が届いていたことも決め手となり、趙構は開封の東南に位置する応天府《おうてんふ》（現在の河南省商丘《しょうきゅう》）に移動し、皇帝に即位することになった（高宗）。太祖趙匡胤から数えると一〇代目、ここまでを北宋、ここからは南宋と呼ぶならば、その初代となる。

宋朝を継いだ限りは、ポーズとしてでも屈辱を晴らす姿勢を示さなければならない。高宗は金との決戦を標榜して主戦派の支持を受けたが、内心はとてもではないが反転攻勢などできないとの思いであった。そのため徐々に主戦派を斥けて講和派を身辺に配置し、戦わずして王朝を維持する方策を探るようになる。そこで提議されたのが、東南地方、すなわち江南への巡幸《じゅんこう》である。巡幸とは、皇帝による地方視察をいう。いかに巡幸といいくるめても、形勢不利の危機的状況のなかで皇帝が本拠をあとにするのは、逃避以外のなにものでもない。

しかし反対派の意見を黙殺するなかで、即位二年後にこれは決行された。応天府を出発し、運河を伝って一気に揚州《ようしゅう》まで移動し、ここで駐留して金との講和をはかった。ところが期待外れで、撤退するはずとみていた金は、講和に応じないばかりか、大軍を差し向けてこれを追跡し、あっというまに淮水流域を突破して揚州に迫ってきた。ここで長江を渡れば騎馬を中心とする金軍は追ってこないだろうと、対岸の鎮江《ちんこう》に移動すると、さすがの金軍もあきらめ北方に撤退する動きをみせた。これを確認した高宗は、当初の目的どおりに、江寧府《こうねいふ》（現在の南京。三国六朝時代の建業《けんぎょう》・建康《けんこう》）に到達し、ここを行在《あんざい》、すなわち皇帝の臨時的駐在処と定めることにした。司馬睿の東晋がモデルになっていることはいうまでもない。

臨安遷都

高宗はここで再び金に講和を働きかけた。その条件は、趙構は皇帝の称号を用いないこと、さらに即位後に定めた建炎《けんえん》の年号は封印して、金の年号（太宗完顔晟の「天会《てんかい》」）を使用するというものであった。この弱気で安易な希望はかなわなかった。足元をみられたのである。金軍はこれを拒否して南下を続けた。こうなっては皇帝を中心とする集団には警備の兵士はいても、金軍と対抗できる軍隊はなく、ただ逃げるしかない。

ただし、逃げれば追いかけられ、さらに逃げてもさらに追いかけられる状態で、皇帝の集団は蘇州《そしゅう》、そして杭州を越えて越州《えつしゅう》・明州《めいしゅう》と逃げまどい、金軍が迫ると、ついには明州から海辺の定《てい》海《かい》、さらに対岸の舟山島《しゅうざんとう》に船で渡って一息ついた。ここでさすがに疲れた金軍が明州から撤退するのを確認すると、また明州に戻ったものの、まだまだ危険とばかりにさらに南に向けて台州《だいしゅう》、そして温州《おんしゅう》（浙江省南部）にまでたどり着いた。こうなると金軍もあきらめざるをえなくなった。北方の出身である金の兵士にとっては、当地の高温湿潤気候は耐えきれるものではなく、さらに深入りしすぎて孤立しかねない状態であったからである。

　金軍が引きあげるのを確認すると、高宗の一団は踵を返して越州に舞い戻り、いったんはここ

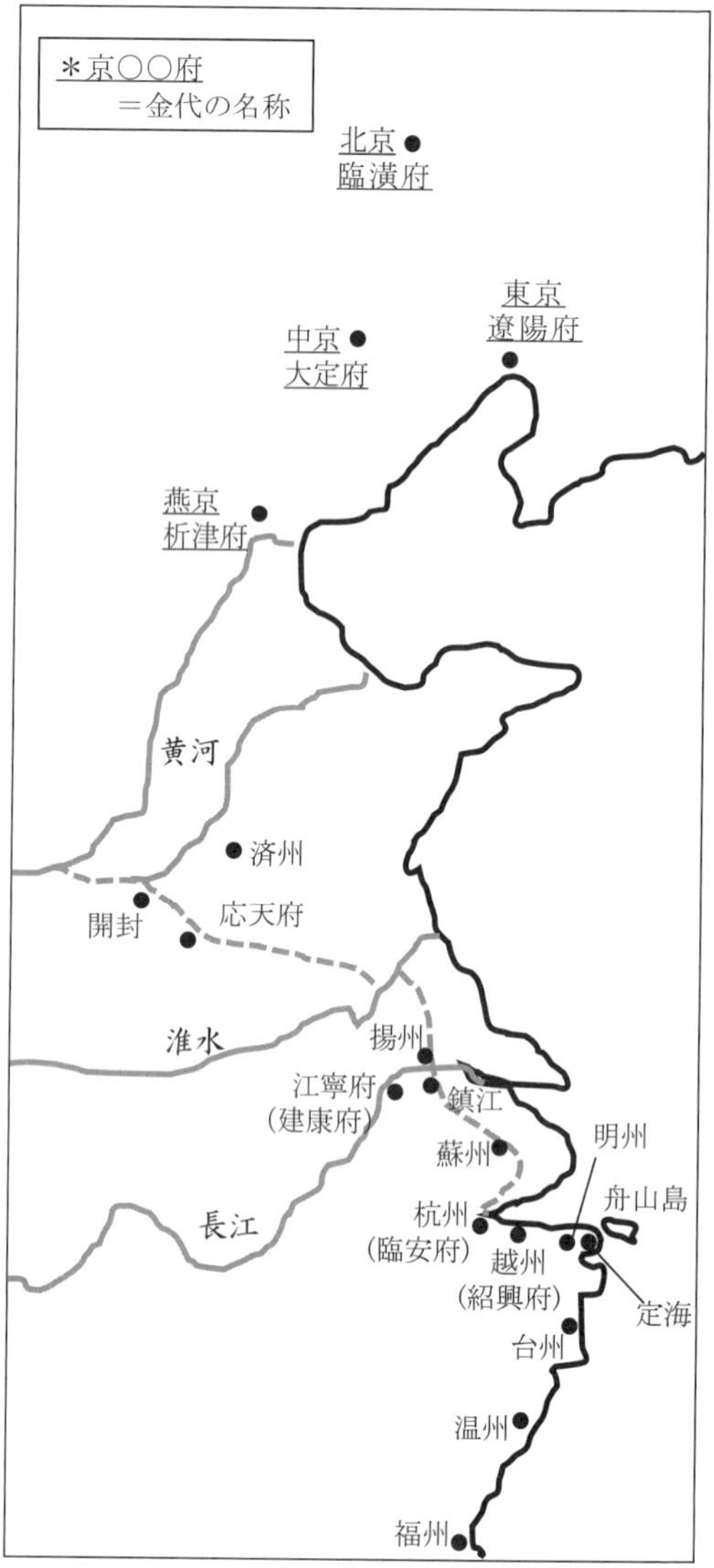

高宗の南方逃避行

を紹興府《しょうこうふ》と改名して駐留する計画を立てたが、漕運の便に欠けることから、運河の南端にあたる杭州に移動し、一一三一年に臨安府と名付けた。応天府から「巡幸」に出発して二年後のことになる。

ただこれで終わりはしなかった。その六年後に、北の五国城に囚われていた徽宗の訃報が届くと、高宗は「仇を討ち、恥をすすぐ」との決意を固めて、江寧府に政権を移動しようとしたが、それも一年であきらめて、結局は臨安府に落ち着くことになった。ここに中国北部は金朝、南部は宋朝という図式が固まり、この三年後に冒頭の誓書が金に届けられたのである。

立場の逆転

誓書はみてのとおり、卑屈そのものである。前漢の高祖劉邦《りゅうほう》が建国初期に、匈奴との戦いに臨んで白登山《はくとざん》で包囲されて、娘である魯元公主《ろげんこうしゅ》を降嫁させる要求を呑むのと引き換えに窮地を脱したのは、「白登山の屈辱」として有名であるが、この時には別人の女性を差し出す対応で事をおさめている。戦闘における一時的な敗北ではあるが、関係性からいえば対等ではなく中国が上位にあったから、これですんだのである。

このような中国と北方民族との関係はその後も続いたが、五胡の中国内への進出と国内での建国で様相が変わる。しかしこれとて、北部地域を蹂躙されて圧力を受けたとはいえ、北朝と南朝の国家間での対抗関係で、両者に上下関係はなく、こと精神面からすれば中国側が優位に立つ形であった。そして先にみた「澶淵の盟」では、中華思想にいう「華夷《かい》の別《べつ》」からするとありえないとはいえ、両国は兄弟関係の盟約を結ぶ事態となるが、それでも真宗が兄で、遼の聖宗は弟と、かろうじて上位の立場を維持していた。

それがこの南宋の誓書によって結ばれた「紹興和議」では、金が君主、宋が臣下となる君臣関係にと、その立場は完全に逆転している。もはや宋は下位に位置づけられ、高宗はこれを認めざるをえない立場に置かれたのである。

屈辱のなかでの平和

即位して以後、二年間は逃げまどい、各地を転々として落ち着く先もなかった趙構は、臨安を拠点にして、ようやく皇帝としての本来の生活を始めることになった。随従していた者や臨安に駆けつけて協力しようとした者に支えられて政府組織は整えられ、政権としての出発点に立ったはずである。しかし、もはやこの段階で高宗の意気は阻喪していたといわざるをえない。長い逃亡生活でのダメージは、身体的にも精神的にも大きかったし、その結果はといえば、失地の回復など望むべくもない北半分の領土の喪失である。あの逃げまどった時の苦労が報われたとはとてもいえない。この実質的な敗北は彼に重くのしかかり、屈辱感が彼をさいなむことになった。

南宋といえば、主戦派の岳飛と講和派の秦檜《しんかい》の対立が、愛国者の岳飛と売国奴の秦檜の図式になって人々の記憶に残る。現在も杭州（宋の臨安府）にある岳飛を祭る岳飛廟《がくひびょう》（岳王廟）の前に、後ろ手に縛られひざまずく秦檜夫妻の石像が残されるが、両者の差は歴然で、時代は離れるが、文化大革命での私刑を思い起こさせる。

秦檜が高宗を取り込み、自己利益を図るように誘導したことも、彼を悪者にした側面はあったが、国家危急の時には、勇ましく振る舞うほうが、現状を認識してあえて膝を折る選択を唱えるよりも、向こう受けするのは、この二人の事例に限らず、洋の東西に関わりなく現在にもみられる風潮である。しかしこれが強い指導者を演じる者を支え、かえって戦闘行為を長引かせて無辜の命が奪われる事態を招き、社会を不幸に陥れる悲劇となることも多い。

ここで一歩距離をとって裁断を下せるのが、大所高所の立場に立つ皇帝であるはずである。ところがすでに意気阻喪の状態にある高宗には、それはもはや望めず、これが事態をますます混迷状態に陥れたといえる。

最初から敗北主義で臨むのではない。状況をみて先を読み、決断する勇気が必要になる時がある。真宗時代の遼との「澶淵の盟」、それに続く西夏との講和(「慶暦和議《けいれきわぎ》」)、そしてここにみる「紹興和議」、さらに時代は進んで次の孝宗時代の「隆興和議《りゅうこうわぎ》」は、これによって平和を現出し、経済の発展も含めて社会の安定をもたらしたことは知っておくべきであろう。

虚しい戦勝パフォーマンス

話を南宋と金の抗争に戻そう。高宗は岳飛と秦檜の二人、いい方をかえれば主戦か講和かで揺れ続けた。主戦派に傾くと北伐軍を出し、その結果が芳しくないとみれば講和派に転化するなど、ただ右往左往し、方針がぶれたとしかいいようがない。これが金との関係をこじらせる原因ともなった。最終的には岳飛を斥けて秦檜を宰相に任用して、「紹興和議」にこぎつけたものの、もはや南宋中枢の政権運営の軸は定まらず、秦檜が亡くなると、また主戦派が力を持つ。

そんな折、一一六一年に金軍が南への進攻を開始したとの報を受けると、高宗は迎撃に意欲をみせはした。しかしこの時、宮中クーデターで金朝が混乱状態に陥り、さらに長江にたどりついた金軍が渡江に失敗して、これを機に撤退し、当時政権を担当しつつ自身で部隊を率いていた完《わん》顔亮《やんりょう》（海陵王《かいりょうおう》）は、ここで部下の手によって殺される。高宗にとっては、敵の自滅によって僥倖が訪れたことになる。ところが彼はこれを無邪気に喜び、あたかも自力で勝利を得たかのように、完顔亮の画像を自ら描いてその賛に次のように記した。

「金の野蛮人は亮という名。つまらぬ男なのに思いあがりがすぎた。君主や母親を殺し、盟約に背いて国境を越えた。金と宋の両国で残虐行為を働き、あちこち動き回って策を弄したが、すべて失敗に終わった。天が罰を下して、外民族への戒めとしたのだ」

二年にわたる逃避行から三〇年以上たったとはいえ、その折の恐怖と不安、さらに金への憎悪の記憶は、そう簡単に消えるものではないことは理解できるし、同情に余りある。「完顔亮は天罰を受けた」と、天にかこつけて彼を悪者にしたくもなろう。ただ、かといって彼を「野蛮人で、思いあがったつまらぬ男」呼ばわりするのはいかがなものであろうか。これより二〇年前に熙宗完顔亶に送った誓書での、自己を貶めるような、へりくだった文面との落差が大きすぎる。誓書は公的文書で、こちらは私的な創作物で本音が出たともいえるが、極端な態度の変化は、国家の主宰者としての資質を疑われても仕方がない。

翌年になって高宗は、もはや敵となるべき金軍は撤退していたのに、出征と称して「建康」と名を変えた江寧に赴いた。それも一〇日後に臨安に帰還するという、滑稽にみえるが、本人にとっては大まじめな戦勝皇帝としてのパフォーマンスである。

ところがここまでが限界であった。高宗は臨安に帰着後、側近に向けて内々に退位の意向を示して後継者に趙昚《ちょうしん》を指名し、その一二日後には正式に譲位をした。ここに趙昚が即位し（孝宗）、高宗の時代は終わったのである。趙構は光尭《こうぎょう》寿《じゅ》聖《せい》太《たい》上皇帝《じょうこうてい》という尊号を与え

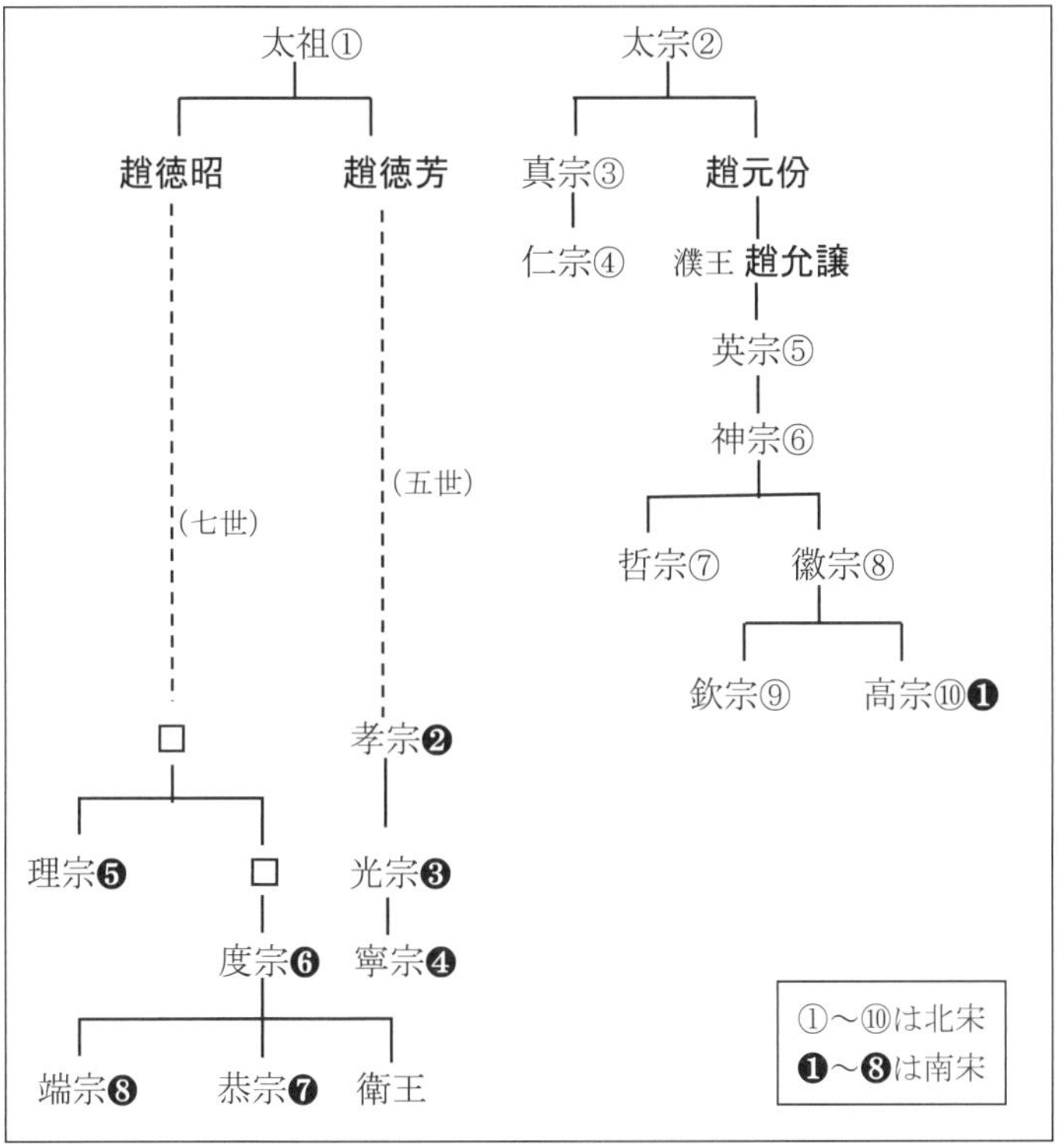

宋系図

られ、臨安府内のもとは秦檜の別荘であった徳寿宮《とくじゅきゅう》で余生を過ごし、退位してから二五年後の一一八七年に八一歳で亡くなった。

最後に、後継者問題に触れておきたい。趙構には、康王時代に生まれた五人の男児がいた。これらの子と王妃は、「靖康の変」で金軍の捕虜となり、一部は北上の途中で、一部は幽閉先の五国城で全員が死亡している。即位してのちには同行して身の回りに仕える女性が配置され、また臨安に落ち着いてからは呉氏《ごし》を皇后とし、後宮も整えられた。このなかに趙構の寵愛を受ける女性も当然いたであろうが、ついに一人として子供は生まれなかった。数々の心労がたたった結果ともいう。

それゆえに、後継者は血族の男子から選ぶことになるが、ここでも「靖康の変」が影響する。当時、皇系に近い男子は開封に居住するものが多く、金軍の拉致の対象となって命を落とした。残るのは、直系からはずれ、位の低い王として地方で命脈を保っていた皇族しかいないことになり、ここで高宗の後継に指名された趙昚はその一人である。彼の先祖をたどれば、太祖趙匡胤《ちょうきょういん》にたどりつく。弟である趙匡義の即位によって断たれた太祖系への皇位継承が、その死から一八〇年を越えて実現したことになる。

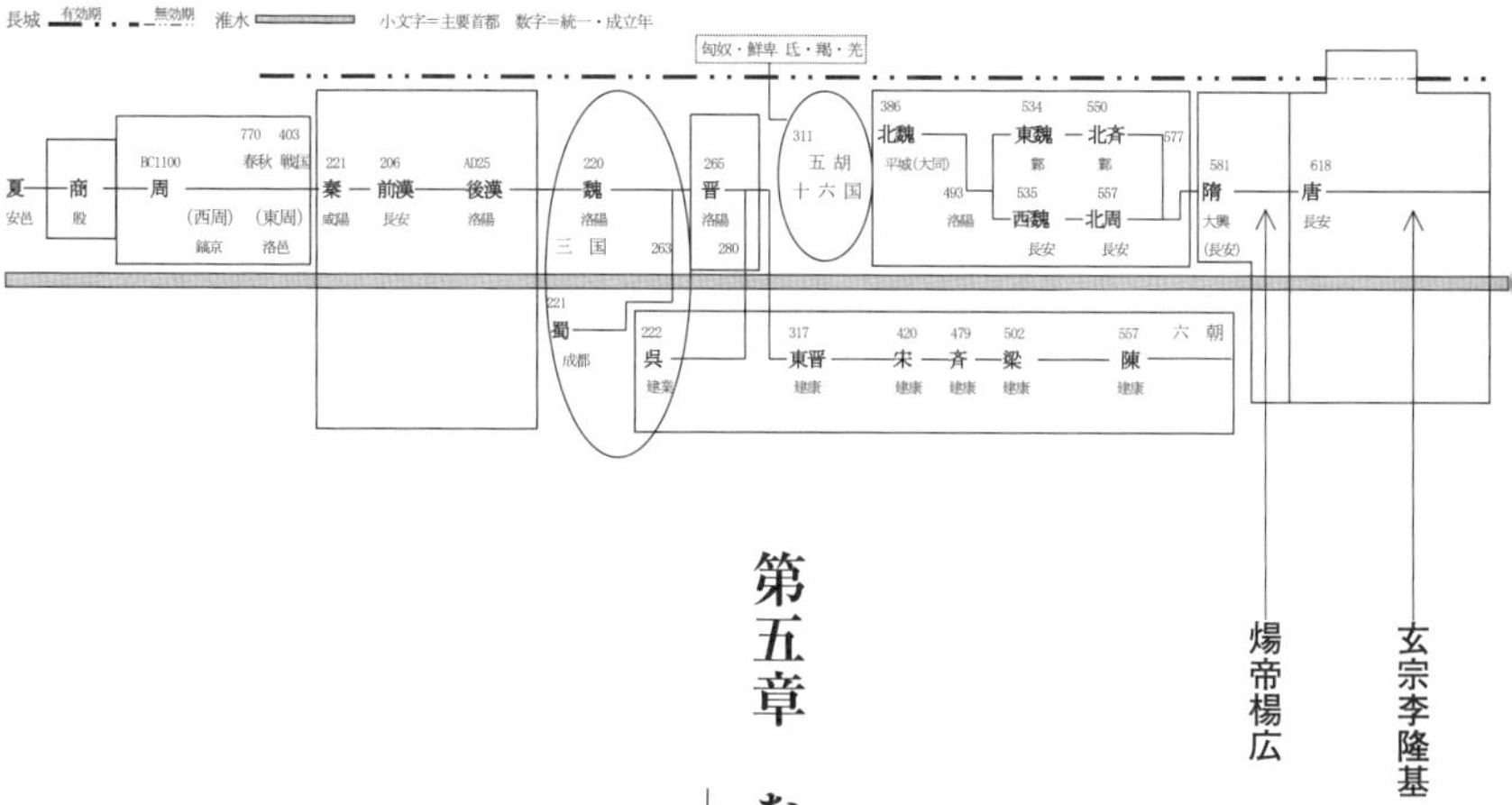

第五章　なにがなんでも我こそが

——皇帝即位への意欲とそれがもたらすもの

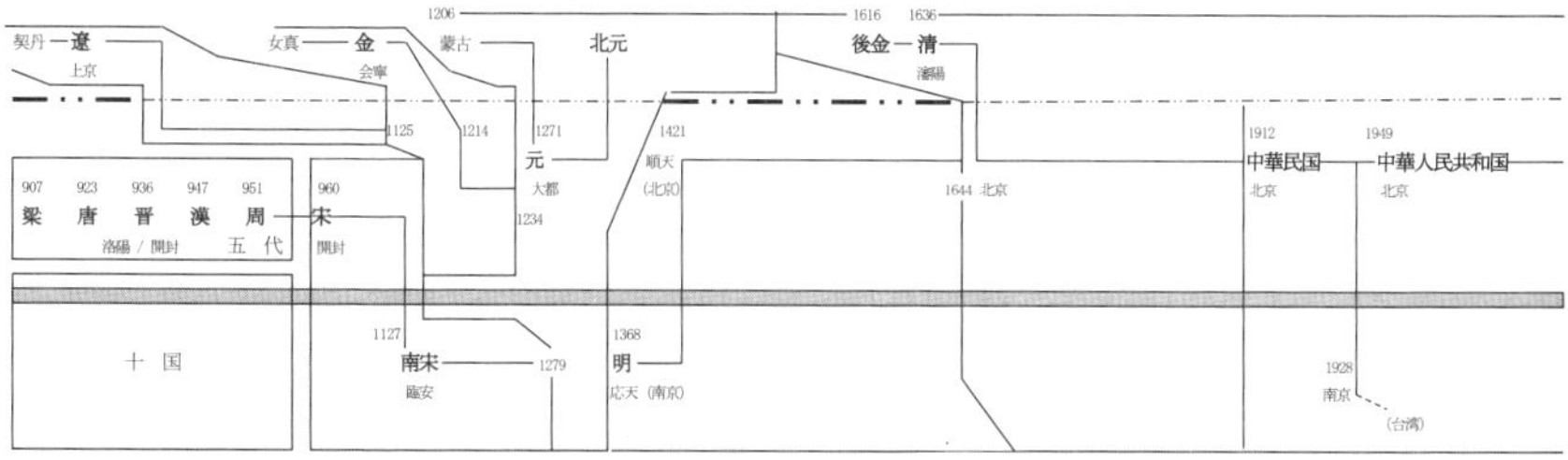

「跡目争い」という言葉がある。父親の地位の継承をめぐる兄弟間での対立をいうことが多い。父から子への世襲を前提とする中国王朝に限らず、家業を引き継ぐ老舗や同族会社、さらには家元制度など、我々の周囲でもままみられることである。

父子相続が主流となった周王朝以降、嫡長子《ちゃくちょうし》優先が暗黙の了解とされはしたが、これは絶対的なものではなかった。人は感情に左右され、能力的な面での向き不向きがあるなど、それぞれ個性的な人間で構成される集団では、一筋縄ではいかないことが多いのも事実である。

ここにみるのは、嫡長子を後継者に一度は指定しながら、それが覆った事例である。隋の楊広《ようこう》（煬帝《ようだい》）・唐の李《り》隆基《りゅうき》（玄宗《げんそう》）、この二人はともに、皇太子となった兄を押しのける形で皇帝に即位した。「我こそが」との気概とそれにともなう行動力には評価すべきものがあるとはいえ、その末路は寂しさをともなうみじめなものとなった。

一　隋の煬帝楊広【附：文帝楊堅】

兄弟の争いと母

「私は、人としては劣り、知識も低くはありますが、いつも弟としてのあるべき姿勢を守ってきました。ところが、なにがいけなかったのか分かりませんが、東宮《とうぐう》（皇太子楊勇《ようゆう》）の愛情を失ってしまい、常に強い怒りを含んで陥れようとされるまでになってしまいました」

隋の第一代皇帝の文帝楊堅《ぶんていようけん》の第二子楊広の嘆きの言葉である。これに対して、生母の独孤《どくこ》皇后は、

「私は彼のために元氏《げんし》の娘を選び、国家繁栄をもたらすようにと願ったが、夫婦として過ごしていると耳にすることもなく、もっぱら妃の雲氏《うんし》を愛してばかり。東宮に嫡子がないままで、皇帝にもしものことがあったら、お前たち兄弟が雲氏の生んだ男児に拝謁することさえ起こりかねないと、いつも気にかかり、これが大きな心配の種になっている」

と応じた。自らが生んだ兄弟間の相克で、母がその一方の肩を持つという最も好ましくない形で

あるし、さらに嫡長子で皇太子である楊勇に不満を抱き、非難するかのような発言は、母親という枠を越え、皇后として問題であるといわざるをえない。

楊堅と独孤氏

楊堅と独孤氏は、中国史上で「最も親密な皇帝と皇后」といわれる。

二人が仲睦まじく、互いに尊重する関係であったことは残された史料からも確認できる。しかし時代は六世紀の中国で、男が上位で女が下位（男《だん》尊女卑《そんじょひ》）、男が主導し女は従う（夫唱婦随《ふしょうふずい》）というゆるぎない男社会においてのこのような夫婦関係は、尋常なものとは言い難い。まして皇帝は絶対的な君臨者で、並ぶものなき存在であるはずである。だとすれば「親密な」との表現は時代的価値観に合うものではない。そこで編み出されたのが「最も皇后を恐れた皇帝」というフレーズであ

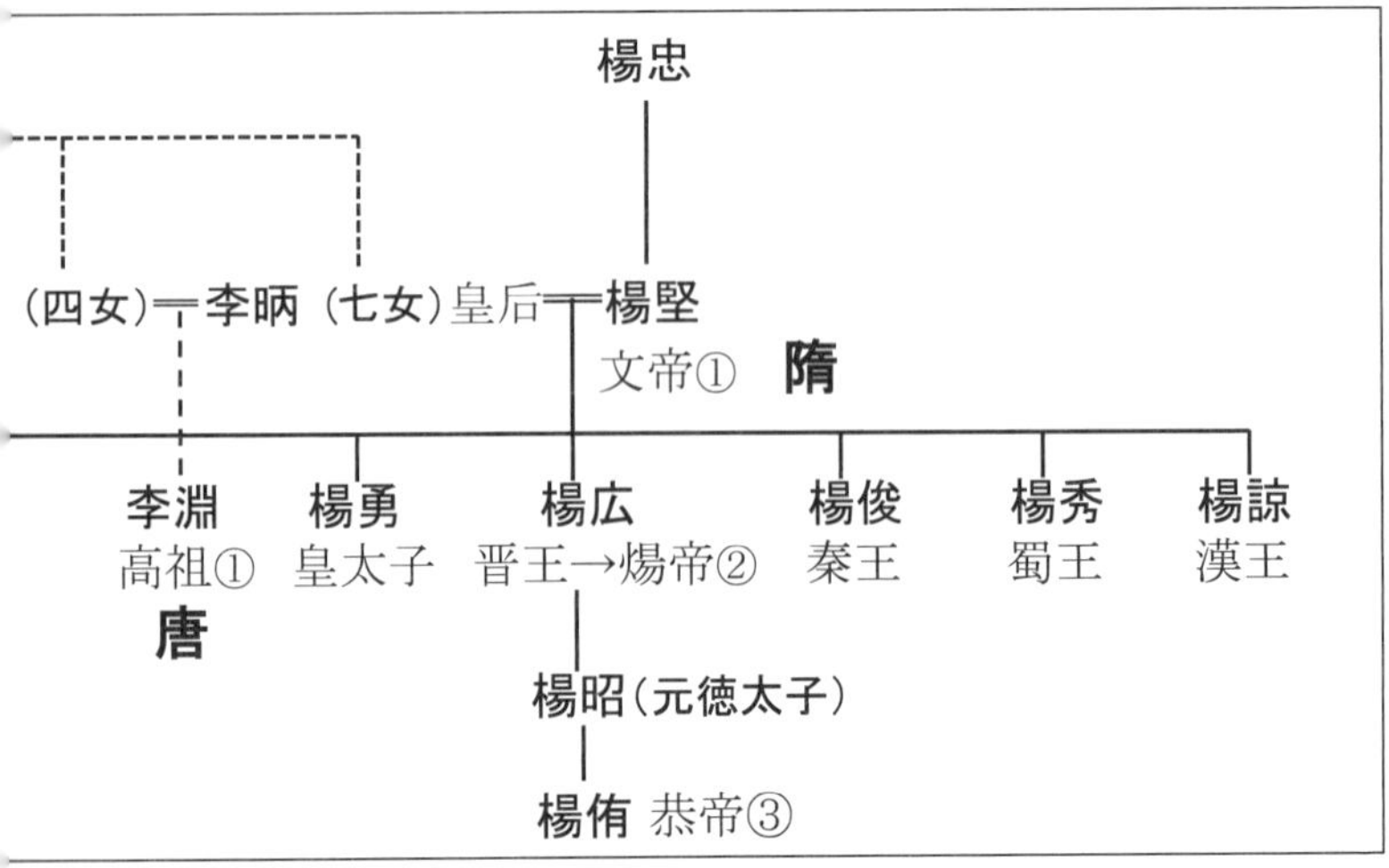

る。どちらの評言が的を射ているかの判断は、読み進められる読者の判断に委ねることにしたい。

楊氏の系譜

楊堅の父楊忠《ようちゅう》は、「関西の孔子《こうし》、楊伯起《ようはくき》」と呼ばれた後漢時代の儒学者で、第六代安帝《あんてい》の時に、政事を壟断する外戚や宦官を厳しく批判して罷免され、自死に追い込まれた楊震《ようしん》の一三世の末裔といわれる。ただこれは、先に示した唐王朝の創立者である李淵《りえん》の先祖の出自と同じく、事実ではないことは明らかで、当時、勢力を増大させていた北方系民族によくみられる、「由緒正しい系図」作りの典型である。なお、「関西」は彼の故郷の華陰《かいん》が潼関《どうかん》の西にあることからそう呼ばれ、読みは「かんせい」、伯起は字《あざな》（名前以外に持つ呼び名）である。

史料で確認できる範囲でいえば、楊忠は北魏の時代に爾朱《じしゅ》氏の配下で軍事的功績をあげ、その後、

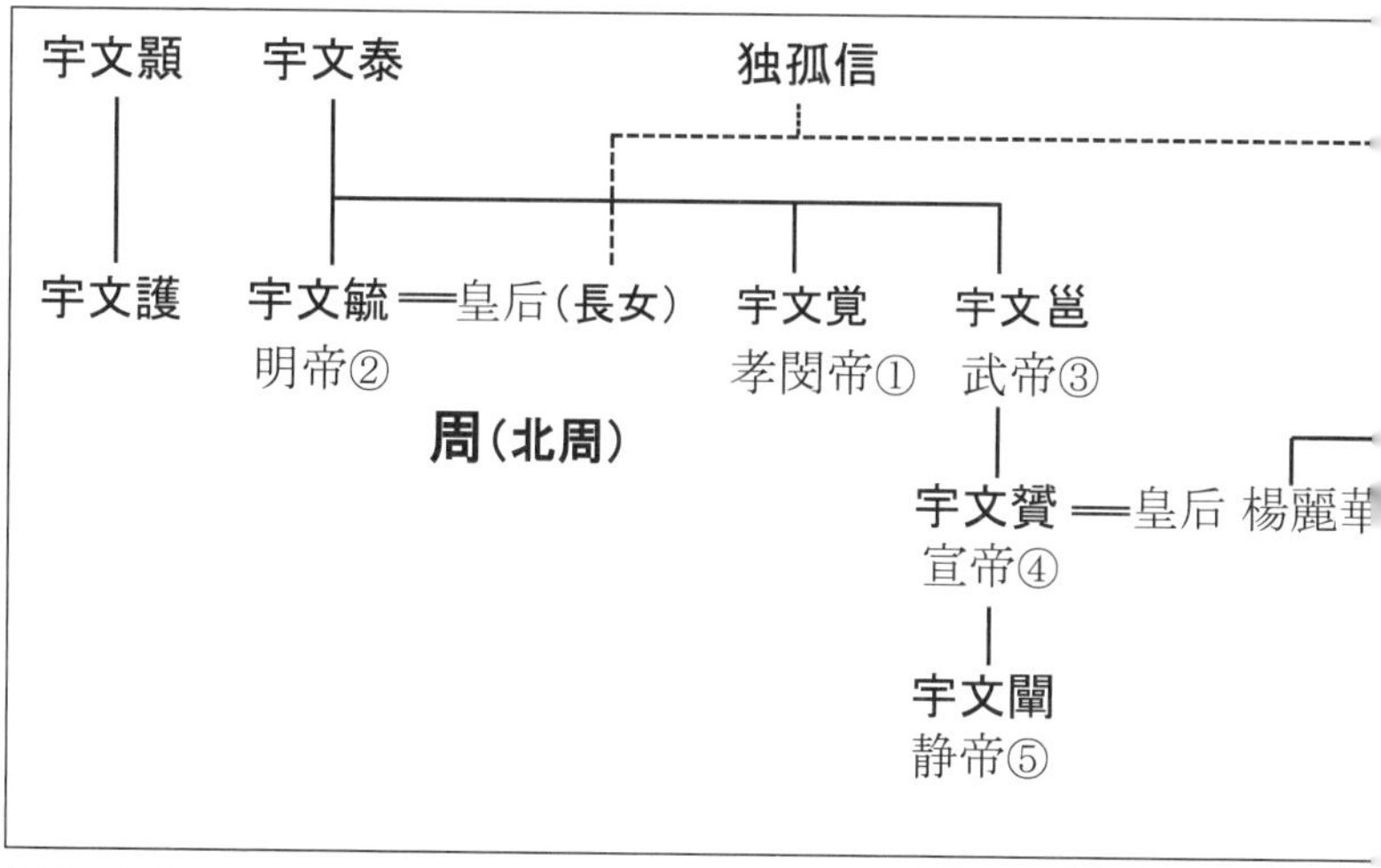

北周・隋系図―独孤氏の閨閥―

西魏で勢威を振るう宇文泰《うぶんたい》のもとで重用されて陳留郡公《ちんりゅうぐんこう》となり、支配階級の仲間入りをした。この時に「普六茹《ふろくじょ》」という鮮卑《せんぴ》民族系の姓を与えられたのはその証である。そして北周の時に東に位置する北斉との戦闘における功績を認められて、随国公《ずいこくこう》とさらにその地位をあげた。

その子楊堅は、五四一年にこの世に生を受け、一四歳になると、父と同様に宇文泰の配下に組み入れられ、鮮卑民族の有力者独孤信《どくこしん》の第七女を妻に迎えた。その名は独孤伽羅《どくこきゃら》といい、母は漢族の名門一族の出身で鮮卑民族と漢民族二つの血筋を受けた女性であった。

婚姻と二人の誓い

五胡の進出、建国と攻防の結果形成された、鮮卑拓跋氏《たくばつし》の北魏の時代ともなると、北方系民族の中国内での居住期間も長くなり、漢民族の風習になじむ傾向が明確になる。なかでも北魏の第六代孝文帝《こうぶんてい》の時代には、中国化（漢化）政策を強力に推進し、鮮卑族伝来の胡服《こふく》・胡語《こご》が禁止され、漢人との混血が奨励されて民族融合がさらに進んだが、独孤伽羅はその象徴的存在といえる。

彼女は北方系民族特有の母系社会的要素を引き継ぎ、家庭内の管理運営を取りしきるのみならず、社会的にも活発に行動するところがあった。そしてなにより、母親の影響で漢人知識人の素養も兼ね備えており、読書を好み、古今の時勢に通達していたという。その点では、武人の家系で育ち学問に触れる機会の少なかった楊堅は彼女の足元にも及ばなかった。

それもあってか、一七歳であった楊堅と三歳下の独孤伽羅は婚姻に際して、正妻以外の子（異《い》生子《せいし》＝母親の異なる子）は持たないと、両者納得のうえで誓ったという。一定の立場を得た男性は妻と並んで数人の女性を側に配置するという慣習を破る、極めて珍しい例といえる。二人が同意したうえでのことで、他人が容喙すべき話ではない。なにより楊堅にとって、独孤信を岳父としたことは、大きな支えとなるはずであった。

宇文護の専横と独孤信の死

彼らが結婚した頃に、西魏では政変が起こった。拓跋氏による西魏において実質的な権力者であった宇文泰の後継者問題が起こり、臣下を巻き込んでの抗争の末に、結局は嫡子優先で第三子の宇文覚《うぶんかく》が選ばれ、まだ一五歳であることを理由に従兄の宇文護《うぶんご》が後見人となることが決まった。宇文覚は宇文泰の死後に、西魏の恭帝拓跋廓《きょうていたくばつかく》から周公《しゅうこう》の称号を贈られたが、これは政権交代の前触れに過ぎなかった。その翌年の五五七年に恭帝は宇文覚に譲位し、宇文氏による王朝が成立する（北周）。

これら一連の動きのすべては宇文護の筋書きによるものであるが、専制権力を手中に収めた宇文護はこれに満足せず、皇帝に即位した宇文覚（孝閔帝《こうびんてい》）を位から追ったあとに殺害し、宇文泰の庶子《しょし》ではあるが長子の宇文毓《うぶんいく》を後継に据え（明帝《めいてい》）、これによって自己権力の維持をはかった。

このような宇文護の所業に怒りを募らせたのは、生前の宇文泰に忠誠を誓い協力を惜しまなかった独孤信である。不満うずまく宮中で宇文護排斥の謀議が起こると、積極的にこれに加担した。ところがこの計画は漏洩し、独孤信は詰め腹を切らされ命を落とすことになる。頼りにしていた独孤信を失っただけにとどまらず、楊堅にも嫌疑がかけられ、不穏分子として宇文護が警戒する対象にと、その立場は急変した。ここで楊堅は妻の独孤伽羅の助言もあって、隠忍自重して、なにより自分に累の及ぶのを避けると同時に、得意とする軍事に活躍の場を求め、当時、北方からの圧力を高めていた突厥《とっけつ》民族への防衛で功績をあげることで、自己の立場を保持しながら事態の好転を待つことになる。

隠忍自重がもたらした外戚の立場

即位の二年後、明帝宇文毓が二五歳になっていることを理由に親政を画策すると、宇文護は躊躇することもなく宇文毓を毒殺し、代わりに宇文泰の第四子（庶子）で一八歳の宇文邕《うぶんよう》を擁立する（武帝《ぶてい》）など、その横暴はやむことがなかった。だが皇帝になりながらも宇文護に忍従を強いられた武帝宇文邕には心中に期するところがあった。即位から一二年後、宇文護が隣国北斉への軍事進攻に失敗した機会を捉えて、二人きりでの話し合いの場を設け、後ろから玉製の笏《しゃく》で殴り掛かり、控えさせていた腹心に息の根を止めさせて、宇文護を亡きものとし、かさねて係累者や徒党を捕縛して、宇文護の時代を一気に終焉に導いたのである。まだまだ力で決着をつける殺伐とした風潮が残っていたことを象徴する事件である。

こうして親政に入った武帝は、すぐに長子の宇文贇《うぶんいん》を皇太子とした。宇文贇の正妻で、この時に皇太子妃になったのは、楊堅と独孤伽羅の長女楊麗華《ようれいか》である。楊堅にとっては、宇文護という暗雲が晴れたあとに、皇太子妃の父親という、願ってもない日が射す状況が目の前に現れたということになる。隠忍自重の賜物であろう。五七八年に武帝が亡くなると、宇文贇が即位し（宣《せん》帝《てい》）、楊麗華は皇后となり、楊堅は外戚として政権内における立場を固めることになる。さらに、宣帝との間に一時的な齟齬はあったがそれを乗り越え、宣帝が死を控えた時には、皇太子の宇文《うぶん》闡《せん》（生母は宮女朱氏）が八歳と年少であることもあり、全権を委任され、父から世襲していた隨国公にかえて隨王《ずいおう》の位を与えられるまでになった。

独孤氏の存在感

宣帝の死後、実質的に国家を主宰する立場になったとはいえ、楊堅はあくまでも慎重に徹した。岳父独孤信の非業の死と、その後の宇文護専権下の辛酸を思い起こせば、理解できるところではある。しかし、そばで見ていた独孤伽羅にとっては歯がゆいばかりで、彼女は「世の大きな流れは、すでにこのようになっている。獣に騎《また》がっている限り、飛び降りることはできるものではない。あとは力を尽くすだけのこと」と喝破したという。獣を虎にすれば、まさに「騎虎の勢いに乗る」ということになる。

独孤伽羅の情勢判断は正しかった。この翌年の五八一年、宇文闡（静帝《せいてい》）から禅譲を受けて、楊堅は皇帝に即位し（廟号《びょうごう》は高祖・諡号《しごう》は文帝《ぶんてい》）、隋朝を開いた。ちなみに、国号の隋は、楊忠以来の隨国公、また楊堅の隨王に由来するものであるが、「辶（しんにゅう）」は「立ち去る」「消えていく」を意味することから、これを除いた隋が採用されたものという。表意文字である漢字の特性を踏まえて不吉な要素を除くという、王朝の存続を願う一種のゲン担ぎであるが、その甲斐もなく隋が実質的には二代三七年と統一王朝としては短命に終わったのは、いかにも皮肉なこといわざるをえない。

皇帝に即位した楊堅は、同時に独孤伽羅を皇后に、第一子楊勇を皇太子、そして第二子楊広を晋王《しんおう》、第三子楊俊《ようしゅん》を秦王《しんおう》、第四子楊秀《ようしゅう》を越王《えつおう》（のちに蜀王《しょくおう》）、第五子楊諒《ようりょう》を漢王《かんおう》とした。一五歳の楊勇を筆頭に二歳差で並ぶこの五人の男児がすべて、独孤皇后が出産した嫡子であることはいうまでもない。婚姻時の「異生の子は持たない」誓いは守られていた。かといって隋代に後宮《こうきゅう》制度が執行されていなかったかといえばそうではない。一夫一妻多妾制は王朝における既定の制度で、おいそれとは廃止できるものではない。したがって隋でも後宮には、周代の制度を残す『周《しゅ》礼《らい》』に則り、皇后を筆頭にして、上級宮女として夫人《ふじん》と嬪《ひん》が各三人、下級宮女として世婦《せいふ》が九人、女御《じょぎょ》が三八人と枠は整えられていた。ただ独孤皇后の意向から、夫人以外は『周礼』の規定の約三分の一に人数は大幅に制限されている。そしてなにより、文帝の行動には常に皇后の目が光っていた。

支配体制と経済政策

隋の成立前、北周武帝の時代の五七七年に、北斉はすでに併合されていたから、隋朝は北部中国を基盤とする支配を開始するが、そこでの課題は支配体制の確立、そしてなにより南北中国の統一であった。

中央政府の強化のために、中書省《ちゅうしょしょう》（立案機関）・門下省《もんかしょう》（審査機関）・尚書省《しょうしょしょう》（行政機関）の三省と、行政執行機関としての六部《りくぶ》が整えられた。まさに三省六部制の始まりである。ただし中書省は、三国魏で国家の重大事項を所管する政令発布機関であった中書監《ちゅうしょかん》を、門下省は、前漢の侍中《じちゅう》（皇帝侍従官）制度が政府中枢機関に格上げされた門下省（晋から南北朝時代）を、尚書省は、漢代の皇帝の秘書機関が中央政府の行政機関となった尚書台《しょうしょだい》を、それぞれ前身とする。すなわちこれらは歴代の王朝が時宜に応じて整えてきた政府機構を巧みに取り込み、それぞれの役割を規定したものであった。

地方行政区画についても、前漢での州・郡・県の三層制を州と県の二層制に改め、南北朝時代には南北あわせて二五〇〇にも分かれていた区画をほぼ半減させるなど、大幅な改編を加え、行政の効率化と経費節減に相応の成果をあげた。

さらに官僚機構を支える人材を選抜するために、漢の察挙制《さつきょせい》（郷挙里選《きょうきょりせん》）、魏晋の九品官人法《きゅうひんかんじんほう》を参考にして、試験により人材を登用する科挙制《かきょせい》の萌芽といえる制度を始めたのもこの時代である。

これらの事業、特に三省六部制は唐朝で定着し、のちに改編を加えられながらも継続し、科挙制は宋朝以降の官僚選抜法として定着するなど、後代に大きな影響を残した。

軍事体制においても、西魏や北周で行われていた十二大《じゅうにだい》将軍制《しょうぐんせい》をもとにして十二衛《じゅうにえい》を構成し、平時は国内の治安維持に従事させ、戦時となると皇帝の任命する指揮官（行軍《こうぐん》元帥《げんすい》）の統率下で軍事行動にあたらせ、収束すればもとの

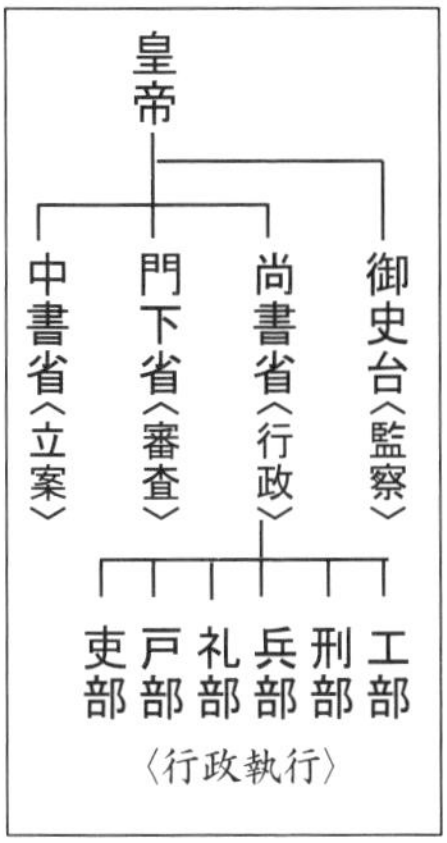

三省六部

衛に復帰させて私兵化を防ぎ、兵士については、北魏以降の兵士は鮮卑民族にほぼ固定化されていたものを、前代の兵農一致《へいのういっち》体制に戻す府兵制《ふへいせい》を採用するなど、兵力の確保を安定化させた。

さらにみるべきは、長安の東南部に新たに建設された大興城《だいこうじょう》である。王朝の威厳を表す首都整備で、なかでもその南部に東市《とうし》・西市《せいし》を設置して商業活動を振興したことは特筆すべきで、これは度量衡の統一・幣制改革とあいまって、単に王朝中心部のみならず、全国の経済を支えるもととなった。五八二年から始まった工事は、文帝亡きあとまで約三〇年の歳月を要したが、それに見合う効果をもたらし、唐朝では再び長安《ちょうあん》と呼ぶことになり、まさに「国際都市長安」の礎はここに築かれたのである。

大運河

課題の二つ目の南北統一であるが、これに着手する前に、まずは北方に勢力を張る突厥民族への攻勢を強め、内部対立に乗じて離間工作に成功して東西に分裂させた。突厥の西部分（西突厥《にしとっけつ》）は北方へ後退し、東部分（東突厥《ひがしとっけつ》）は隋に投降して北方防衛を担うようになるなど、後顧の憂いを除いた。次は南方経略となるが、そのためには対策を講じておかなければならないことがあった。国家の中枢地域となる大興城への効率的な物資の移送ルートの確保である。ここに始まるのが運河工事で、五八四年に大興城から東の潼関まで、水深が浅く漕運に不向きな渭水《いすい》に代えて水路（広通渠《こうつうきょ》）を開き、三年後には淮水《わいすい》と長江を結ぶ水路（山陽瀆《さんようとく》）を開鑿《かいさく》している。これらの水路は、前者は漢代の、後者は戦国時代に作られた水路（溝渠《こうきょ》）の遺構を利用したもので、こ

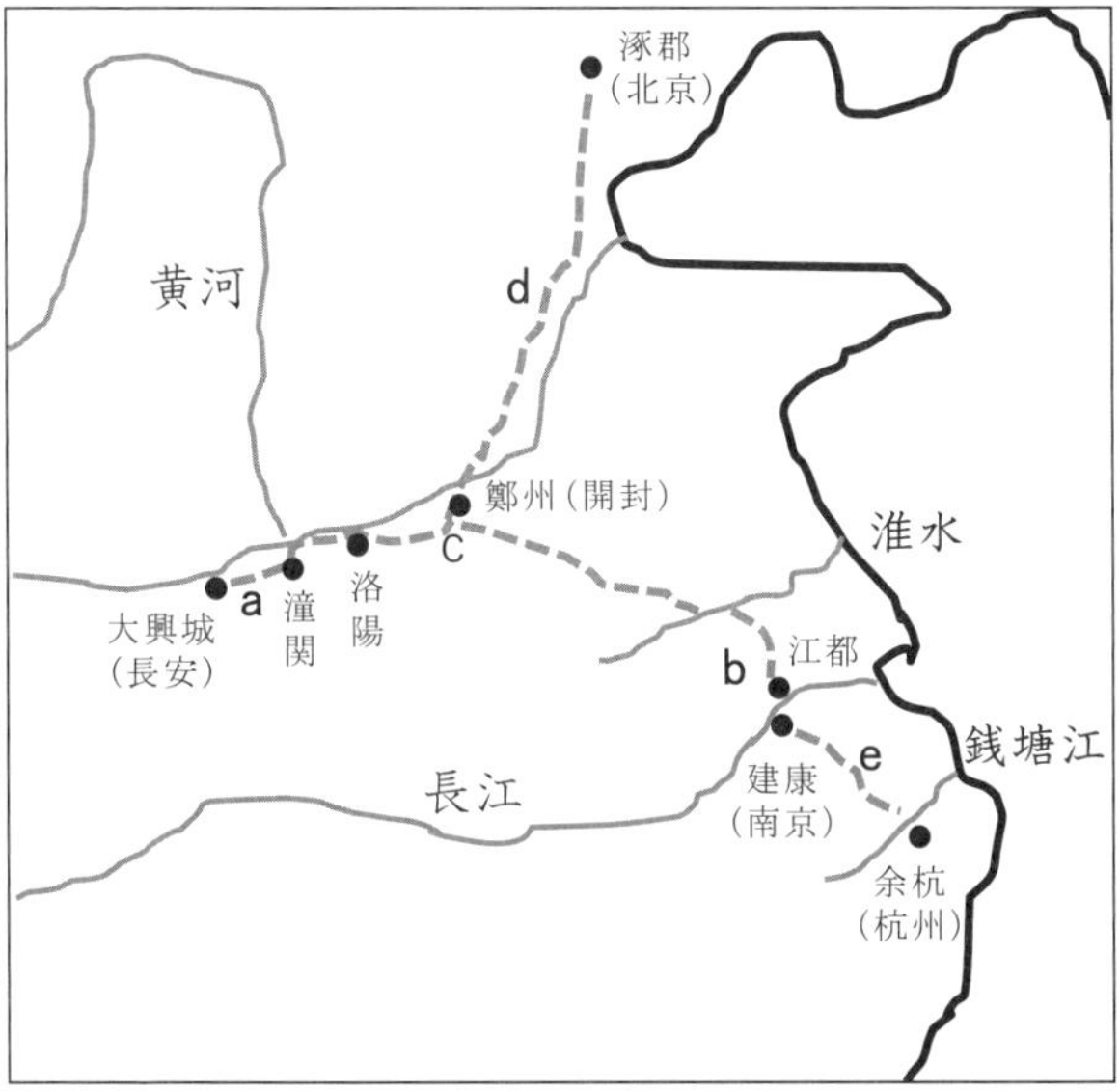

広通渠(584) a　文帝
大興城（長安）[渭水]〜潼関　（利用：後漢代 溝渠）
山陽瀆(587) b
[淮水]〜江都（揚州）[長江]　（利用：戦国呉代 溝渠）

通済渠(605) c　煬帝
洛陽[黄河]〜鄭州（開封）〜[淮水]（利用：後漢・晋代 溝渠）
永済渠(608) d
涿郡（北京）〜[黄河]（利用：後漢・魏代 溝渠）
江南河(610) e
[長江]〜余杭（杭州）[銭塘江]（利用：春秋呉代 溝渠）

(　)開通年
[　]結合された河川

隋の運河

の点からしても運河の開鑿は古代から各地で必要に応じて行われていたことは知っておかねばならない。のちに黄河と淮水間の水路（通済渠《つうせいきょ》）、長江と銭塘江《せんとうこう》沿岸の余杭《よこう》（杭州《こうしゅう》）間の水路（江南河《こうなんが》）ができて江南と大興城は運河で繋がり、その一方で北上する黄河に沿って開封から琢郡《たくぐん》（現在の北京）への水路（永済渠《えいせいきょ》）が整えられた。「大運河」と呼ばれる南北を結ぶ大水路網の完成で、中国史上で画期的なこととされる。

南部中国の状況

さて当時、中国南部、長江流域以南の地を基盤としていたのは陳朝であった。ふりかえれば、「八王の乱」で混乱する晋が五胡のひとつ匈奴民族系の漢（前趙《ぜんちょう》）の襲撃を受けて崩壊し（永嘉《えいか》の乱《らん》）、皇族の一人司馬睿《しばえい》が建康《けんこう》を都にして晋の命脈を保った（東晋）ことから、南北分断の状態、すなわち南北朝時代が始まった［「第四章一　東晋の元帝司馬睿」に関連記事あり］。

東晋は建国から三〇年後の三四七年に、武将の桓温《かんおん》が四川地方に勢力を張る氐《てい》民族系の成漢《せいかん》を攻略し、淮水流域を南北分離の基準線として、南部の統一をなしとげた。ここに北朝と南朝はそれぞれ自立しつつ、時々に戦火を交えることになる。この攻防は一進一退の状況となるが、時代が進むにつれて北朝側が優勢となり、南朝の領域は長江流域以南に後退し、さらに西部の四川地域の喪失へと事態は推移する。南朝側の劣勢は否めないが、三〇〇年以上、南北対峙の形勢が維持されたのは、長江下流域（江南）の生産力の上昇による経済力、さらにそれに基づく文化力にあったことに留意すべきである。なお、建康を都とする南朝各国と、それ以前の三国時代の呉を合わせて、文化史的に六朝《りくちょう》と呼ぶ。

南朝は東晋以来、約一〇〇年で宋、六〇年で斉、二〇年で梁、五〇年で陳と王朝が交代するが、宋の劉裕《りゅうゆう》を除き、斉の蕭道成《しょうどうせい》・梁の蕭衍《しょうえん》・陳の陳覇先《ちんはせん》と、北朝との軍事抗争で名声をえた武将による政権の創立で、南北間の緊張関係が南朝政治に影響を与えていたことがわかる。最後の陳朝は江南に押し込められた状態で、さらに陳覇先の皇位継承で混乱するなど、攻略を狙う隋には与しやすい相手であった。

楊堅と五人の嫡子

国家支配の安定も見通したうえで、建国後七年の五八八年の年末に、陳への軍事行動が開始された。進攻軍は楊広と楊俊、そして楊堅が最も信頼を寄せる武将の楊素《ようそ》の三人を行軍元帥とし、楊広を総指揮官として、南北国境線であった長江の中流部から楊俊と楊素の軍が東に向かい、長江下流の首都建康へは北から楊広の軍が一気に南下する形となったが、建康があっけなく陥落して戦いの帰趨は決した。陳の残党を平定し終えると、楊広は揚州総管《ようしゅうそうかん》の任につき、江南一帯の安定確保を任務とすることになった。

ここまで隋の成立前後をみてきたが、極めて順調に事が運んだといってよい。なにより各部署で役割を果たした官僚たちの優秀さのおかげであるが、それを束ねて能力を発揮させた文帝楊堅も評価すべきである。また成人に達した息子たちも、皇太子として、また陳の併合戦で相応の役割を果たした。異生の子は持たないとした楊堅は、即位後も、

「前代の皇帝は妃嬪《ひひん》に溺れたことから、皇太子の廃立が起こった。朕の傍には侍る妃嬪がなく、五人の子は母が同じで、これぞ真の兄弟といえる。前代のように寵愛対象の妃嬪が多くて、もめ事が多発し亡国に至るようなことにはなりようもない」

とこれを誇ったという。

異母兄弟には対立の芽が潜んでいるというなら、ありうることと思うところもある。かといって、同母兄弟の間では対立がない、といいきれるだろうか。二歳ずつ離れた男兄弟である。年を重ねるにつれて対抗心も出てくるし、それなくしてはそれぞれの成長は望めない。楊堅のこの決めつけは、思い込みでしかないといわねばならないだろう。

聞き耳を立てる独孤氏

皇帝としての公的な場面では優れたリーダーシップを発揮したといえる楊堅の家庭人、すなわち夫、また親としての側面に目を向けてみよう。

楊堅と独孤氏は、中国史上で「最も親密な皇帝と皇后」といわれることは先に紹介したが、二人には次のような逸話もある。

「皇帝として朝廷の会議に出かける楊堅に、独孤皇后は同じく乗り物（輦《れん》）に乗り、あとからついて行くのを常とした。楊堅が会議の場に入ると、彼女は聞き耳を立てて様子を伺い、政治判断に誤りがあると判断すると、側仕えの宦官を使って意見を伝えて是正をはかり、公益に役立つところが多くあった。会議が終了するのを待って一緒に後宮に引きあげると、二人は顔を見あわせ、満足げにうなずきあった」

「正史《せいし》」である『隋書《ずいしょ》』「后妃伝《こうひでん》」に残る記録である。「正史」といえば王朝の公式記録で、前王朝の皇帝ごとの記録（実録《じつろく》）をもとにして、「史官《しかん》」と呼ばれる複数の文書担当官が記事を取捨選択して編纂されるものである。さらに踏み込めば、その「実録」の原本となるのは皇帝の日々の活動を日記として記録する「起居注《ききょちゅう》」で、ここでも同じく史官によって残すべき記事が取捨選択される。すなわち、「正史」に残る記事は、二度にわたって複数の目を通して厳選されたものということになる。とするならば、この逸話が「正史」に至るまで残されたのには相応の理由があってのことと考えるべきであろう。

文帝と独孤皇后が仲睦まじく行動をともにし、一日の終わりにその日を振り返って満足しあうという、二人のよき夫婦関係を記録に残すことだけが目的だったとは思えない。そもそも歴史の史料は日常的で当たり前なことではなく、珍しいまたは異例なことを残す傾向にある。朝廷の公的な政治決裁の場に皇后が同行し、その場に待機するという、その事態を異例とみなしたからこそあえて記録に留めたとみるべきだろう。

会議の構成員ではない皇后が、それも議場の外で耳そばだてて様子を伺い、自己の意見と相違するとみるや、人をやって皇帝に告げさせて決裁に影響を与えているのである。例えれば、社長主宰の会議の部屋の外から、社長夫人が意見をさしはさみ、社内の重要決裁や人事にその意向があからさまに反映されるようなものである。

ただし皇后が政治むきに意見を述べる例は、前漢の高祖劉邦《りゅうほう》の皇后であった呂氏《りょし》に始まり、唐の太宗李世民《りせいみん》の長孫皇后《ちょうそんこうごう》、明の太祖朱元璋《しゅげんしょう》（洪武帝《こうぶてい》）の馬皇后《ばこうごう》など、その例は結構ある。しかしそれは、あくまでも公的な会議への介入ではなく、夫婦間の私的な場でのことで、感情的になって判断に狂いが生じかねない夫を諫めるなど、妻でなければ果たせない役割、すなわち「内助の功」の美談として記録に残される。

さらにいえば、呂氏は高祖亡きあとに息子の恵帝《けいてい》時代に政治に関与したが、それは皇太后として年少の皇帝を支えるものとして、周囲から一定の認知を受けてのことである。皇太后による後見は、呂氏のみならず幾度も史上に現れる事象で、外戚増長のもとになることから積極的に推奨はされないものの、好ましいか好ましくないかにかかわらず存在する。呂后の場合は「称制《しょうせい》」、そのほかでは「臨朝聴政《りんちょうちょうせい》」（朝議《ちょうぎ》に臨んで政治決裁をする）、また非正規観を含めて「垂簾聴政《すいれんちょうせい》」（在席する皇太后の前に簾《みす》を降ろして、居ることは居るが、直接的には姿はみえない）と、これを呼ぶ。ここには、皇帝の政治運営能力に問題があることから、やむをえない特殊な状況である、との意味が込められている。

先にみた文帝と独孤皇后のありさまは極めて特異な事例である。いい方を変えれば非正規存在による権力への介入ということになる。対象によってはこれをあからさまに批判することもできるが、相手が皇帝と皇后ではそうはいかない。そこで取られるのが、事実をありのままに残し、読み手に判断をゆだねる手法である。この逸話はその典型といえ、皇后が政治決裁に関与していることへの批判が含意されているといえる。

『隋書』「后妃伝」には続けて次のような記事も残されている。「皇后は皇帝と政事を語り合うことが多く、往々にして意見の一致をみた。宮中ではこの二人をして、二聖《にせい》（二人の全権執行者）と呼んだ」と。これも「二人が協同して政治運営をした」と素直に受けとめるのではなく、宮中で間近に見ていた側近たちはこのような政治のありようを非正規状態とみなし、いささかの皮肉を込めたのが「二聖」という呼び名であった、と読み解くべきなのである。

皇太子楊勇に対する怒り

少しこだわり過ぎたかもしれないが、親としての文帝楊堅に話を移そう。長男である楊勇を即位と同時に立太子したのは、まさに嫡長子優先の伝統に則り、さらにこの王朝が安定的に次世代に引き継がれることを宣言する意味を持っていたことはいうまでもない。その時の楊勇は一五歳で、当時としては成人とみてもいい年齢で、それもあって楊堅はその翌年から、皇太子楊勇を政務決裁に参加させるなど、早々と帝王学を施した。当時、北辺で不穏な動きをしていた突厥民族への対応として、文帝が山東地方で土地を持たずに農業から離れて流亡化していた農民（流民《りゅうみん》）を、一斉に北部国境地帯に移住させて防衛の兵士として活用する考えを述べると、それに対して楊勇は、

「考えますに、習俗を変えるのはゆるやかにすべきで、急に変えるべきではありません。故郷を愛し昔を懐かしむのは民衆の本音でありながら、故郷を離れて流亡しているのはやむをえないからです。北夷《ほくい》（突厥）がその動きを活発化させて北辺の防衛線を侵犯しているとはいえ、現時点ではそのあたりには町や集落が並んでいて備えも充実しているのに、どうして

彼らを移住させて混乱を引き起こす必要がありましょう。私は力なき並の人間で、後継者（儲弐《ちょじ》）の位にいるのはなにかの間違いかと思いながら、ささやかな意見を声を潜めてお伝えします」

と、謙虚さをともないながらも真っ向から反対し、これを撤回させたという。一五歳の少年にしては成熟した意見で感心させられるが、皇太子には「東宮官」と呼ばれるお側付きの臣下が控えており、彼らが助言した結果とうがった見方をしたくなるところもある。ただ、ほかにも「政治運営がうまくいかない時には、軌道修正を提案し、文帝は常にこれを受け入れた」という記事も残されているから、皇太子としては上出来で、周囲も次代はこの人と思い定めていたことであろう。

ところが五年後の冬至節《とうじせつ》に、主だった官僚が皇太子のもとにあいさつに訪れ、そこで盛大な祝賀の宴が開催されたことから事態は暗転する。冬至節といえば、先祖を奉る祭祀と並ぶ皇帝主催の重要行事であるにもかかわらず、皇太子があたかも皇帝であるかのように官僚を従えて執行したと文帝はみなし、礼儀制度にもとると決めつけたのである。

さらに悪いことが続くもので、ちょうどこの頃に文帝が希望していた、宮中の警護兵の配置転換による皇帝の身辺警護軍（宿営《しゅくえい》）の増強案が、それまで最も信頼を寄せていた宰相の高熲《こうけい》の反対で実現しなかったことが重なった。高熲の娘は楊勇の妃の一人であり、息子は楊勇の娘（大寧《だいねい》公主《こうしゅ》）を妻としているという親族関係があるなかで、皇太子の警護体制が弱体化することを危惧して反対したとみられたことが、これに輪をかけた。冬至節の一件で皇太子に対する不信感が芽生えるなかで、高熲による皇太子よりの行動はますます文帝の怒りを掻き立てたことになる。

「孝行息子」楊広

こうなると、これまでも不快に思っていた楊勇の行動すべてが気に入らないことになる。楊堅の皇帝即位の前ではあったが、自己の後継者と目する楊勇には、文官の家系で西魏・北周時代を通じて信頼を寄せ、その家柄を認めていた元孝矩《げんこうきょ》の娘を妻として迎えておいたのに、楊勇は見向きもせず、皇太子になってから妃の一人に迎えた雲氏に愛情を傾け、楊儼《ようげん》という男児まで儲けている。嫡子へのこだわりのきつい楊堅、そして夫唱婦随というより一心同体の独孤皇后には許しがたく、二人して堪忍袋の緒が切れるのも時間の問題となった。

この直後に、陳併合の軍事作戦があり、そこで楊広と楊俊は功績をあげて文帝の期待に応えた。楊広が揚州総管としてあらたに領域に加えた江南を中心にした地域の統括を、楊俊が并州総管《へいしゅうそうかん》として山西での北辺防衛を委ねられたのは、その功績を認めたからこその措置である。しかしこれが「真の兄弟」の分解の始まりとなった。山西の太原《たいげん》に駐在することになった楊俊は、金や玉などの宝石をふんだんに施した邸宅を建てて、贅沢極まる生活を始めたのである。これを知った文帝はすぐさま楊俊を大興城に召喚し、王位は保全するものの、幽閉状態に置き、これに代えて第五子の楊諒を送り込んだ。ところが、楊諒も自己の功績を吹聴して自己顕示ばかりに走るありさまであった。さらに益州総管《えきしゅうそうかん》として四川地方を任されていた第四子の楊秀も、朝廷の許可なく軍を出動したり、民衆生活を圧迫するなどの不行跡を繰り返した。

ところが、このなかで自重して「いい子」を演じたのが楊広であった。文帝と皇太子に齟齬があるのを知ると、遠く揚州の地にありながらも、楊広は両親の歓心を得ることに心砕き、生活は節倹に努め、妃嬪の数は少なめにして、起居は正妻とともにし、またなにかと機会をとらえては「孝行息子」を演じ続けたのである。

廃太子の決断

冒頭にあげた楊広と独孤皇后の対話は、一〇年近い揚州滞在から久方ぶりに帰京した時に交わされたものである。母親に取り入るかのように兄との関係悪化に心痛めている風を装い、皇太子への不満をにおわせる言葉を引き出したのだから、次男楊広としてははしてやったりで、あとは兄の楊勇が皇太子の地位を追われるのを待てばいい、いうことになる。

即位して一六年、南北の統一をなしとげ、北の脅威であった突厥民族を弱体化させ、支配の安定を果たした文帝は、すでに五七歳となり、政務に精励する気力も乏しくなっていた。大興城の西一二〇キロに仁寿宮《じんじゅきゅう》を作り、夏から秋にかけて都を離れて避暑のための滞在をするようになったのが、なによりそれを物語る。そのなかでふつふつとこみあげてくるのは皇太子楊勇への不満と、彼と極めて関係性の深い高熲への怒りである。

ここでも皇帝と皇后の意見は一致して、高熲はいとも簡単に宰相の地位を追われた。そしてその翌年の六〇〇年に、楊勇の皇太子妃である元氏が心労から精神疾患を起こして病床に伏し、二日後に亡くなる。これを受けて雲氏に増長の気配がみえると、独孤皇后はすべての責任は楊勇にあるとして文帝に廃太子を勧め、これは即座に実行に移された。ここに楊広は、狙い通りに皇太子の地位を手に入れることになる。

文帝は廃太子にあたって、

「この子が後継者には向かないというのは長らく考えていたことだし、皇后も常々廃位するように勧めていた。私が臣下である時代（宇文護専権体制下）に生まれた最初の男児であることから、彼が反省し行動を改めるよう願い、我慢を重ねて今に至ったものの、ここに廃位して天下に安心をもたらそうと思う」

と、楊勇が自ら更生することを期待しながら果たせなかった無念さをにじませながら、王朝のための致し方ない決断であると宣布し、世間の理解を求めた。しかし、いかに取り繕っても、廃太子は皇帝の権威を揺るがせる国家の重大事であるし、これがもとで行われた楊広の立太子は歓迎されるものとはなりえなかった。この二年後に独孤皇后が亡くなると、第四子楊秀が皇太子の廃立の経緯に不満の意を表明して怒りを買い、文帝は臣下の諫止も聞かずに彼を召喚して幽禁状態に置いた。母親の死によって起こった家族の断絶である。

楊広の即位

皇后の死から二年、さらに政治への意欲を減退させた文帝は、新たに皇太子楊広を執政に指名して自らは政務から引退し、六〇四年に六四歳で死亡し、楊広が皇帝に即位することになる（煬《よう》帝《だい》）。

事実のみをサラッと書けばこうなるが、この裏にはひとつの事件があった。文帝が仁寿宮で病床に伏して明日をも知れぬ状態になり、皇太子の楊広と妃嬪数人が脇室に待機していたところ、その合間をみて楊広は文帝の寵愛する宣華夫人《せんかふじん》に言い寄る行為に及んだのである。これを耳にした文帝が激怒し、楊広を廃太子して楊勇を再立太子する意向を示したのを知ると、楊広はこれを阻止する動きに出たが、その直後に文帝の容態が急変して死に至ったという。独孤皇后亡きあとのことゆえ、宣華夫人への寵愛（実をいうと寵愛対象にはもう一人いて、その妃の名は容華夫人《ようかふじん》という）は、ここでは問題とはしないでおこう。それよりこの時の楊広の動きの詳細は不明で、容態急変との関係も定かではない。詮索するには絶好の話題で、当時「週刊＊＊」などというのがあれば、食いつきそうな話である。

ともあれ煬帝の時代になっても運河工事は継続されるなど、文帝時代の事業は継続された。ただ、皇太子の廃立の影と、文帝の死に関わるよからぬ噂は影響を残す。即位の翌年には、末の弟の楊諒が山西で反抗の火の手をあげた。明らかに謀反で天下の大罪である。しかしこれは中央軍によってすぐさま鎮圧され、楊諒は投降した。この時「罪は万死にあたる」と処刑を勧める臣下に対して、

「朕には兄弟が少なくなってしまったので、情として忍びないから、法を曲げて死罪は免除する」

と、煬帝は鷹揚な態度を示して、楊諒を庶人に降格して幽禁状態に置くことですませた。

大規模工事と高句麗遠征

この事件は兄弟間のことではあるが、文帝の臣下であった官僚のなかにも、自己に反感を持つ存在がいることを楊広は認めなければならなかった。それが彼をして大興城を離れて、洛陽に宮殿を造営して遷都する方向に駆り立てた。大興城、運河、そして洛陽と大規模工事への徴発が続く人民の負担は計り知れない。しかしそれを顧慮する余裕は彼にはなかった。先代に並ぶ偉業をなすことで、自身が皇位を継承した正統性を示す、という、焦りにも似た選択をして、あらたに大事業に着手したのである。それが高句麗《こうくり》遠征である。文帝の末年に高句麗が領域侵犯の行為に出ていたことは事実であるが、その折には高句麗が謝罪して撤兵し、事なきを得ている。果たしてここで遠征軍を送る必要があったのか、理解するには難しい。

案の定というか、この頃には民衆の疲弊は限界に達しており、それが一斉に民衆反乱の形となって現れた。六一一年に山東に勃発したのを嚆矢として、またたくまに全国規模に拡大し、収拾不可能な状態に陥った。もとより高い政治意識をもって皇帝の座を狙ったわけではない。となれば、こうなった以上はなにはともあれ我が身を守ることであった。煬帝は反乱勢力に包囲される形となった洛陽を早々に離れて、昔の

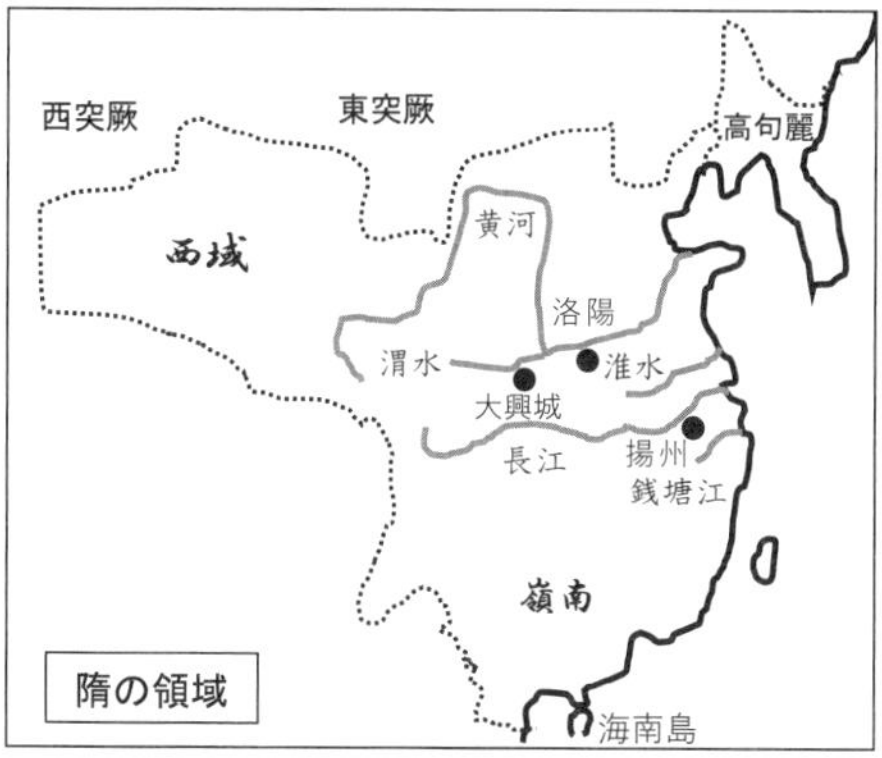

隋の領域

任地である揚州（江都）の離宮に身を移すことにした。しかしこのような身勝手な行動が容認されるわけはない。揚州に移り住んで二年もたたない六一八年三月に、随従していた宇文化及《うぶんかきゅう》の急襲を受けて捕えられ、せめて毒酒を飲んで自害したいとの希望もむなしく、兵士の一人によって扼殺されて死に至った。年齢は五〇歳であった。

煬帝というのは、死者に対する諡《おくりな》（贈り名）で、その死後二か月目に即位して唐王朝を開いた李淵のもとで付けられたものである。諡を付けるには一定の基準（諡法《しほう》）があり、それによると「煬」は、「礼儀をないがしろにして、民衆に目を向けない」「女色に惑って、政事を怠る」ことを意味する。ここに至るまでの楊広の所業は、確かにこれに該当するところがある。なにより揚州に向けて運河を下るという危急の事態にありながらも、自身の乗る船（龍船《りゅうせん》）に千名近くの美女を満載していたというから、その日常は推して知るべしである。楊広は死してなおその不行跡を咎められたのである。

なお、日本では古くから、煬帝に限り「帝」を呉音の「タイ」に基づいて、「ダイ」と特殊な読み方をすることになっている（読み癖）。いつ始まったかは寡聞にして知らないが、これは伝統として今に残る。歴史的繋がりは大きいとはいえ異国の地の日本でまで、他のあまたいる中国皇帝とは別の扱いを受けることになったわけで、ここまでしなくてもとの思いを持つところもなくはない。

二　唐の玄宗李隆基

父には知らせずに

「私は国家の危機を救い、君主でもあった父親の切迫した状況に立ち向かおうとしている。うまくいけば国家に幸いが訪れるが、そうでなければ、私が忠孝のために命を捨てるということになる。事前に許可を求めることで、かえって父親を心配させることになり、そういうわけにはいかない。もしも願い出て許されたならば、父親をともに危険な状態に陥れることになるし、許されなければ、私の計画はそこで失敗に終わってしまうことになりかねない」

中宗李顕《ちゅうそうりけん》の皇后で権勢をふるう韋氏《いし》に対する宮中クーデター「唐隆政変《とうりゅうせいへん》」（七一〇年）を実行に移すに際して、事前に父親であり一時は皇帝でもあった李旦《りたん》（睿宗《えいそう》）に通告しておくべきだ、と助言する臣下に返した李隆基《りりゅうき》の言葉である。

皇族内の内紛ということになるが、この事態に至るまでを、唐の二代皇帝太宗李世民《りせいみん》の嫡三子として後継即位した李治《りち》（高宗《こうそう》）の時代からみていくことにしよう。

高宗による立太子

李治が皇太子から皇帝に即位したのは六四九年で、太宗は李治の生来の病弱と性格的弱さを案じ、自らの臣下を補佐役に配置して（「顧命《こめい》の臣《しん》」）、政権を発足させた。

高宗は即位の翌年に皇太子妃であった王氏《おうし》を皇后に、三年後の六五二年に下級宮女の生んだ第一子の李忠《りちゅう》を皇太子とした。早めに皇后を立てて皇太子を定めるというのは、たしかに一つのスタイルではある。ただ、立太子したときの李治は二三歳、王皇后は二四歳でまだ若く、嫡子が出生する可能性が十分にありながら、このような措置が取られたのはなぜか、そこには李治を取り巻く特殊な事情があった。

王氏は、李治が四歳で晋王《しんおう》となった時に親同士の取り決めで婚姻関係を結び妻となり、王妃、そして皇太子妃をへて皇后になった。しかし問題は、李治と王氏の関係は成人してからも疎遠で二人の間に子が生まれることなく、その一方で宮女との間に一人（李忠）、さらに寵愛を受けた蕭妃《しょうひ》との間に一男二女がいたことである。これを危ぶんだ王皇后の母方の叔父は「顧命

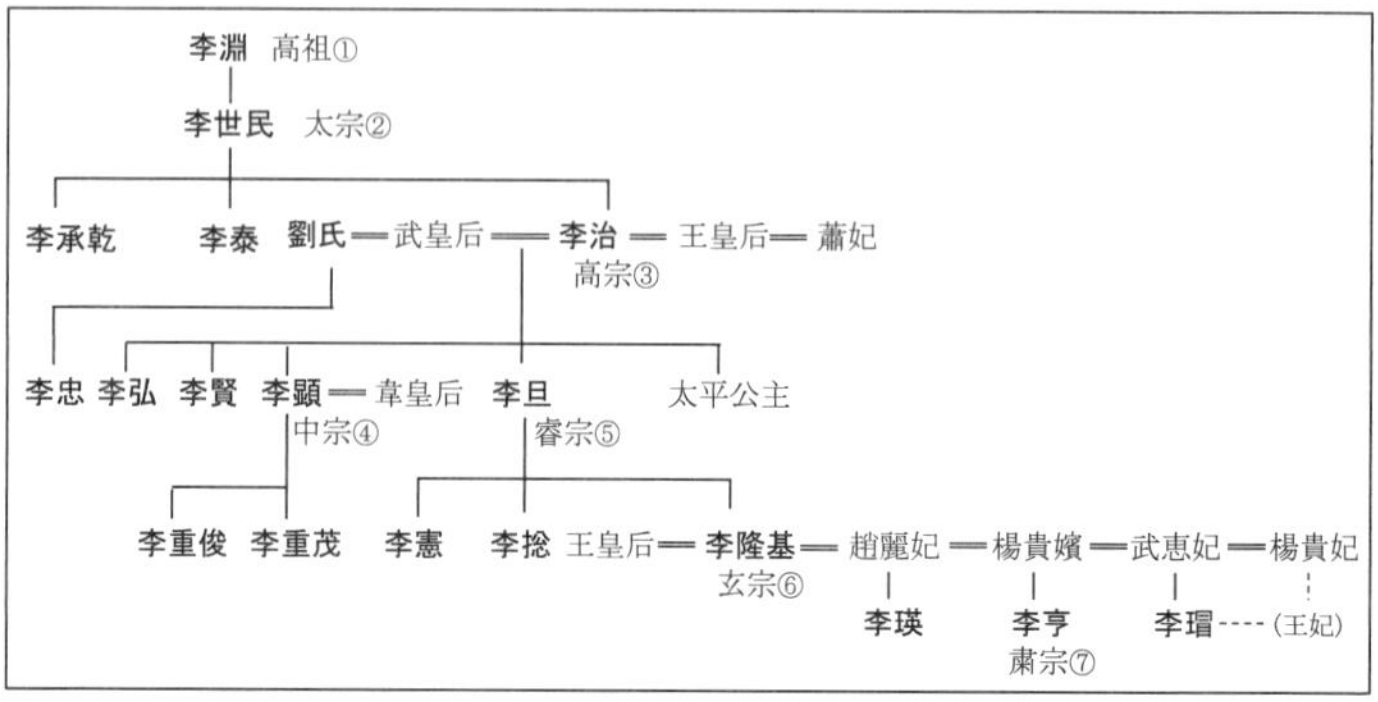

唐（高祖から粛宗）系図

の臣」に働きかけて、李忠を嫡子と偽装して強く高宗に迫って立太子させ、なんとか王氏の皇后としての地位を保とうとした。いうならば外戚による策謀ということになる。ところがこのような強引な策謀が実行に移されたのは、朝廷としてもっと大きな問題を抱えていたからである。

即位の翌年、高宗は父である李世民の一周忌法要で菩提寺の感業寺《かんぎょうじ》に出向き、そこで太宗の宮女の一人であった武氏《ぶし》と再会したことが、すべての始まりになる。武氏の父は李淵の古くからの後援者で、王朝創立の暁には相応の待遇を約束されるはずが、それも叶わぬ前の六三五年に亡くなり、その二年後に一四歳であった彼女は自ら志願して太宗の後宮に入り宮女となった。それから一〇年ばかりして太宗が病床に伏せった折に、見舞いに訪れた李治と遭遇し、互いに惹かれるようになったといわれる。六四九年の太宗亡きあとは、風習に従い菩提寺に入って尼となっていたが、ここにきて再会し、相互に思いを寄せるようになったということになる。これに協力したのがなんと王皇后で、男児を生んでいて自己の存在を脅かしかねない蕭妃への対抗者として利用しようと、高宗に彼女の後宮入りを進言して、実行に移させたのである。皇帝亡きあとは、その後宮にいた女性は宮中に留め置かれるか、尼となって寺に入るかというのが規則であるのに、そこから還俗させるという、異例中の異例なことが行われたことになる。

ところが事態は王皇后の目論見通りには進まなかった。武氏はすぐに高宗の子を宿し、男児を出産したのである。先代皇帝から遺命を受けていた「顧命の臣」にとっては、彼女の後宮入り自体が受け入れられないことであるのに、その上に庶子とはいえ皇子の誕生である。異例どころか異常なことで、なんとかこの子の立太子だけは避けなければならない。彼らが李忠の強引な立太子に賛同した裏には、このような事態が潜んでいたのである。

策謀で手にした皇后の地位

尼寺入りで現世から隔離されるはずだった武氏にとっては、思わぬ機会の到来で、これを生かさない手はない。男児を出産した翌年、彼女が昭儀《しょうぎ》という上級宮女の資格を与えられると、後宮内での対立構図は一変して、武氏を一方として、これに反発する王皇后と蕭妃の連合体となった。

その敵対関係が顕在化して事件が起こったのは、武氏が続いて女児を出産して、王皇后に赤子をみてくれるように依頼したことからである。それに応じた王皇后が退出したのちに高宗が訪れ、そこで赤子が死んでいるのを発見し、さらに侍女《じじょ》から直前に皇后の来訪があったことを聞かされた。こうなると高宗に、手を下したのは皇后ではないかとの疑いが生じても不思議ではない。これに追い詰められた皇后は、武氏暗殺を蕭妃と謀議したが、これが発覚して王皇后は皇后の資格を剝奪され（廃后《はいこう》）、蕭妃も庶人《しょじん》に降格、ともに宮中で幽禁されるに至った。ここに武氏は空席となった皇后の地位を得ることになる。李治の即位から六年後のことである。

この一連の動きが誰によって仕組まれたかはいうまでもなかろう。生まれたての赤ん坊を訪ねる皇后、そして少し遅れての高宗の来訪、そこでの赤ん坊の原因不明の死、追い詰められる王皇后と蕭妃、それに怒りを露わにする高宗、まさに王皇后ははめられ、高宗は利用され、さらに暗殺謀議の漏洩に加担した脇役の存在がいて、武氏はなんら手を汚すことなく皇后に上りつめたというわけである。自分にとって役立つ人間を目ざとくみつけて味方にし、利用できる人間は巧みに操り、障害となると見込んだならば策を弄して葬ると、事の良し悪しは別にして、武氏には、人を引き付ける魅力と才覚とも呼べるものがあったことを認めなければならない。

ちなみに武氏といえば、持ち出される逸話がある。

まだ太宗李世民の宮女であった頃、誰もが扱いに窮する暴れ馬がいて、それに対して彼女は、鉄製の鞭、鉄製の棍棒、匕首《あいくち》を用意してくれれば、これを屈服させることができると申し出た。いぶかる李世民に彼女は「鞭でだめなら棍棒で頭をたたき割り、それでだめなら匕首で喉を搔き切るだけ」と言い放ったという。

彼女の言葉を、いうことを聞かない馬は殺してしまえばいい、と単純に受け取らないほうがいい。人を自分に従順にさせて、そのうえで思い通りに操るには、なにより強い態度で臨むこと、それでだめなら身体を痛めつけ、さらには命を奪うことさえ辞さない、と理解すべきである。なぜならば、このような対応は、従順に従えば厚遇されるが、反対すれば命を奪われかねないという、武氏による臣下操縦の手法そのままだからである。とするならば、この逸話は、武氏の専権政治を象徴するものとして、誰かの手によってのちに創作されたとみるべきだろう。それにしても出来のいい作り話で、作者を知りたくなるが、残念ながらそれはかなわない。

「武韋の禍」

高宗の体調が改善せず、もともとの発語不明瞭に加えて視力の減退も出始めると、武氏は存在感を高めて「垂簾聴政《すいれんちょうせい》」、つまり、簾《みす》を降ろして政治に介入することになる。もはや武氏の専横を止めることは誰にもできなくなり、六八三年の高宗の死を挟んでの一五年間で、高宗との間に生まれた子を将棋の駒のように自在に扱い、立太子・廃太子を繰り返しながら、二人を即位させ（中宗李顕・睿宗李旦）、その間も実権を握り続けた。

六九〇年に武氏は国号を周と改め、「聖神皇帝《せいしんこうてい》」を自称するに至り、それにつれてその一族の横暴がなおさら顕著となる（武周政権《ぶしゅうせいけん》）。武氏が唐朝を手中に収めたかのような事態が一〇年を越えると、さすがに唐朝の官僚のなかにも、これを放置できないという危機感が醸成され、それは七〇五年の「神龍政変《しんりゅうせいへん》」となって現れ、武氏は李顕を皇帝位に復帰（中宗。死後につけられる廟号のため変更はない）させる（「復辟《ふくへき》」という）ことに同意せざるをえなくなった。この折に、武氏は中宗から尊号として「則天大聖皇帝《そくてんだいせいこうてい》」の称号を贈られ（死後に「則天大聖皇后」と改称。通称「則天武《そくてんぶ》后《こう》」「武則天」の由来）、その一〇か月後に八二歳の生涯を閉じた。

ただし皇后による政権の壟断はこれで終わらなかった。李顕は、一度目の皇帝即位時には、実権を母である武氏に握られ、さらに皇后になった韋氏の希望を受けてその父親韋玄貞《いげんてい》の抜擢をはかるもこれに失敗し、その咎《とが》で皇帝位を追われて盧梁王《ろりょうおう》に降格、その後に幽閉されて自殺を考えたことさえある。そのような経験をしたうえで、五〇歳になって皇帝に復帰した彼にはもはや政権運営の意欲はなく、韋皇后が政治に参与することを容認した。

中宗李顕とともに被害に遭ったとはいえ、韋皇后には、勢威を間近にみてきた則天武后は格好の手本であった。韋皇后は武后の甥一族と娘たちとの婚姻を通じて勢力基盤とし、皇后による政権壟断を復活させたのである。ところがこれに反発したのが皇太子となっていた李重俊《りじゅうしゅん》（中宗第三子・生母不詳）で、武氏一族を急襲してその勢力をそいだが、韋皇后を捕らえるには至らず、中宗の命を受けた禁衛軍に殺されてしまう。こうして皇太子不在の状態が三年続くなかで、中宗は七一〇年に、遺言で、第四子の李重茂《りじゅうも》（生母不詳）を後継者に指名し、あわせて弟の李旦（もと睿宗）と韋皇后にその後見を委ねて死亡した。ここに李重茂が即位するが（殤帝《しょうてい》、また少帝《しょうてい》ともいう）、まだ一六歳であることを理由に、韋皇后は後見の立場を越えて実権を握り、さらには自身の皇帝即位さえ構想するようになった。

則天武后を手本とするならば筋書きはこうなるが、彼女には及ばないところがあった。ひとつは男児を生んだとはいえ、その子はすでに夭折していて手駒としては使えなかったこと、もうひとつは則天武后のように人を取り込む人間力と、従わなければ威圧して自分の意思を通し尽くす迫力がなかったことである。だからこそ、下級宮女の子である李重俊・李重茂の立太子を認めざるをえなかったし、その反撃を許してしまったことはみたとおりである。

しかしより大きなのはふたつめで、身辺を固められないまま、皇帝即位構想に踏み出さざるをえなかった点にある。これに反対することが予想されるのは、李旦とその妹の太平公主《たいへいこうしゅ》であった。そこでまずは地ならしとばかりに、この二人をあらかじめ排除する工作に出た。ところがこれが裏目となった。高宗と武氏の末娘で奔放に育ち、韋皇后の動きに反発していた太平公主は、これを察知すると、李旦を頼りとせずにその子の李隆基に宮中クーデターの話を持ち掛けたのである。

李隆基と「唐隆政変」

李隆基は、父の李旦が武氏の制御下で皇帝となった（睿宗）翌年の六八五年に、その第三子として生まれた。彼が六歳の時に武周政権が成立して、睿宗が強制的に退位させられると、その皇后や妃は秘密裏に命を奪われ、その累は子供たちにも及んだ。異母兄の嫡長子《ちゃくちょうし》李《り》憲《けん》と李《り》揔《そう》とともに宮中で幽閉状態に置かれ自由な行動が許されなくなったのである。一〇年に及ぶ幽禁は七〇一年にようやく解除され、一七歳になっていた李隆基はようやく社会的活動を許され、皇帝親衛隊の中級職に任用された。そこで「神龍政変」や韋皇后の権力掌握、さらには皇太子李重俊の蜂起とその結末を間近にみることになる。

少年期に理不尽な束縛を受け、解放後は韋皇后の傍若無人ぶりをみた李隆基が、現状の是正を強く意識したのはこの頃であったと思われる。一時的に山西に転任したのちに長安に帰ると、中宗の死と李重茂の立太子と事態は変転し、さらには韋皇后の皇帝即位構想を耳にすることになる。そんな時の太平公主からの誘いである。すでに長安に回帰してからは、なじみのある親衛隊内部で自分に同調する者がいることを確信していたこともあり、まさに渡りに船とばかりにこれに応じることになった。ここで起こるのが、先にあげた「唐隆政変」である。

宮中でのクーデターは簡単に行えるものではないし、秘密は厳守しなくてはならない。なにかと弱気で消極的な父親の李旦に、事前に打ち明けるのははなはだ危険である。これが冒頭にあげた李隆基の発言に結び付くことになる。

作戦は秘密裏に練られ、実行に移された。すなわち夜の闇に紛れて軍隊を宮城の南北に配置し、一斉に宮中に突入、急を突かれて逃亡をはかる韋皇后、さらにはその係累者を斬殺して一気に片を付け、明け方を待って李旦に報告したのである。これを受けた李旦は「国家の禍はお前によりしずまり、天地の神も民衆もお前の力に頼ったということになる」といって、李隆基に褒賞として平王《へいおう》の位を与えたというが、あまりの事態の急変に、他人事のようなコメントしかつけられなかった李旦に、八四年前の「玄武門《げんぶもん》の変《へん》」での李淵を思い起こす。

功績がある者が後継に

韋皇后を亡き者にすれば、あとは筋書き通りである。李重茂に譲位をさせて、李旦が皇帝に復帰した（睿宗）。ここで問題になるのが誰を立太子するかである。最初に即位した時には嫡長子である李憲を皇太子にした経緯もあり、睿宗は決断がつかない状態に陥った。これを救ったのが当の李憲で、

「後継者の地位は天下の公的なもの。平穏な時代なら嫡長子が優先され、困難な時代なら功績がある者にすべきで、そこを間違うと世間は失望して、国家にとっての幸いにはならない」

と自ら申し出、再考を促す声にもその意志を変えなかった。これに対して李隆基があくまでも嫡長子が優先されるべきだとして譲らなかったことから、事態は膠着状態に陥った。これを打開すべく、臣下の一人が、

「禍を除いた者が福を、切迫した状況を救った者が安定を享受するものです。平王（李隆

基）は立派な人柄で、天下の平定をなしとげました。さらに李憲以下の皇子は、皆が身を引く意向であることは耳にしています。彼を国家を主宰する立場とすることで、人々の願いに応えるべきです」

という勧進の言葉を述べたことでようやく決着して、李隆基が立太子されることになったという。回りくどいし、芝居がかった話ではあるが、周囲の同意を得るためには、謙譲の美徳を演じる、これくらいの手筈は必要なのである。

「開元の治」

政変後も、睿宗は政治を主宰する気力に乏しく、なにかと皇太子李隆基に依存した。これを機会ととらえたのが、決起を促した太平公主であった。自ら発案した宮中クーデターの成功を自己の功績とする彼女は、政事に積極的に参与しようとしたのである。ここに李隆基との間に確執が生まれ、これを疎ましく思った睿宗は、李隆基に皇太子による政務代理の権限を与え、再度の即位から三年目にして譲位をして引退してしまう。

ここに李隆基は即位したが（玄宗）、太平公主の怨みは募るばかりで、徒党を形成し、ついには玄宗を毒殺する謀議をなすまでになった。これに素早く反応した玄宗は先制攻撃を仕掛けて、仏寺に逃げ込んだ太平公主が助命を哀願し、李旦もこれを望んだが受け付けずに、自死を命じて（賜死《しし》）、太平公主を死に追いやった。この事件を受けて、玄宗は即位後に定めた元号「先天《せんてん》」を短期間で「開元《かいげん》」と改元した。「元《はじめ》を開く」の意を持ち、唐朝の再生を願ったものといわれる。

睿宗の時代から政治に参与し経験を積んでいた玄宗は、皇帝権が安定したのを契機に積極的な人材登用を行い、宰相に姚崇《ようすう》・宋璟《そうえい》らを得て、中央政府では官僚人事の公正化や官僚機構の効率化を推進し、対外防衛と国内治安の維持のために節度使《せつどし》を要所に配置した。節度使については、すでに宋太宗趙匡義《ちょうきょうぎ》の項で触れたが［第三章二］、玄宗当時は、地方の治安維持を主眼にして、節度使による代理支配を推進した時期にあたる。中央政府が直接支配する利点は当然あるが、なにか事が起こった時に中央から軍を派遣するよりも、節度使という軍団を常時配備しておく方が効率的と判断された結果である。これは相応の効果を発揮し、政界にも社会的にも安定がもたらされ、この時代は「開元の治」と呼ばれるまでになった。

仕事人間の行く末

即位してから一〇数年たち政権が安定すると、玄宗に変化が現れる。官僚機構による支配は確立して順調に回転し、節度使の配置によって治安の維持にはさして問題はない。ここまでの玄宗は常に眼前の課題に率先垂範の姿勢で向き合ってきた。韋皇后の政権運営への対抗を皮切りに、「唐隆政変」、太平公主への対応、さらに即位してからの支配体制の構築など、彼には向き合い、自らが解決しなければならない課題が途切れることなくあった。まさに目前の課題を順次解決することに追われ、それが彼のエネルギーのもととなっていたといえる。

それがここにきて、喫緊の課題がなくなったに等しい状態となった。猛烈な仕事人間が、目標とする仕事を失ったに等しい。仕事に追われそれに対応することを生きがいにしてきた人が引退すると、途端に活力を失うようなもので、退職後をみすえて打ち込める趣味などを事前に用意しておいた方がいいというのは、ここでも生きる的を射た助言といえる。

玄宗が身を委ねたのは、後宮での生活であった。連日の宴会で享楽に走り、基本的な政務をこなすだけで、あとはどっぷりとその世界に耽溺した。これを助長したのが、時の宰相であった李《り》林甫《りんぽ》である。「口に蜜あり、腹に剣あり」と評される李林甫は、享楽を勧めることで玄宗の歓心を買い、その結果として、玄宗が公務から遠ざかり私的な面に目を向ければ向けるほど、宰相としては決裁の幅が広がり、好都合であるからである。

楊貴妃への傾倒

ここで浮上するのが、後宮内における女性問題、なかでも武恵妃《ぶけいひ》の存在であった。

李隆基には幽禁が明けた頃に妻とした王氏《おうし》がおり、即位にともない皇后としたが、子供ができなかったこともあって二人の関係は疎遠となり、その一方で、婕妤《しょうよ》という中級宮女の身分ながら寵愛を受けて四男三女をもうけた武氏が、恵妃という称号を与えられ、皇后と同等の処遇を受けるようになっていた。

このような状況のなかで、七二四年に玄宗は王皇后を廃后し、ついで武恵妃を皇后に昇格させようとしたが、これは武氏が則天武后の従兄弟の娘ということで、臣下から猛反対が起こり沙汰やみになった。玄宗の寵愛を受け続ける武恵妃は皇后になることをあきらめたものの、自分の生んだ子で寿王《じゅおう》の位にあった李瑁《りぼう》を皇太子にする目的のもと、宰相の李林甫に働きかけて、すでに二二年間皇太子の地位にあった李瑛《りえい》を謀反の疑いありとして、廃太子に追い込んだ。

ところが策略はここまでで、後任の皇太子には楊貴嬪《ようきひん》(貴嬪は宮女の称号)の生んだ李亨《りこう》が選ばれ、武恵妃は失意のうちに亡くなった。ここで一件落着となるかというと、そうではない。武恵妃をなくして喪失感に沈む玄宗は偶然の機会に、我が子である寿王李瑁の王妃である楊玉環《ようぎょくかん》に遭遇し、まさにひとめぼれしたのである。寂しさを癒したいというのは分からないこともないが、ここから玄宗が打った手は想像を越える強引そのものであった。まず楊玉環を李瑁と離縁させ、道観《どうかん》(道教の施設。仏教における寺院にあたる)に入れて道士として現世から一度切り離し、三年を待って自身の後宮に宮女として迎え入れ、次の年に貴妃の地位を与えたのである。高宗と則天武后を思い出させる話であるが、この時、玄宗は六一歳、相手は中国三大美女に数えられるとはいえ、ここまでやるかという、あきれるばかりの展開である。

これが皇帝の色恋沙汰で終われば世話はない。ところが国体を揺るがすことにつながるのだから厄介である。楊貴妃の歓心を買いたいがために、そのはとこにあたる楊国忠《ようこくちゅう》を宰相に取り立て、彼女ともどもお気に入りにしていた節度使の安禄山《あんろくざん》を優遇して、黄河下流域から遼東《りょうとう》に及ぶ平《へい》盧《ろ》・范陽《はんよう》・河東《かとう》という三地域の節度使を兼任させるに至る。節度使は皇帝の命を受けて一定の限られた地域を預かる制度であるはずが、ここでは広大な領域を有する国中の国、独立した存在に転化してしまっている。突厥《とっけつ》民族系の血を引き、辛酸をなめるなかで巧みに生きて勢力を増大してきた安禄山が、それでもまだ唐王朝の臣下であり続けるはずもない。だからといって皇帝に反逆することは許されない。

そこで、楊国忠が対抗心から、自己の増長ぶりを非難していることを逆手にとって、「国の危うきを憂える」と彼を排斥するという大義名分をかかげ、范陽で兵を挙げて一気に南に向けて軍を進めた。七五五年に始まる安禄山の反乱である。

安史の乱

范陽から南は河東節度使の管轄域、すなわち安禄山の領域で、反乱軍は瞬く間に洛陽《らくよう》を攻略し、長安の東の関所である潼関《どうかん》を突破した。ここで事態の深刻さに慌てた玄宗は、皇帝親衛軍を率いて反撃の親征に出ると宣言したが、とても対抗できるものではないことを悟り、長安を脱出して四川に向けての逃避行に出た。同行者に楊貴妃と楊国忠が含まれていたのはいうまでもない。出発して約五〇キロの馬嵬《ばかい》で、随従軍のなかに反乱が起こり、さすがに玄宗に累は及ばなかったが、楊貴妃と楊国忠はここで命を落とすことになる。

ちなみに、玄宗と楊貴妃の出会いからここまでを題材にした白居易《はくきょい》の「長恨歌《ちょうごんか》」が有名である。二人の関係が目に浮かぶほどに見事に描写されていて、これをここに再録すればそれで事足りそうにも思えるほどである。だがそれはよしておくのが無難であろう。白居易は、楊玉環が貴妃となって約三〇年後の八世紀後半から九世紀に生きた人物で、いい伝えられた話をもとにして、「長恨歌」を文学として構成したもので、およそ史実としては扱えないからである。歴史小説ファンには要らぬおせっかいかもしれないが、「文学として創作された話には、くれぐれもご注意を」と歴史学徒からひと言残しておく。

玄宗はなんとか四川の成都《せいと》まで逃げおおせたが、皇帝の不在を補うために、長安の西北四五〇キロの霊武《れいぶ》に逃れていた皇太子の李亨が、臣下に擁立されて皇帝に即位し（粛宗《しゅくそう》）、玄宗は太上皇《たいじょうこう》とされた。ここで態勢を立て直した唐朝軍は、ウイグル民族の援軍も得て、反転攻勢に出て長安を奪回し、李隆基は太上皇の身分で長安に帰還し、宮城内の興慶宮《こうけいきゅう》で余生を送ることになる。

一方、反乱軍でも内紛が起こり、安禄山がその子安慶緒《あんけいしょ》に殺され、これに反発した部下の史思《しし》明《めい》が唐に投降して范陽節度使の称号を贈られたものの、翌年には離反し、その後に史思明はその子の史朝義《しちょうぎ》に殺害されるなど、事態は二転三転した。安禄山を引き継いで反乱軍を主導した史思明の死で、「安史《あんし》の乱《らん》」と呼ばれる動乱は収束の兆しをみせたが、これを確認するかのようにその翌年の七六二年に、李隆基は最後の居処となった甘露殿《かんろでん》で七八年の生涯を閉じた。最期をみとったのは、側仕えする宮女と宦官数人であったという。

高宗と則天武后を祖父母に持ち、父親の李旦が皇帝であった時に生まれた李隆基は、幽閉生活の少年期を過ごし、自由の身となってからも韋皇后の専制政治を経験した。皇帝を主軸とすべき王朝にとっては異常な時代で、自身の境遇を含めて、そこに理不尽を感じたことは間違いがない。だからこそ彼は、現状打開と王朝の正常化への意志を強く持ち、率先垂範の行動をとることで勝者の地位を得て、嫡長子で兄でもある李憲を押しのけて皇帝にのぼりつめた。「なにがなんでも我こそが」の心意気の賜物である。ただ、直面する課題の解決にはめっぽう強い仕事人間であった彼は、課題がみえなくなると精彩を欠いた。それが武恵妃、そして楊貴妃への傾倒で、これが彼の人生を狂わせたといえる。数人の宮女と宦官だけに見守られた寂しい死は、なによりその晩年を象徴しているといえるだろう。

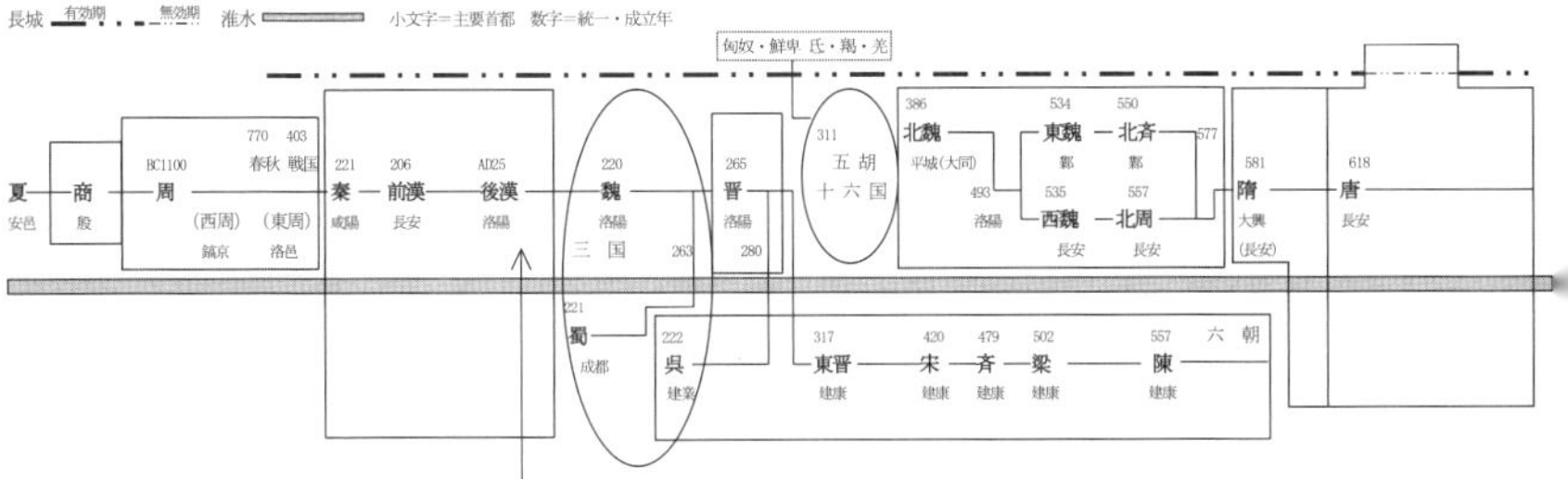

第六章　父を受け継ぎ飛躍を目指す

——父の遺産とイノベーション

明帝劉荘（劉陽）

神宗趙頊

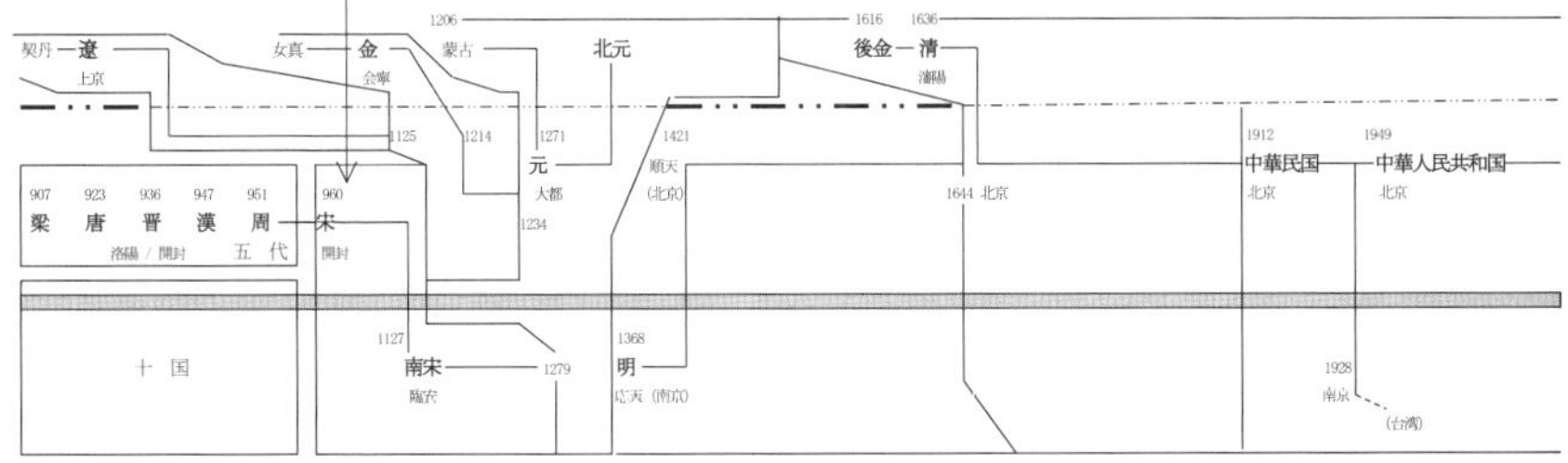

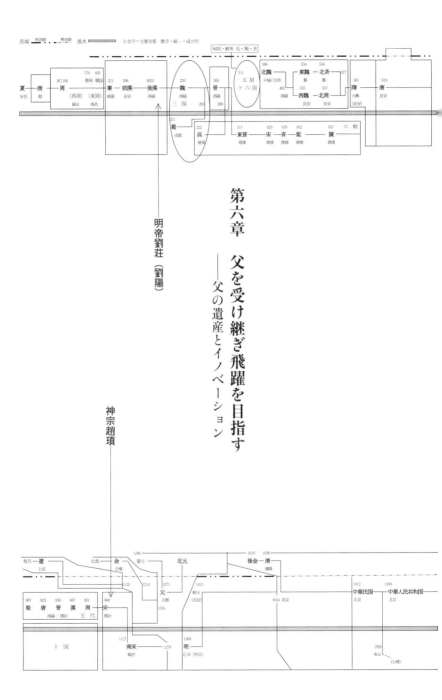

組織の長たる立場、いいかえれば責任者を引き継ぐ人物（後継者）は、その先代を意識せざるをえないし、そうあって当然である。引き継ぐ立場の位置づけ、すなわち大きさや重さによって変わるものではない。学校なら学長や校長、さらには下部組織にあたる各部の部長や学部長、会社なら、会長・社長、または部長や所長・工場長、ほかにも店長などなど、我々の周囲にも長と呼ばれる人は多い。

　皇帝の後継者については、条件が限られる。最も血統的に近い次の世代（これは「晩輩近親《ばんぱいきんしん》」と表現される）を優先させるのが、最も好ましいとされる。血縁の濃さが周囲を納得させるし、次の世代に伝えることによって王朝の継続が見通せるからである。これに該当するのは皇子で、複数いるなかから選ばれた一人が皇太子と呼ばれ、その時が来れば後継者として皇帝に即位することになる。

　この場合、後継者にとって先代皇帝は職位上の前任者であると同時に、自身の父親であり、そこには親子としての情愛が少なからず介在する。親を尊敬し相応の対応をするというのは、子として自然な感情である。

　ここにみる後漢の明帝劉荘《めいていりゅうそう》は光武《こうぶ》帝劉秀《ていりゅうしゅう》の、宋の神宗趙頊《しんそうちょうきょく》は英宗趙曙《えいそうちょうしょ》の男児として生まれ、皇太子をへて皇帝に即位した。ともに父親である先代皇帝を無難に引き継いだが、それだけではなく自身の特色を打ち出し、新たな時代を作り出したところに共通点を持つ。ただ、二人の違いは、父親を師と仰ぐか、それとも、反面教師とするかにあった。

一　後漢の明帝劉荘（劉陽）【附：光武帝劉秀】

自己をわきまえた「即位の詔」

「長子でもない自分が聖業を継承することになり、恐れおののき不安である。先帝は、天命を受けて（漢を）中興し、徳は（歴代の）帝王に並び、全土を安定させ、上《かみ》（百神、すなわち天）を満足させ、下《しも》（鰥寡《かんか》、すなわち民衆）に恵みを与えた。朕は大運を受けて、継いで二代目となり、農業の苦労も知らずで、失政があるやもしれぬが、先帝の戒めを胸にして、天下のことを第一に、まずは民のためとすれば、臣下たちの補佐を得ることができるであろう」

後漢の第二代明帝の「即位の詔《みことのり》」である。謙遜の姿勢溢れる内容であるが、それほど珍しいことではなく、よくある形式に従ったものといえる。ただなにより明帝の評価すべきところは、言行一致で、終生これを実践したことにある。明帝は、漢王朝を復興した劉秀（光武帝）の第七子、母は妃の一人陰麗華《いんれいか》で、劉秀が即位した三年後の二八年にこの世に生を受け、劉陽《りゅうよう》と名付けられた。その時には皇后であった郭《かく》聖通《せいつう》の生んだ異母兄を五人、そして他の妃の生んだ異母兄一人を上にいただく庶子《しょし》で、嫡子《ちゃくし》優先の流れからいえば、後継者には程遠い存在であったといえる。このような劉陽が後継者の地位につくことになった経緯を知るためには、父である劉秀の人生、なかでもその女性関係をみておかなければならない。

劉氏復活を待望する声

劉秀は、前漢第六代景帝《けいてい》の子で長《ちょう》沙《さ》王《おう》であった劉発《りゅうはつ》の子孫にあたる。第七代の武帝《ぶてい》の時に定められた推恩《すいおん》の令《れい》によって、皇族は一代をへるごとに国家による優遇措置が段階的に引き下げられたため、祖父の劉回《りゅうかい》は

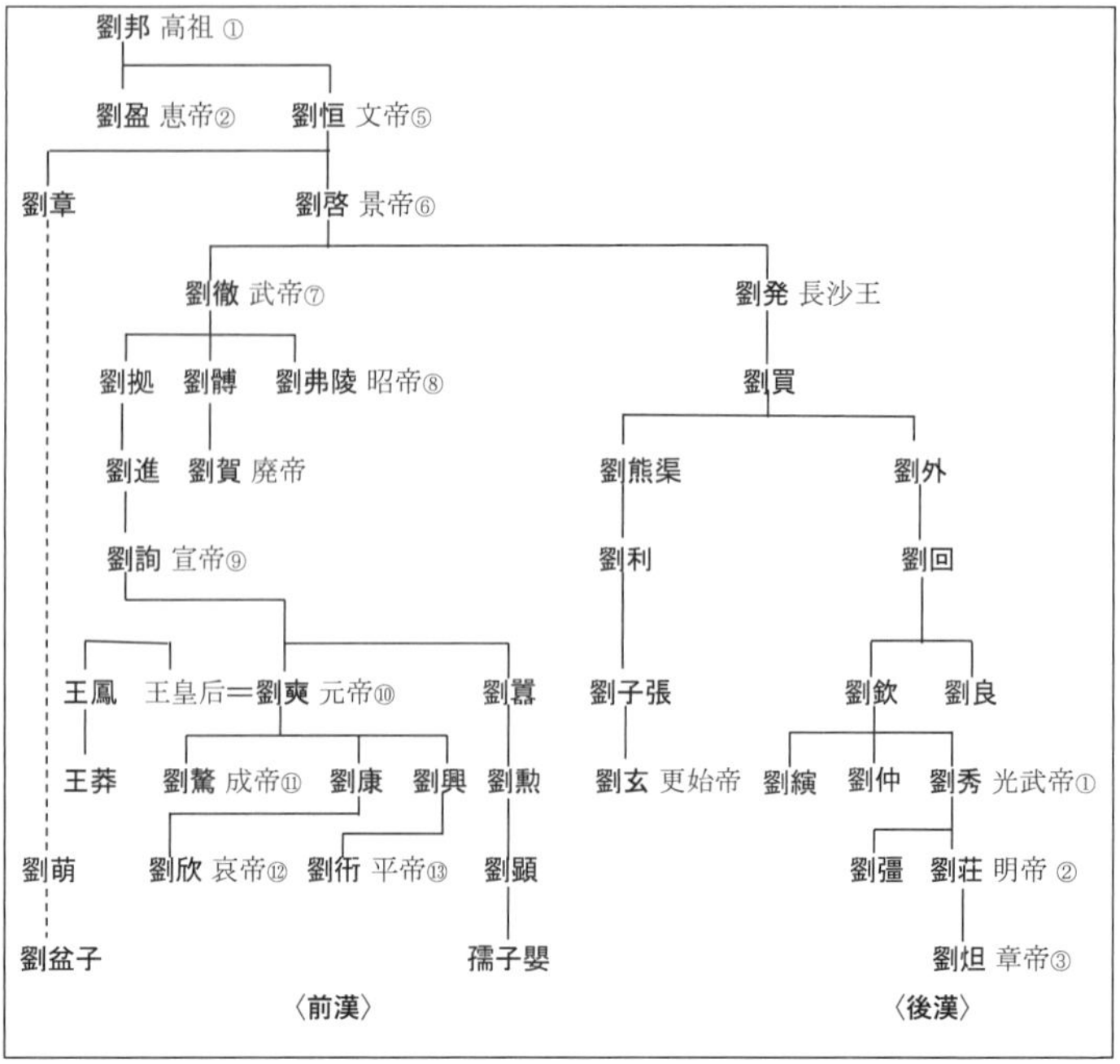

劉氏（前漢・後漢）系図

地方行政区画の郡の中級官、父の劉欽《りゅうきん》はそれより一級下の県の長官（県令《けんれい》）、今の日本でいうなら地方都市の市長となっていた。とはいえ、それでも庶民とは隔絶した存在で、支配層の一端を占め、地位もあり一定の土地所有もする家柄であった。劉秀が生まれたのは、紀元前六年の前漢第一二代哀帝《あいてい》の治世のもとで外戚による政権の壟断が顕著となり、王氏《おうし》が皇太后として「臨朝《りんちょう》聴政《ちょうせい》」にあたり、その甥の王莽《おうもう》が実権を掌握する時代が始まろうとする頃にあたる。

彼には二人の兄、劉縯《りゅうえん》と劉仲《りゅうちゅう》がいたが、九歳の時に父母が亡くなり、叔父で父と同じく県令となっていた劉良《りゅうりょう》のもとで育てられた。兄二人は豪傑無頼志向の行動派であったが、劉秀は深謀遠慮の慎重派であったという。それもあってか二〇歳の頃には叔父の援助で、生まれ故郷の南陽《なんよう》郡《ぐん》から西北一四〇〇キロにある長安《ちょうあん》に遊学するのを許され、その地で儒教の主要経典『尚書《しょうしょ》（書《しょ》経《きょう》）』を学んだ。従者付の遠路移動であったことから、一定の経済的援助がなされていたことが分かるが、それでも生活費の工面をするため、驢馬を手に入れて従者に運送業者まがいのことをさせたという。地方から大都市の大学に進学して、学費は親に頼るが、生活費はアルバイトなどでやりくりするという、現代の学生より恵まれてはいるものの重なるところがある。

長安逗留がどのくらいの期間であったかは明らかではないが、古典の学習以外に彼には得るものが多かったといえる。当時は、前漢の第一四代皇帝に形ばかり数えられる孺子《じゅし》嬰《えい》から政権を奪った（簒奪《さんだつ》）王莽が新朝を建てて、周朝制度を標榜し、さらに大土地所有に制限をかけて土地の国有化をはかるなど、現実離れした政策を展開したこともあり、社会は混乱状態を迎えつつあった。若い劉秀が、社会がまさに変化する兆しを肌で感じたことは間違いない。その後、王莽の支配はますます混乱し、全国的飢饉がそれに輪をかけるなか、「劉氏が復活すれば」と期待する声も出始めていた。漢王朝の劉氏ブランドはまだまだ値打ちがあったのである。この風潮もあって兄の劉縯が武装集団を形成して行動に出たことを知ると、劉秀ももう一人の兄劉仲と相談して、南陽郡を中心に活動していた反乱勢力の緑林軍《りょくりんぐん》に身を投じることになった。

漢の復興と洛陽進出

当時、国内では数多くの反乱集団が形成されていたが、それはおよそ洛陽を起点にみれば、南方の緑林軍、東北方で黄河下流域北部の銅馬《どうば》軍《ぐん》、東方の赤眉《せきび》軍《ぐん》に大別される。このうち緑林軍では漢朝の皇室末裔を利用する動きがあり、劉秀兄弟と同じく長沙王劉発の血統につらなる劉玄《りゅうげん》を確保し、彼を主宰とする政権構想が練られていたところで、彼らの合流を受けて、その翌年の二三年には洛陽に政権を樹立し、国号を漢として劉玄を擁立した(更始《こうし》帝《てい》)。その年に昆陽《こんよう》で起こった抗争のさなか、新朝

後漢の成立　　(　)＝後漢成立初期の領域

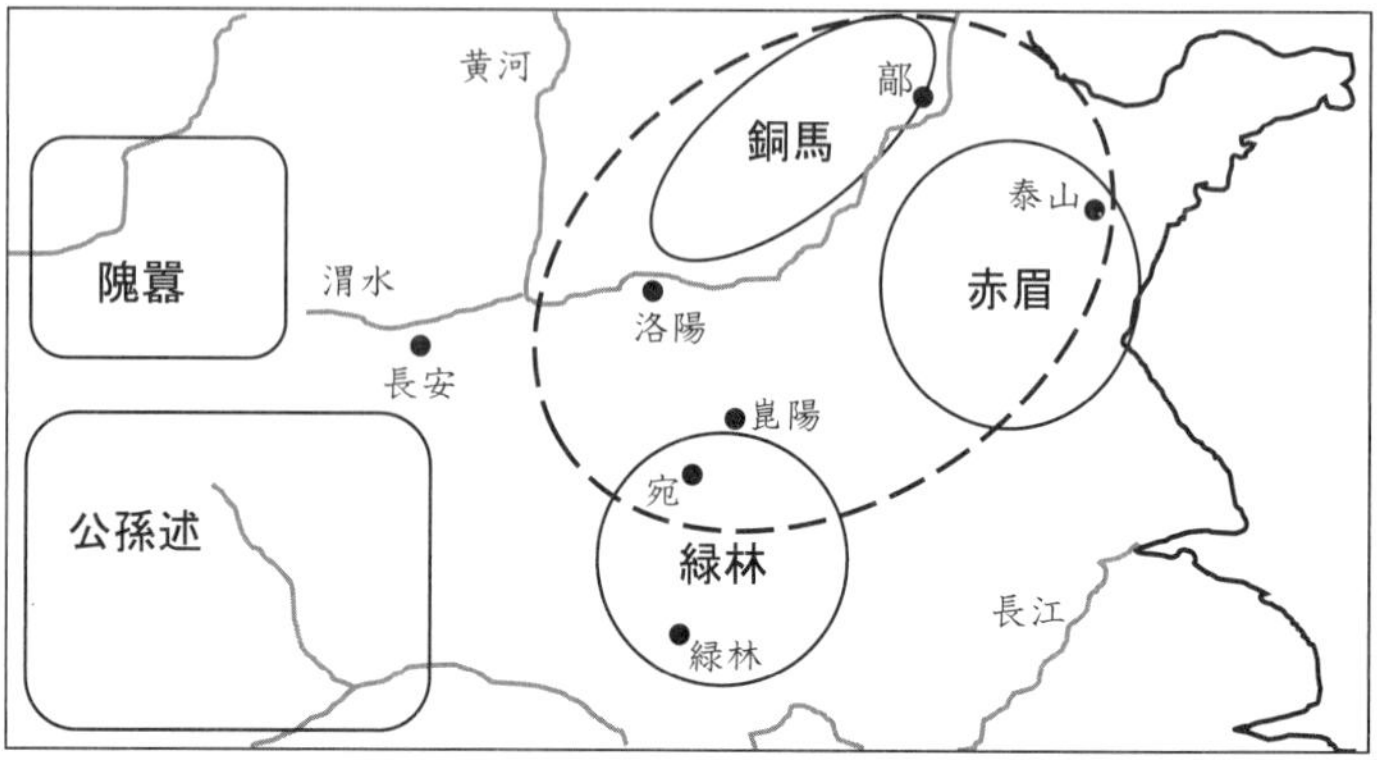

の軍隊の包囲を受けるなかで、劉秀は一三人の部下とともに城外に脱出して援軍を募り、これあってこそ逆襲に成功して戦いに勝利した。この功績は高く評価され、彼は指導者としての人望を得るとともに、自身も慎重派から積極派へと転換した。

ところがこれが劉兄弟に対する劉玄の嫉妬を生むことになり、長兄の劉縯がその手にかかって殺害された。すでに劉仲も戦陣に倒れていたことから一人残る劉秀は、緑林軍を離れて自立の道を選び、配下を引き連れて東北に向かい、銅馬軍を襲ってこれを吸収し、鄗《こう》（現在の河北省石家荘付近）を拠点に黄河以北での勢力を確立することになる。一方、劉秀離脱後の緑林軍は一気に長安に攻め込んで新朝を滅亡させたものの、遅れて長安に進出した赤眉軍に敗れて、これに吸収された。

長安における目まぐるしい攻防を横目に、配下からたびたび勧進されながらも拒絶し続けていた劉秀は、ここにそれを受けて決意を固めて皇帝に即位する（光武帝）に至った。時に二五年のことになる。劉秀の即位は、まさに「劉氏の復活」となったが、その拠点の鄗は、歴代王朝が中心地とした黄河中流域からははるかに東に偏った地方の小都市で、領域も限られていて、王朝としての飛躍は望めない。そこで敢行されたのが、混乱を極める黄河中流域への進出、すなわち洛陽への移動で、この地で正式に国号を定めて漢とした（後漢）。

「光武中興」による社会再生

洛陽を中心地とする王朝は成立したものの、その領域は東に傾き、まだ地方政権の域を出るものではなかった。ここに劉秀配下の将軍たちによる周辺地域への拡大作戦が展開されることになり、二七年の長安陥落を皮切りに、北部・東南部攻略が続き、三四年には隗囂《かいごう》が勢力を張る長安より西の隴西《ろうせい》一帯、そして三六年に公孫述《こうそんじゅつ》が支配していた四川一帯を領域におさめ、統一王朝としての地盤を形成することになった。皇帝即位の宣言から一三年を要したことになる。

各地への平定軍の出動の一方で、統治体制も着々と整備された。その眼目は皇帝権の確立と擁護、そして農業生産力の復興であった。建国の功臣には爵位を与えることによって実権から遠ざけ、政務は尚書台《しょうしょだい》に集約して皇帝決裁の体制を作り、前漢中盤期より途切れることなく続いた外戚と宦官による政権介入を厳しく制御した。

その一方で、戦乱に巻き込まれて農地を奪われ、また兵士として反乱に参加した人々の農作への復帰を促し、大規模な開墾事業を展開して農地を拡大し、それを支える水利事業を執行することで、農業生産の発展を導き、それはまた社会の安定をもたらすことになった。

国内統治体制の整備が順調に進んだことに加えて、光武帝にとって幸いだったのは、北方に勢力を張る匈奴《きょうど》に分裂の兆しがみえはじめ、四八年に南北に二分化して、北匈奴は西方に活動の場を移し、南匈奴の一部は漢に投降、残る一部とは通好関係が築けたことである。総じていうならば、戦乱に倦んだ社会が再生されたという意味で、この一連の動きは「光武中興《こうぶちゅうこう》」と呼ばれる。

「一夫二妻」

大きな流れからすれば順調に進んだ劉秀の王朝創建とその後ということになるが、その裏で、王朝にとっての重要事項となる後継者に関わる事態が展開した。それは劉秀の女性問題である。

劉秀は緑林軍の更始帝政権のもとにいる頃に、一人の女性と出会う。名は陰麗華という、当地の有力者の娘である。その美貌に引かれた劉秀は「妻《めと》を娶らば、陰麗華を得べし」とうそぶいたという。婚姻関係を結んだ二人はしばしの同居後、劉秀に洛陽への転属命令が下り、彼女は故郷に帰り、兄が参加していた反乱軍の指揮者の家に寄寓することになった。

一方の劉秀は、直後に更始帝政権を離脱して東北に向かい、銅馬軍と対峙することになるが、その折に在地の有力者と結びつくことで勢力を増強しようと試み、劉揚《りゅうよう》という人物に行き着く。劉揚は、前漢景帝の七代目の子孫で、父である真定王《しんていおう》の位を後継する立場にあった。二人の連携工作は成立したが、その時に要望されたのが姪にあたる郭聖通との婚姻である。陰麗華との婚姻から一年後のことで、葛藤があったかどうかは分からないが、劉秀はこれを受け、その後の行動には彼女を同行することになる。今なら重婚罪にあたるし、当時にあっては、地位と財力のある男性が複数の女性をかかえるのは「一夫《いっぷ》一妻多妾制《いっさいたしょうせい》」として認められていたとはいえ、これでは「一夫二妻《いっぷにさい》」になってしまう。

二人の皇子の誕生と立太子

ところが劉秀はこれをあいまいにした。即位すると陰麗華を洛陽に呼び寄せ、貴人という妃の位を与え、同時に、行動をともにしてきた郭聖通も同じく貴人としたのである。二人が争っていたわけでもないから、喧嘩両成敗とはいえず、どちらつかずでもないし、残念ながら、うやむやにしたという以外、適宜な言葉がみつからない。ただ劉秀は陰麗華への思いの方が強かったようで、彼女を皇后にする腹案を持ち、それを本人に告げたが固辞されたこともあったという。だがこの年に郭聖通が男児を出産したことで、事態は決した。待望の嫡長子の誕生である。これを喜んだ劉秀は、まずは郭聖通の弟でまだ一六歳であった郭況《かくきょう》を黄門侍郎《こうもんじろう》という近侍官《きんじかん》に抜擢し、その翌年には彼女を皇后とし、あわせて劉彊《りゅうきょう》と名付けた男児を皇太子とした。王朝草創期の不安定な状況のなか、郭聖通の故郷で、まだまだ不穏な動きを残す黄河下流域一帯の支持を確実に取り付ける意図が、裏で働いた結果と考えられる。

ともあれ、かくして郭聖通が正妻ということになるが、この当時、劉秀と行動をともにしていたのは陰麗華であった。ちょうどその頃、建国に功労を尽くしながら、十分な褒賞を得ていないという不満を持った彭寵《ほうちょう》が幽州《ゆうしゅう》（現在の北京付近）で謀反に出て、燕王と自称して匈奴との連携を画策する動きをみせるまでになっていた。これを一大事とみた劉秀は親征に出ることを決意したが、この時も陰麗華が随伴した。そしてこの遠征先で陰麗華は皇子を出産した。子を身籠りながら遠征に同行するのは極めて珍しいことである。この子は「額が狭く、顎が張っている吉相で、顔は赤くて伝説上の聖人尭《ぎょう》のようであったので、陽《よう》と名付けられた」という。第四子で庶子にあたるとはいえ、伝説上の聖人である尭になぞらえたところに、劉秀の生母への傾倒ぶりがみえてくる。

郭聖通がこれに動揺しないはずはない。自分のことはさておき皇太子の劉彊のことが不安になる。これは臣下にも伝染し、劉彊はまだ四歳とはいえ、すみやかに東宮《とうぐう》に居住させて皇太子としての位置づけを確実にする態勢を整えるべきだ、と提言する者も現れた。劉秀の心変わりを心配してのことだが、劉秀はこれを受け付けず、逆に提言した臣下を左遷してしまう。

確かに四歳の年端もいかない幼児を、皇太子の居住処とされる東宮に住まわせて教育するというのは、およそ現実離れした話ではある。しかしながら劉秀の拒否はそれを理由としたとは受け止められず、かえって皇太子の入れ替えを想定していることを人々に知らしめることになった。

皇后と皇太子の入れ替え

皇后は当然として、宮中に疑心暗鬼が広がるなかで、劉秀はそれもものかは、出産から四年後に陰麗華の弟陰興《いんこう》を皇帝護衛隊の一員に据え、さらにその七年後には、一二歳になっていた劉陽に東海公《とうかいこう》の称号を与えると同時に、異母兄の陰識《いんしき》を近侍官である侍中《じちゅう》に抜擢するなど、陰一族への優遇措置を打ち出し、徐々に廃后・廃太子への地ならしをしていった。ちょうど隴西や蜀が平定されるめどがつきつつある時期にあたり、政権確立を見越しての対応であった。

真綿で首を絞められるかの状態に陥った郭聖通が、精神的不安から常軌を逸する行動をするようになると、それは格好の理由とされた。

「皇后は怨念に凝り固まり、しばしばあるべき姿からはずれ、他の皇子を慈しみ育てることも、妃嬪《ひひん》達を教導することもできず、後宮内の猛禽のようで、もはや関雎《かんしょ》の徳はなく、呂《りょ》后《こう》・霍后《かくこう》の風情となっている」

と、郭聖通は皇后として不適任と決めつけ、四一年に皇后の位を奪ったのである。皇后は「母《ぼ》儀《ぎ》」といって天下の母の模範となるべきで、自身が生んだ以外の皇子にも母として接し、妃嬪との関係融和に努め、夫婦和合（関雎）の象徴であらねばならない、という形式的理想像を盾にし、郭聖通を「猛禽」になぞらえ、呂后（前漢高祖の皇后）・霍后（宣帝《せんてい》の皇后）に匹敵するとして、切り捨てたといえる。外戚の徹底排除を掲げた劉秀に、外戚の政権壟断の象徴である二人の皇后と同列の扱いを受けるいわれは郭聖通にはないし、外戚優遇に近い行為を繰り返してきたのは劉秀本人ではないのか、といいたくなるほどに、見事なまでのご都合主義に映る。

それから六か月の冷却期間を置いて、陰麗華は皇后の地位についた。その経緯からして、さすがに皇后冊立《さくりつ》の儀式や祝典は行われなかった。皇帝であろうとも、さすがに周囲への遠慮があったのだろう。そして二年後に、劉彊の廃太子、および東海王となっていた劉陽の立太子が発表され、ここで劉陽は劉荘と改名された。劉彊には幾度かの働きかけをして、ようやく同意を取り付けたという。ここにも劉秀なりの配慮のあとがみえる。

郭聖通の縁故者への配慮といえば、ほかにも例はある。皇帝即位時に黄門侍郎に抜擢した弟の郭況に対しては、その後も大鴻臚《だいこうろ》という、王朝にとっての賓客接待の総責任者の地位を与えるのみならず、たびたびその屋敷を訪れて宴会に参加し、莫大な金銭や絹織物を下賜《かし》してその体面を保たせ、その息子には自身の娘である淯陽公主《いくようこうしゅ》を降嫁させるなど厚遇し、さらにその母親の葬儀には自ら葬送に参加するなど異例の対応をした。外戚への優遇のようにみえるが、地位と名誉を保障しながら、実際の政治権力には触れさせない、巧みな措置であったといえる。

父を越えた明帝

五七年に劉秀が亡くなり、劉荘は即位した（明帝）。幼少から聡明の誉れ高く、孔子の遺した『春秋《しゅんじゅう》』に一〇歳で精通し、皇太子となってからは当代一流の学者桓栄《かんえい》に師事して、『尚書（書経）』を本格的に学んだといわれる、学識豊かな皇帝の誕生である。母の立后、嫡長子劉彊を押しのけての立太子への経緯をつぶさにみてきた劉荘は、驕ることなく、あくまで謙虚に皇帝の職責を果たそうとした。その姿勢は冒頭にあげた即位の詔にみるとおりである。

建国から四半世紀を越え、光武帝時代の施策は一定の効果を発揮していたから、その継承が第一義となったのは当然であるが、漫然と継承しただけではない。墾田による耕地の拡大、公田と呼ばれる公有地の農民への供与、水利事業における黄河流域の水門設置と築堤による水量調節、官僚、特に地方官僚への人事考課制度による実力主義の導入など、明帝の時代に取り入れられた施策は多い。これらは生産力の向上に飛躍的進展をもたらし、推計ではあるが、光武帝末期の人口は二一〇〇万であったのが、明帝の時代に一気に三四〇〇万に激増したのは、そのなによりの証拠といえる。

先代の業績を基盤にして、それをさらに発展させるということからして、明帝は二代目としての役割を果たしたといえる。ただ彼はこれで事足れり、とはしなかった。国力が充実して余力が生まれるのを見定めると、父親にはない施策に踏み込むことになった。ひとつは儒学の提唱で、もうひとつは西域《さいいき》との通交再開であった。

劉荘が儒学に相応の学識を持っていたのは先にみたとおりだが、自身への修養ですませることはなかった。宮中に太学《たいがく》（国家の最高学府）を設置して、皇族や大臣の子弟に儒学教育を施すことにし、儒教経典《けいてん》の本文と歴代の注釈の講義を受けさせ、時には劉荘自身も講師役を担ったという。これは儒教的価値観に基づく天地の祭祀や祖先崇拝、さらに儀礼の制定にも影響を及ぼし、次代の白虎観会議《びゃっこかんかいぎ》につながることになる。

白虎観会議は、父親の影響を強く受けた、次代の章帝《しょうてい》の時代に当時の主要な学者を集めて開かれたが、そこで儒教経典の中枢となる五経《ごきょう》（『易経《えききょう》』『尚書（書経）』『詩経《しきょう》』『礼記《らいき》』『春秋』）の本文の校訂がなされ、その記録が班固《はんこ》によって『白虎通義《びゃっこつうぎ》（白虎通《びゃっこつう》）』として残され、これが儒教経典の標準となった。その基礎となったのは明帝が力を入れた文化政策で、その儒学重視の姿勢が後代の儒学隆盛の糸口になったといえる。

ちなみに、インド人の仏教僧が仏像と経巻《きょうかん》を白馬に乗せて洛陽に来訪し、白馬寺《はくばじ》を建立して経典《きょうてん》の翻訳をしたのも、明帝が仏を夢にみてインドに使者を派遣したことがきっかけとなったといわれる。それも含めて、明帝の文化面での貢献は大きいのである。

西域との通交関係は前漢武帝の時代に始まるが、二代後の第九代宣帝の時代に西域都護府《さいいきとごふ》を置いて以来、いわゆる西域経営が行われてきた。しかし王莽の新の時代に途絶し、光武帝は外征を避ける方針で、その復旧にあえて手を付けることはなかった。明帝はそこに踏み込んだのである。在位一六年目の七二年に、武将の名門一族出身の将軍を派遣して北匈奴を弱体化させ、続けて班超《はんちょう》に遠征を命じて西域都護府を再度設置させた。これは北匈奴の反抗にあい、短期間で閉鎖するが、明帝の二代後の和帝《わてい》の時代に復活し、それから一六年続く後漢の西域経営の出発点になった。

父子二代による王朝の基礎

謙虚にして大胆に、という言葉がふさわしい明帝であったが、親族に対しては内戚・外戚を問わず厳しいところがあった。異母姉の館陶公主《かんとうこうしゅ》がその子に地方視察を任務とする官職を求めると、人材として適性がないとその要望をはねつけ、馬《ば》皇后《こうごう》の兄三人への優遇措置も、皇后の同意のもとで講じることはなかった。光武帝の遺訓に従った結果、いやそれ以上の厳しい対応で、これあってこそ王朝の基礎をより確固なものとしたといえる。

ところが、一代おいて和帝の時代になると、外戚の介入を許し、さらにそれに対抗するために宦官勢力に依存したことから、これ以後の後漢王朝は外戚と宦官による政治の壟断を許し、これが末代の献帝《けんてい》に至るまで続くことになる。外戚と宦官による政権への蚕食を止めることがいかに難しいかを示している。

だとすればなおさらのこと、光武帝・明帝の父子二代にわたり、親族、特に外戚に対して優遇措置を講じながらも、頑として権力への介入を許さなかったことは、改めて評価すべきだといわなければならない。

二　宋の神宗趙頊【附：仁宗趙禎・英宗趙曙】

王安石との出会い

神宗《しんそう》「人はみな君のことが理解できず、ただ構想するばかりで、世の中のことが分かっていない、と思っているようだが」

王安石《おうあんせき》「構想は世直しを進めるためのもの。ただ近年の儒者と呼ばれる連中（有識者）はみな凡人であるため、世論にある、構想するだけでは世直しはできるものではない、という方向に流れているだけです」

神宗「ならば、君が最初に手を付けようと思うことはなんなのか」

王安石「世の風潮を変え、法律制度を整備し、現時点で求められていることに実績をあげるだけのことです」

これは、趙頊《ちょうきょく》が即位（神宗）して三年目に、王安石を副宰相格にあたる参知《さんち》政事《せいじ》に抜擢する直前に交わされた問答である。

二人が対面したのはこれが最初ではない。趙頊は皇太子時代に王安石の存在を知り、即位後に一度呼び寄せ、彼の社会改革論に共感したことがあった。ただ斬新であるがために毀誉褒貶《きよほうへん》ある王安石を重用することは、周囲の反対もあって容易なことではなかった。それを踏み出させたのがこの問答で、その意味でいえば、王朝政策としての「王安石の新法」の最初の一歩は、ここに刻まれたということになる。

神宗が社会改革案に傾倒し、邁進した背景には、彼が物心つく少年時代から見聞きしてきた、先代皇帝の在り方があった。それを確認するため、少し時代を遡ってみていくことにする。

意欲を失った仁宗

太祖趙匡胤《ちょうきょういん》と太宗趙匡義《ちょうきょうぎ》によって建国された宋朝は、これを引き継いだ第三代の真宗《しんそう》が契丹《きったん》（遼）と「澶淵《せんえん》の盟《めい》」を結び、経済的負担を被るとはいえ平和を享受する時代に入った。

真宗が亡くなり、その子の趙禎《ちょうてい》が即位した（仁宗《じんそう》）のは一〇二二年、まだ一三歳ということで、真宗の皇后であった劉氏《りゅうし》が皇太后となって前時代の重臣とともにこれを補佐することになった。

この時代は、政治は安定し、経済・文化も発展したが、一一年後に仁宗が自らで政治を行う（親政）ようになると、朝廷における情勢は変化をきたす。それは仁宗が個人的な好悪の感情で臣下を選り好みしたことにあった。君主が臣下を選ぶことは認められていい。資質や能力が評価された結果と理解されれば問題は生じないが、好き嫌いの感情に基づくと受け取られると、途端に人事の公正さに疑いが持たれることになる。こうなれば、ともすれば保身に走りがちな官僚は、徒党を組むことで身を守ろうとする。宋における「朋党《ほうとう》（派閥）問題」のはじまりである。

このような状況下で、「澶淵の盟」に続いて結ばれた西夏《せいか》との盟約に綻びが生じ、軍事攻勢をかけて解決を図ったものの、これは失敗に終わった。それほど大きな打撃をこうむったわけではない軍事的敗北であったものの、それですまなかった。当時の宋では農民への負担が大きくなり、それを不満とする反乱が各地で起こり、王朝内の危機感が醸成されていたが、そのなかでのこの軍事行動の失敗は、主導権争いをする官僚間の対立に影響を及ぼし、その結果として、「朋党」との汚名を着せられて排斥されていた范仲淹《はんちゅうえん》一派が政界に復帰することになったのである。これを絶好の機会の到来とみた彼らは、王朝が危機を乗り越えるためには抜本的な対策が必要だと主張し、一〇項目の改革案を掲げて実行をはかろうとした（慶暦新政《けいれきしんせい》）。ところが、これは既得権益を阻害するものとして、保守的な官僚（守旧派）や、彼らの多くが出身基盤としていた大地主の反対にあい、あえなく頓挫した。

この改革を、自己のリーダーシップの確立の機会として期待をよせていた仁宗にとっては、大きな痛手となった。西夏との抗争に続く、内政面での失態で、ここから仁宗は政権運営の意欲をまったく失い、亡くなるまでの約二〇年間、政務を放棄するに至る。

皇帝が政務に前向きでなくなるというのは、異常事態である。ただし、皇帝としての最低限の義務である朝廷会議に身を置き、決められた時々の祭事さえ果たせば、あとのことは官僚がルーティーンに従って処理することで、国家運営は滞りなく進むところがある。官僚制が整備されているからこそとはいえ、正常な姿でないことだけは確かである。

男児の運に恵まれず

仁宗にはもう一つの問題があった。それは後継者となるべき男児を持たなかったことである。仁宗に子供がいなかったわけではない。一人目の皇后郭氏《かくし》とは関係がよくなく子供ができないことを理由に離縁（廃后《はいこう》）して、新たに皇后を立てたが、その曹氏《そうし》にも子供が生まれなかった。ただし嫡子《ちゃくし》はいないとはいえ、その一方で後宮《こうきゅう》の女性は多くの子供を出産している。分かる範囲でいえば、子供は総勢一六人おり、そのうちに男児は三人いた。ところが、第一子は生まれてすぐに死亡、第二子と第三子はともに夭折したように、男児の運に恵まれることはなかった。このような場合の対処法としては、皇族のなかから男児を迎え入れて、皇系を継がせる（外藩入統《がいはんにゅうとう》）しかない。

一三歳で即位して十数年たっても男児がいないことは、王朝にとっての大問題である。ここでとられたのが、一〇三五年当時に四歳であった濮王《ぼくおう》の第一三子（幼少時の名前は不詳）を引きとり、宮中で養育する方法である。もしもに備えての疑似的皇子ということになり、この子は仁宗から宗実《そうじつ》という名前をもらった。その二年後に仁宗の第一子が出生したものの、即日に死亡したため、趙宗実の宮中での位置づけは変わらなかったが、さらに二年後に第二子が生まれて無事の成長が見込まれたため、疑似的皇子は必要がないとばかりに、趙宗実は濮王のもとに帰された。

ところが不幸は続いた。その第二子は三歳で死亡し、その年に生まれた第三子も三年後に亡くなるなど、仁宗は六年の間に三人の皇子を失う不幸に見舞われたのである。それも第二子は生存を見極めてからということで、生後一年を待って名付けをしたその翌年に、第三子はこれに懲りたのか、生後三年を待って名付けをしながらも、その月のうちに亡くなった。乳幼児生存率が低い時代とはいえ、ここまでの不幸は想定外といえる。その後も、期待をかけながらも生まれてくるのは女児のみであった。

皇帝になりたくなかった皇帝

一方、一般の皇族に戻った趙宗実は、規定に従って右衛大将軍《うえいだいしょうぐん》の称号と兵州団錬使《へいしゅうだんれんし》の職を与えられた。ちなみに団錬使は、名目的には一定地域の軍事担当官であるが、実際の職務をともなわない皇族に対する優遇措置である。これから一〇年たち、彼は再び朝廷側から注目される存在となる。すでに五〇歳になり、体調もすぐれない仁宗の後継者選定は焦眉の急となっており、側近ともども、なんらかの手を打たねばならない時期を迎えていた。そのなか、最後の望みをかけていた妃が生んだのが、女児であったことが決定項となった。ここに仁宗は、趙宗実を皇子とすることを前提として宮中に迎え入れる決心をした。養子縁組である。

ところが彼はこの申し出を受け入れなかった。華美なことは好まず、質素倹約を旨としてなにより読書を好む彼にとっては、応じる気になる話ではなかったからである。その後も再三の要請を拒否し続けたものの、もはやほかに手はない仁宗は強引に彼を皇子とし、改めて名を曙《しょ》とした。趙宗実改め趙曙は、これを聞くと病気と称して寝室に立てこもり抵抗したが、皇帝の使者が強引に踏み込み、彼を抱えあげて宮中に連れ込んだという。

この翌年、一〇六三年に仁宗は亡くなり、遺言に従って趙曙が即位する（英宗《えいそう》）。皇帝の位に魅力を感じず意欲の持てない皇帝の出現である。即位当初は、仁宗の皇后であった曹氏が皇太后として後見の役割を果たしたが、すでに三二歳になっていた英宗は次の年から親政に入ることになった。しかしそれでも彼は政権を運営する意欲を持てなかった。晩年の仁宗の再来である。

それがために英宗の時代に特筆すべき動きはないが、ひとつ指摘しておくことがある。それは太宗趙匡義時代における文書の管理を行う竜図閣《りゅうとかく》に籍を置く司馬光《しばこう》に、歴史書の編纂責任者を命じたことである。竜図閣以外の宮中文書の利用をも特例として許可したにとどまらず、編集に携わる人々に、時には茶菓を差し入れるほどの熱の入れようであった。こののち二〇年にならんとして完成したのが『資治通鑑《しじつがん》』で、英宗はこれを確認することなくしてこの世を去ったが、読書や学問を好む彼に相応しい、現在への遺産となった。

意欲あふれる青年皇帝

さて英宗の嫡長子として生まれたのが趙頊（最初の名は仲鍼《ちゅうしん》）、すなわちのちの神宗である。その出生は一〇四八年、仁宗の在位後半期で、父親の趙曙はまだ濮王の邸に寄寓する身であった。学問に励む少年時代を過ごしたが、父が皇子となったことから宮中に移り住み、父の即位を受けて皇太子同然の扱いを受けることになり、仲鍼から頊に改名した。そして英宗が即位して四年後に体調を崩すと立太子され、その一か月後には皇帝に即位することとなった。一〇六七年のことで、二〇歳の青年皇帝の誕生ということになる。

少年期から学問的研鑽を積んだ趙頊は、社会問題にも関心を寄せ、太祖・太宗時代に燕雲十六州《えんうんじゅうろくしゅう》の奪還を果たせなかったこと、さらに真宗期の「澶淵の盟」とそれに付随する西夏との盟約を王朝における恥と捉えるようになっていた。「数世の恥をすすぐ」意志を強くした彼は、韓非《かんぴ》の富国強兵論にひかれ、さらには当時、社会改革論で注目を集めていた王安石に興味を持ち、彼が以前に仁宗に提出した提議書を実際に手に取り、「理財治国《りざいちこく》」の理念に共感したという。

即位した神宗にはほかにも課題が山積していた。権力の分散化を図るために採用された複数長官制や、実職をともなわない官職の増置による官僚の余剰配置から起こる官僚機構の肥大化は、財政圧迫のもとになり、遼や西夏に対する歳幣の支払いも負担が大きく、戦時よりもましとはいえ軍事費も重くのしかかる。社会的には大土地所有が拡大し、官僚と大地主・大商人が一体化して富を独占して格差は拡大し、農民は納税負担に苦しみ内乱が頻発する状況にあった。ここで求められるのは、旧態依然の状態を脱すること、その要諦は、太祖・太宗時代の体制を見直して必要な制度改革を実施し、旧弊に染まらない官僚を積極的に登用することにあった。王朝創業期に定められた仕組みは祖法《そほう》と呼ばれ、遵守されるべきものとされる。それを否定してでも改革に向かおうとする神宗にとって、その理論的支柱として必要な人材は、王安石をおいてほかになかった。

王安石の登用

王安石は、一〇二一年、真宗から仁宗に代替わりする前年に生まれ、官僚であった父の任地の関係で各地を転々とした。読書好きで、一度読んだ文章はすべて記憶に残す聡明さを持つ一方で、実社会に対する関心も高く、地方の農民の窮状にも目を向けて成長したといわれる。彼が父に従って開封《かいほう》に入ったのは一七歳の時で、その五年後に科挙に合格して地方官に着任した。その後も自ら進んで地方官を歴任し、任地では農民救済の施策などで実績を残し、三八歳で財政担当の中央官のポストを得た。

ここで、神宗趙頊がのちに目にして感化を受けた提議書を提出したが、性急な社会改革を求め、さらに晋の武帝司馬炎《ぶていしばえん》や唐の玄宗李隆基《げんそうりりゅうき》を批判するなど、激越な要素を含んでいたこともあり、仁宗の採用するところとはならなかった。それでも当時の窮状を憂える人々からの支持は広がり、数度にわたり朝廷から抜擢の声がかかり、一度はそれを受けたこともあった。しかしながら、当時の朝廷の風潮を嫌って辞職し、母の死を受けて喪に服す（丁憂《ていゆう》）ために、郷里に身を引き、ほぼ一〇年間、朝廷からの誘いに応じず官職とは無縁の生活を送っていた。ちょうどその頃に、神宗の時代が始まる。

神宗はまず彼を江寧府《こうねいふ》（現在の南京）の長官に推挙し、これに応じたのをみて、すぐさま中央の文書管轄官庁である翰林院《かんりんいん》に招き寄せた。ここで一気に距離を縮めた二人は、直接語らい意気投合した。いや、神宗は完全に王安石に感化されたという方が当たっているかもしれない。官僚間の、特に保守派の反発があるのを認識しながらも、冒頭にあげた問答をへて、王安石を副宰相格に抜擢し、改革への意欲を公然と示すと同時に、制置三司条例司《せいちさんしじょうれいし》という改革推進官庁を新設して、彼にすべてを委ねたのである。

王安石の改革の主眼となるのは、「富国・強兵・取士《しゅし》（改革派人材の積極採用）」で、その具体策として均輸法《きんゆほう》・青苗法《せいびょうほう》・農田水利法《のうでんすいりほう》が提示された。その内容と目的は、均輸法は、物資の調達法に変更を加え、中間に介在する大商人を排除して物価の安定をはかること、青苗法は、富裕農民による貧農への高利貸しを抑制して農民を保護すること、農田水利法は、水利を整備して富農の水利独占を排除し、農業生産の安定をはかることにあった。持てる者を抑制して、持たざる者を守る、まさに格差社会にある現在にも通用する社会改革案である。

新法派と旧法派の対立

ところが、それがいけなかった。持てる者、すなわち官僚であり、大地主でもあり、大商人を兼ねることもあった富裕層にはとんでもないことで、彼らには既得権益を侵すものとしか映らなかった。自らの地位と富を守ろうとする彼らは、身をもって抵抗することになる。改革を目指す連中を新法派《しんぽうは》と呼び、現体制を守る連中を旧法派《きゅうほうは》と呼ぶ、対立の始まりである。

これを打開しようと神宗は、両派が対面する議論の場を設けた。そこでのそれぞれの主張をみておこう。

反対派「王安石が富国強兵の政策を皇帝に吹き込むのは、目先の功績と自己の名望を願ってのことで、伝統の学問をないがしろにするものである」

「法令を重要視するのは、法家《ほうか》の商鞅《しょうおう》の意見に沿うもので、経済的利益をいいつのるのは、儒家《じゅか》の孟子《もうし》の教えに反することだ。経験豊富な官僚を旧習に従うだけと排斥し、国家としてあるべき正論をただの慣習として捨て去るものである」

王安石「(儒教的価値観から外れるということから)天に異変が起こっても畏れる必要はない。人の反対意見に耳を傾ける必要はないし、先祖伝来の決めごとを守り続ける必要はない」(原文は「天変不足畏、人言不足恤、祖宗之法不足守」。これを王安石の「三不足《さんふそく》」という)

神宗「高官たちは、道徳についてはあれこれ意見を述べることはできるが、実際に役に立つことを目的としているものではないし、もっというならば、事態を改善するところはない」

強行突破をはかる神宗

儒教的価値観に凝り固まる旧法派と、それから一歩踏み出し革新を目指す新法派の対立は、簡単には解けない。神宗は旧法派を排斥し、さらに王安石を同中書門下平章事《どうちゅうしょもんかへいしょうじ》、すなわち宰相格に引き上げることで、事態の打開をはかろうとした。ここに新法は本格的な施行期に入る。農民の労役負担を軽減する免役《めんえき》(募役《ぼえき》)法《ほう》、地主が納税対象として申請していない田地(隠田《いんでん》)を暴き脱税を防ぐ方田均税法《ほうでんきんぜいほう》、大商人の市場独占を阻止する市易法《しえきほう》など、農民保護と大地主・大商人を抑制する施策に並んで、兵農一致の復活をめざす保甲法《ほこうほう》、民間による軍馬飼養を奨励する保馬法《ほばほう》など、軍隊の活性化と強化をはかる施策が、矢継ぎ早に実行に移された。さらに先をみすえて新しい価値観に対応し得る人材の育成のために、学校制度の改編とともに科挙試験の改革も新たに打ち出された。これは「熙寧新法《きねいしんぽう》」と呼ばれる。

まさに「世の風潮を変え、現時点で求められていることに実績をあげる」という王安石の姿勢が貫かれ、既得権益層との間に妥協の余地がないことは明白である。世論を背景にして実績をあげることで、これを乗り越えようというのである。

しかし現実は厳しい。なんらの下地もないところで、規則を変えて現状を改革するというのは、およそ現実的ではない激変措置といわざるをえない。事業の遂行に困難な事態が噴出するばかりで、それに対して、成果は一定の時間がかかってからしか現れない。

これをしのぐには、リーダーに成果が現れるのを待つ忍耐と、事業遂行への強い意志がなくてはならない。しかしながら被害を受ける側の既得権益層にとっては、座視することなど許されるものではない。目の前で自己の利益が奪われ、これが続けば自身のみならず一族の破滅につながることになる。

そのため旧法派はますますその反対行動を先鋭化させ、曹太皇太后《そうたいこうたいこう》（仁宗皇后で英宗時は皇太后）と高皇太后《こうこうたいごう》（英宗皇后・神宗の生母）まで巻き込むことになった。曹太皇太后は建国の功臣曹彬《そうひん》の孫、いうならば名家の出身であったし、高皇太后は曹太皇太后の姪で、趙曙（英宗）との婚姻は彼女と仁宗の世話によるなど強い影響下にあった。既得権益層となっていた名家出身の曹太皇太后にとっては、王安石に感化された神宗の社会改革論は理解不能だったのである。

王安石の失脚と新法派の自壊

新法の施行が本格化して三年目の一〇七四年になると、リーダーであるべき神宗に不安がきざす。これに輪をかけたのが新法派内での意見の対立で、神宗は王安石の手法のみならず、人物そのものにも不信感を抱くことになった。さらに彼を追い詰めたのは自身の皇帝位さえ危ういものとなりかねないという不安で、ここに神宗は王安石を罷免し、江寧府の長官に左遷した。リーダーたるもの、一旦決断したなら安易に変更してはならない。状況をみて方針転換することは時に必要な判断で、これは是認されるが、周囲にぶれたとみられたらおしまいである。

ところが神宗はその翌年に一転して、改革の停滞を打破するためとの名目をつけて、王安石を復帰させた。二度目のぶれである。罷免された宰相が復帰して新法改革をリードしようとしても、上司の処遇がころころ変わるのを目にして不安にかられる部下が、素直に従うはずがない。新法派内部の動揺はかえって拡大し、旧法派は勢いづくばかりとなる。まさにその座の坐り心地が悪くなった王安石は、体調不良と長男が亡くなったことを理由に、今度は自分から辞職を申し出ることになった。ちょうどこの頃に旱害《かんがい》が長期間続き、その原因は新法の執行にあるとの風評が蔓延して、神宗がこれに動揺したことも、その背景にあった。

王安石が変えようとした世の風潮は、彼の期待とは逆方向に流れたのである。辞職を申し出た王安石と神宗との、これが二人の最後となる会話。

王安石「旱害はいつでも起こるもので、皇帝が心配することではない。それよりも改革を遂行することによって、その対策とすればよいのです」

神宗「そのように小さなことではなかろう。朕が恐れているのは、改革の成果が出ておらず、側近たちや皇族までが、そろってその弊害をいい立て、両宮（太皇太后・皇太后）は涙を流して、都の開封に反乱が起こるのを心配している。旱害により人心を失うことになるのを危惧していいるのだ」

おりもおり、まだ決断のつかない神宗に、民間絵師による、流民《りゅうみん》が困苦するさまを描いた絵画と「旱害の原因は王安石。排斥すれば、天は必ず雨を降らせる」との上奏文が届くと、それを機に高皇太后が、「王安石が天下を乱しているのだ」と直言したことで、王安石の罷免は決定的となった。

一〇七六年に再び江寧府の長官に降格された王安石は、次の年にこの職も辞して引退し、九年後に死亡した。隠居生活の中で、志が遂げられなかったことを悔やんだか、果敢に挑んだことに満足感を持ったか、それとも世の風潮を怨んだか、自らの強引ともいえる手法に反省の念を持ったか、それを知るすべはない。

神宗とその時代への評価

王安石を罷免したとはいえ、神宗の社会改革への意欲は消えず、今度は自らが率先してこれを遂行しようとした（元豊改制《げんぽうかいせい》）。ただ旧法派の抵抗はやまず、排斥人事でこれに対抗しようとしたがそれにも限界があり、中央官庁における余剰人員の整理など、社会変革には及びもつかないものとなった。そして新法による改革の成果をみせようとばかりに始めた西夏への軍事行動は、成果があがらないまま、大規模な反転攻勢で逆に大敗を喫してしまう。精神的打撃を受けた神宗は病気を発症し、急いでまだ九歳の趙煦《ちょうく》を立太子し、高皇太后が臨時的に執政することを認めたうえで、三八歳の若さで死亡した。

父の趙曙が、皇子を持てなかった仁宗に、紆余曲折の末に後継候補にされたのが、すべての始まりであった。その父とて、太宗趙匡義の第四子趙元份《ちょうげんふん》の第三子趙允譲《ちょういんじょう》の第一三子と、皇帝系列からすれば本流には程遠い存在であったわけで、皇帝への即位は数奇なめぐりあわせとしかいいようがない。それでも趙頊はこの好運を生かすために、意欲を燃やして後継者たる準備を怠らなかった。しかし彼が目にしてきた、形式的にいえば祖父にあたる仁宗も、実父の英宗も、とてもではないが模範になるものではなかった。彼は先代二人の皇帝を反面教師にして、現状をみすえて王朝に改革を持ち込もうとしたといえる。父から子へとこのような受け継ぎ方はあってもいいし、それが革新につながることがあるのも事実である。

ただ新法については周囲に根強い反対勢力を抱え、困難に直面せざるをえなかったし、さらにいえばその実施は性急に過ぎた。神宗本人がどう思っていたかを推測する手立ては残っていない。ただ、現時点で歴史を振り返るという有利な立場からすれば、反省すべき点が目に付くばかりといわざるをえない。

神宗の第六子である趙煦が即位し（哲宗《てっそう》）、ここで実権を握った高皇太后は、反新法の立場におり、旧法派に依拠して新法派を排斥したが、哲宗が親政するようになると、今度は新法派に依拠するようになる。ここに新法派と旧法派の対立は、社会改革をめぐる主義主張ではなくなり、単なる派閥抗争（党争《とうそう》・朋党問題）と化して、宋朝の政治に負の影響を与え続けることになる［「第四章二　南宋の高宗趙構」に関連記事あり］。

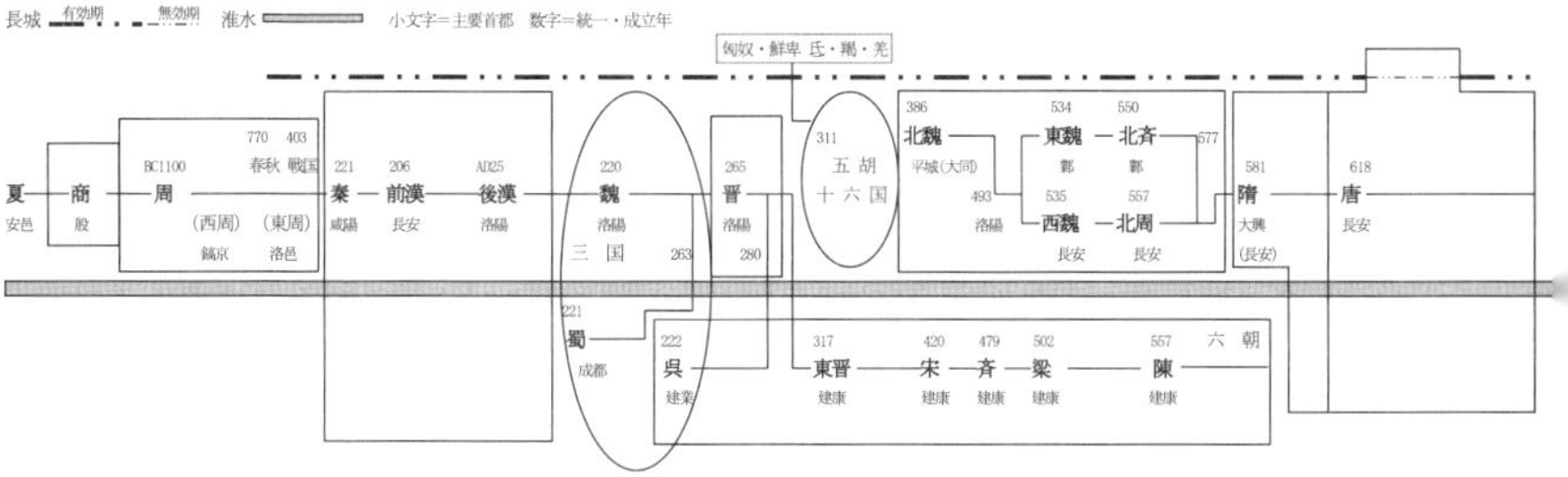

第七章　準備万端整えたはずが

——早期の後継者指名が崩れた結果

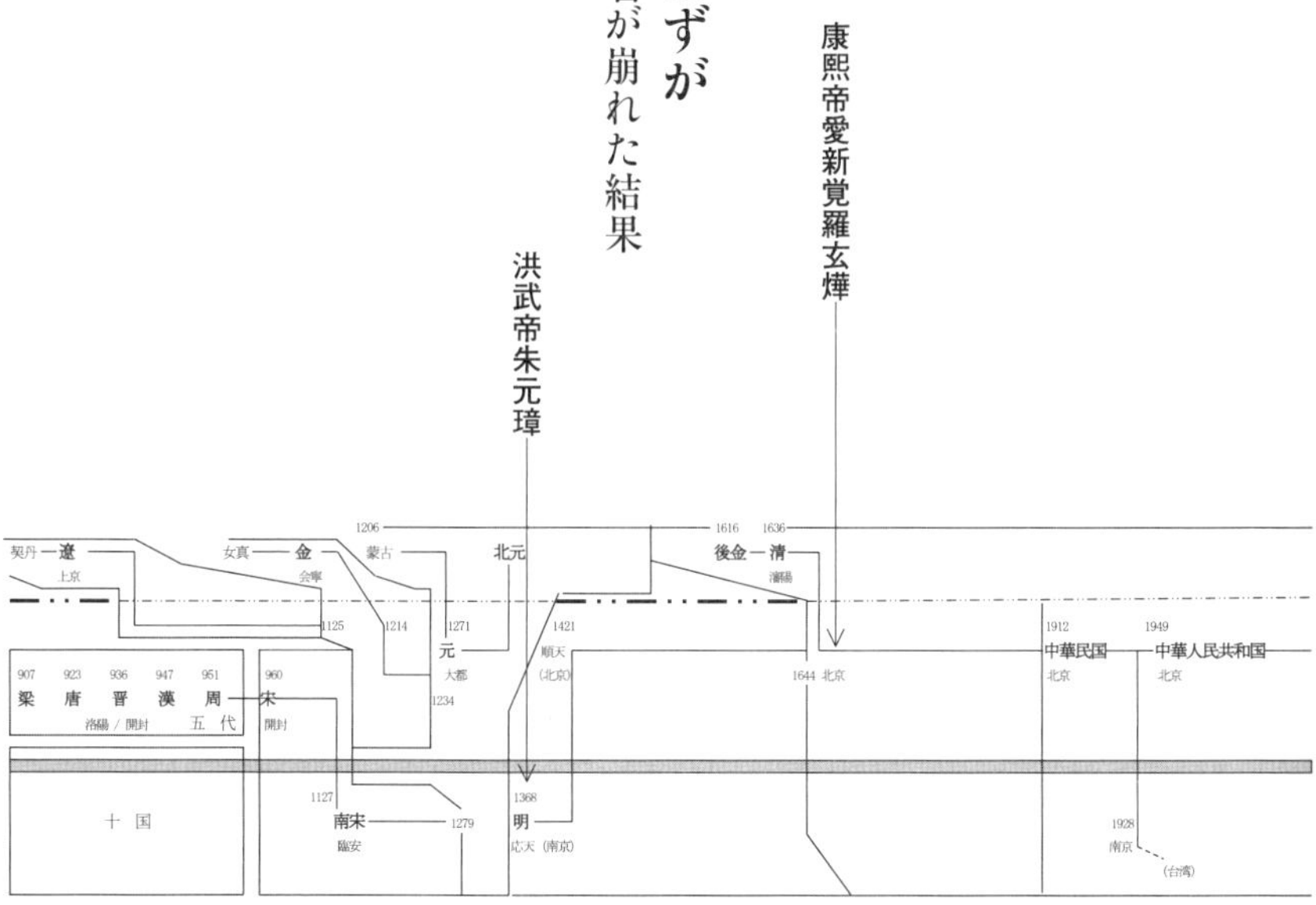

「もしもあの時こうなっていたら」、その逆で「もしもあのようになっていなかったら」、これを縮めると「もしも」と「たら」、また「もしたら」となる。

「もしも」と「たら」を持ち出せば、前向きに生き抜いていくことは難しい。現実を受け入れて前に進むしかないのが我々の人生であろう。歴史も同じことで、「もしも」と「たら」はない。残るのは事実だけで、それをもとに歴史は展開する。準備万端に整えた計画が狂うという、望んではいなかった事態が起こっても、それが王朝にとってはかえっていい結果をもたらすこともある。

貧賤の境遇から身を起こして明朝を創建した洪武帝《こうぶてい》、圧倒的多数である漢民族に対する支配を確固たるものとした清朝の康熙帝《こうきてい》は、王朝史の後期における傑物であることは論をまたない。彼らは類まれなるリーダーシップと、先を見通す用意周到なまでの計画性と、それに基づく実行力で大業をなしとげた。

そのような彼らにもう一つの共通点がある。それは後継者問題が予定通りに進まなかったことである。ともに嫡長子《ちゃくちょうし》を皇太子に選定しながらも、洪武帝はその子を亡くすという不可抗力で、康熙帝はやむをえない事情により廃太子を敢行したことで、この状況に陥った。つまずき、難しくいえば「蹉跌《さてつ》」（石川達三『青春の蹉跌』でこの言葉を知った青春時代が懐かしい）が、王朝の歴史にどのような影響をもたらしたか、二人を例にみていくことにしたい。

一　明の洪武帝朱元璋【附：建文帝朱允炆・永楽帝朱棣】

朱元璋のお墨付き

朱元璋《しゅげんしょう》「私は、諸王に託して虜《りょ》（モンゴル勢力）を制御し、北方辺境の混乱をなくすようはかり、お前に安定した状態を残しておいた」

朱允炆《しゅいんぶん》「虜が不穏になれば、諸王が制御してくれるということでしょうが、諸王が不穏になれば、誰が制御するというのですか」

これを聞いた朱元璋は黙り込んで答えず、数日してから「お前の考えはどうか」と逆に問いかけた。すると朱允炆が、

「徳で懐柔し、制度に基づいて制御したいと考えてはいるものの、それでだめなら封地を削減し、それでもだめなら（王の側近にいる）人を置き換え、それでもなお横暴が過ぎれば、軍を動員して討伐するだけです」

と、腹は括っているとばかりに決意のほどを告げた。それに対して朱元璋は、「よし、それでい

くように」と応じたという。

朱元璋は明朝第一代皇帝の洪武帝で、朱允炆は第二代の建文帝《けんぶんてい》である。

皇帝の呼び名

ここで皇帝の呼び名についてまとめて述べておきたい。これまでも随所で触れてきたが、皇帝はおおむね廟号（死後の霊魂を祀る建物の称号）、もしくは諡号《しごう》（贈り名。死後に人物評価に基づき名付ける称号）で呼ばれることが多い。例えば、前漢の劉邦《りゅうほう》は廟号で高祖と呼び、劉徹《りゅうてつ》は孝武皇帝《こうぶこうてい》を略して武《ぶ》帝《てい》、後漢の劉秀《りゅうしゅう》は光武皇帝《こうぶこうてい》を略して光武帝《こうぶてい》と、諡号に基づいての呼称となる。これ以後、しばらくは諡号で呼ぶ習慣が続くが、唐代以降、元代に至るまでは、一部例外を除き、廟号で呼ぶことが多くなる。これは唐代から諡号が長くなる傾向にあることによる。李《り》淵《えん》の廟号は高祖、最後に確定した諡号は神尭大聖大光孝皇帝《しんぎょうだいせいだいこうこうてい》、李《り》世民《せいみん》は太宗、文武大聖大広孝皇帝《ぶんぶだいせいだいこうこうてい》、李《り》隆基《りゅうき》は玄宗、至道大聖大明孝皇帝《しどうだいせいだいめいこうこうてい》、さらに宋の趙匡胤《ちょうきょういん》は太祖、啓運立極英武睿文神徳聖功至明大孝皇帝《けいうんりっきょくえいぶえいぶんしんとくせいこうしめいだいこうこうてい》、趙匡義は太宗、神功聖徳文武皇帝《しんこうせいとくぶんぶこうてい》の類である。いささかくどく例をあげたが、廟号が、創立者またはそれに類すると判断された皇帝には高祖か太祖、それ以外は宗の付く二文字（太宗・玄宗など）のシンプルなつくりになっているのに対して、諡号は唐以降、対象人物を礼賛するがために、省略が難しいほどの長さになっていることをみていただければとの思いからである。

明の太祖朱元璋の諡号は、聖神文武欽明啓運俊徳成功統天大孝高皇帝《せいしんぶんぶきんめいけいうんしゅんとくせいこうとうてんだいこうこうこうてい》（後代に改められて、開天行道肇紀立極大聖至神仁文義武俊徳成功高皇帝《かいてんこうどうちょうきりつきょくだいせいししんじんぶんぎぶしゅんとくせいこうこうこうてい》）で、高皇帝と省略されることはあるが通用することは少なく、廟号である太祖に並んで、元号（年号）による呼び名（洪武帝《こうぶてい》）が用いられることになる。これはこの時代から、皇帝は在位の期間中に元号を改めること（改元《かいげん》）がなくなり、一人の皇帝は一つの元号で通す（一世一元《いっせいいちげん》）ことによる。

そもそも元号は、その創始にあたる前漢武帝の時代から、祥瑞が現れたことを記念して命名する、時代を象徴するものとされ、また後代には、災害が発生したり統治が順調でないなどを、皇帝の徳の少なさまたは天の怒りと受け止めて、心機一転を期して反省を示すために改元されてきた。しかしこの風習も、元朝になってからはしだいに影を潜めて、改元の頻度は少なくなり始め、明以降は一世一元に切り替わる。ここに廟号・諡号に加えて、元号による皇帝称号が始まり、これ以後、清代最後の皇帝宣統帝《せんとうてい》まで引き継がれることになるわけである。

民間史料への向き合い方

先にあげた二人の会話は、王朝の正統な歴史書（実録・正史）のものではなく、これよりほぼ二〇〇年後の万暦《ばんれき》時代に生きた尹守衡《いんしゅこう》という市井の歴史家の著作『皇明史窃《こうみんしせつ》』からの引用である。

建文帝（朱允炆）の時代の公的記録は零細で、さらに評価をしない方向で改竄されているところが多いというのは、明朝史研究のなかでは一般的認識である。永楽帝《えいらくてい》への政権交代が、内紛の結果であったことが原因している。それもあってこの時代については、民間で残された記録が貴重なものとなるが、これらは伝聞に基づく虚実取り混ぜたものとなる可能性を秘めていると考えておかなければならない。

万暦帝の二代前の嘉靖帝《かせいてい》の時代から、それまでの明朝の歴史に対する検証と再評価の動きが出始めるが、この『皇明史窃』の記事はその流れをくむ民間の史料と捉えることができる。ともすれば否定的にみられがちであった建文帝の時代への見直しを行い、なかでも諸王に対する対策は、明朝においての絶対的権威である洪武帝の賛同を得たうえで執行されたとして、その正当性を示そうという意図がここにはある。真偽のほどは脇に置いて、明朝史の再評価の動きを示す一例として、あえてここに引用したことを断っておきたい。

ところで、朱元璋の相手となっている朱允炆は、その孫にあたり、明朝が創立されて二四年目の一三九二年に、皇太孫《こうたいそん》として後継者に認定され、六年後に即位する。諸王とあるのは、洪武帝によって王に封建されて北辺防衛を任されていた皇子たちをいい、ここではいざとなれば討伐の対象となりうるとされる。二六人もの皇子を抱える洪武帝が、なぜ孫を後継者としたか、朱允炆と諸王との関係は、はたまたその結果はどうなるのか、まずは朱元璋による明朝創建からみていくことから話を始めたい。

元末「紅巾の乱」

元朝の末期、社会は荒廃状態にあった。世祖《せいそ》フビライ以来のモンゴル民族主導で、西方系民族出身者（色目人《しきもくじん》）を補佐的存在とする政権は、農本社会である中国を支配する基礎的観念が薄く、漢族の大地主の利益を優先することで支配を維持する方向に流れがちであった。財政が欠乏するようなら農民への徴税を増し、農業生産を支えるのに必須の治水工事も滞りがちになる。元朝支配が始まって半世紀を越えるとその歪みは表面化し、そこに天災（水害・旱害《かんがい》、さらにイナゴの大量発生による蝗害《こうがい》）が重なり、それにつれて疫病が蔓延すると、農民は生きるか死ぬかの極限状態に追い込まれ、反乱が各地で頻発することになる。

記録に残る限り、一三二五年の河南における郭菩薩《かくぼさつ》の反乱をその嚆矢とするが、この反乱は主導者の名前からも、さらにはそのスローガン「弥勒仏《みろくぶつ》が天下を支配するようになる」からも分かるように、仏教から派生した民間信仰である白蓮教《びゃくれんきょう》を精神的背景とするものであった。その流れを決定的にしたのは、一三五一年の黄河の浚渫《しゅんせつ》工事への徴発に抵抗した韓山童《かんざんどう》と劉福通《りゅうふくつう》による反乱で、これが各地に飛び火した。この元末の大乱を、反乱軍の目印が紅の頭巾であったことから「紅巾《こうきん》の乱《らん》」と呼ぶ。

明王朝の成立

もはや元朝が対応できない状態になると、漢族の地主は自衛軍を結成してこれと対抗し、元朝から派遣された鎮圧軍も離反して自己勢力の拡大に向かうなど、事態は混乱し、反乱勢力のなかには、韓山童が「宋の徽宗《きそう》八世の孫」を自

元末の群雄割拠

称して漢族王朝の復興を標榜したり、徐寿輝《じょじゅき》のように自己の元号を定めて王朝まがいの独立国を建てる者まで現れた。そのなかでこの世に生を受けたのが朱元璋である。

郭菩薩蜂起の三年後に、災害と疫病に苦しむ淮水《わいすい》流域に生まれた朱元璋は、一七歳頃に父母、そして兄達を失って孤児となり、食い扶持を求めて寺に入って托鉢僧《たくはつそう》となる。そこで目にしたのは生きるがために徒党を組んで戦う農民の姿で、ここに社会の動乱を目の当たりにした彼は、自己の先行きを占い、その示すところに従って、近辺で郭子興《かくしこう》が組織していた小規模の反乱軍に身を投じることにした。

このなかで頭角を現した朱元璋は、郭子興の養女である馬氏《ばし》と結ばれ、集団内での位置づけを得るが、これがもとで郭子興の息子たちとの確執が生まれ、二年後には腹心の部下二四人とともに自立行動に入る。この頃からすでに知識人を積極的に迎え入れたとみられるが、これが彼の成功を決定づけたといってよい。そして支流が錯綜して政権の態様を整えるには向いていない淮水流域から南に展開し、二年をかけて長江を渡り江南の中心都市集慶路《しゅうけいろ》（現在の南京）を攻略することに成功し、この地を拠点に定めて、江南行中書省《こうなんこうちゅうしょしょう》という政府機構を立ちあげ、呉国公《ごこくこう》と自称することになる。

ただ当時は、北に小明王《しょうめいおう》を名乗って国号を「大宋《だいそう》」とする韓山童の息子韓林児《かんりんじ》を中心とする集団、西に徐寿輝の集団、東南に張士誠《ちょうしせい》の集団に囲まれた状態にあった。転機となったのは、一三五九年に元朝勢力により韓林児の集団が掃討され、その翌年に徐寿輝が部下の陳友諒《ちんゆうりょう》に殺害されたことである。ここで当面する敵は、自立して「大漢《だいかん》」と称する国家を建てた陳友諒ということになり、その打倒を果たして長江中下流域を勢力圏として確保すると、呉王《ごおう》と自称するようになる。その後は軍を北方に差し向けて領域を拡大し、東南では張士誠、さらにその南の沿岸部に勢力を張っていた方国珍《ほうこくちん》勢力を制圧して、一三六八年に明朝の成立を宣言するに至った。これ以後も軍事行動は継続され、同年に元朝の本拠を襲い、都の大都《だいと》から順帝《じゅんてい》をはじめとするモンゴル勢力を駆逐し、その後三年かけて、中国南部で自立政権化していた元朝の残存勢力を併呑するとともに、西方では陝西《せんせい》・四川地方を攻略し、統一支配体制の構築に成功した。

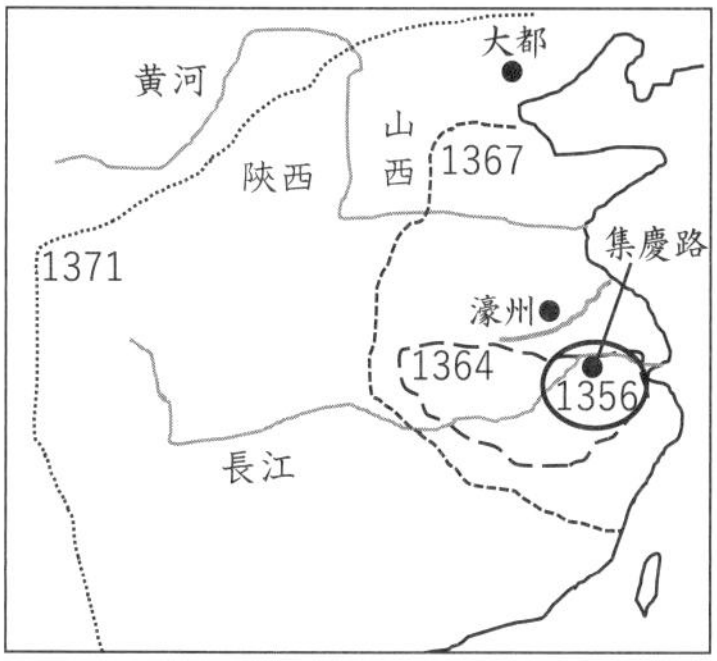

朱元璋政権＝明の領域
―長江流域起点の全国支配―

こだわりの強い朱元璋

洪武帝の政治方針は、長官である丞相《じょうしょう》を二人制とする中書省《ちゅうしょしょう》を行政の中枢機関に据え、実務は六部《りくぶ》に分割、監察機関の御史台《ぎょしだい》を重視して官僚支配に目を光らせ、軍事権は大都督府《だいととくふ》に委ねて腹心の部下を配置するなど、皇帝権力を阻害する要素を極力排除するものであった。さらに皇帝権の永続と擁護を意図して、即位と同時に第一子の朱標《しゅひょう》を立太子して、自己の監視のもとでの皇帝権の代理執行（監国《かんこく》）を認め、宦官の政治関与を徹底的に排除し、外戚への優遇措置を厳しく抑制した。

彼の徹底ぶりは宦官対策に如実に現れる。宦官の政治関与を禁止し、これを犯すようなことがあれば死罪とするのではまだ不安が残ったのであろう。あわせて宦官が文字を習得することすら禁じた。文書が読めなければ政治に関与することはできない、というわけである。このようなよくいえば徹底的、少し意地悪くいえば偏執狂的なところが朱元璋にはあった。

例えば、彼は子孫の名付けを自己の意向に従うよう徹底した。「輩行《はいこう》」といって、兄弟のみならず一族の同輩者には、共通する文字を名前に使うという習慣は古くからある（宋の趙匡胤・趙匡義など）が、彼はこれを徹底して、孫以下の世代は二字名とし、上の一字は、十数世代にわたり使う文字を皇子の血統ごとにすべて決め置き、下の一字は五行《ごぎょう》の循環に従い、「火・土・金・水・木」を部首とする字を、皇子の血統にかかわらず、世代ごとに順次使用するようにとの指示まで残したのである。このため明の皇族は、名前の上の字をみればどの皇子の血統かが分かり、下の字からは、五代で一巡するとはいえ、ある程度世代も推し量れるということになる。一族が大集合して血統と世代を基準に序列をつけて並ぶことになれば、一見便利そうな話だが、実際的にはあまり役に立つものではないといえる。子供の名前を考えたり、孫の命名を頼まれたりすることはままある。ところが十数代後に生まれてきて会うこともない子孫の名前までをも、あらかた規則的に決めておこうとする、こんなところに、一度決めごとをすると可能な限りそれを徹底したくなる、朱元璋の性向が如実に現れているといってよいであろう。ただ明朝は、最後の崇禎《すうてい》帝《てい》が一二代目の子孫にあたり、洪武帝の想定した半分にも達せずして、王朝は崩壊した（明朝の皇帝系図を参照）。

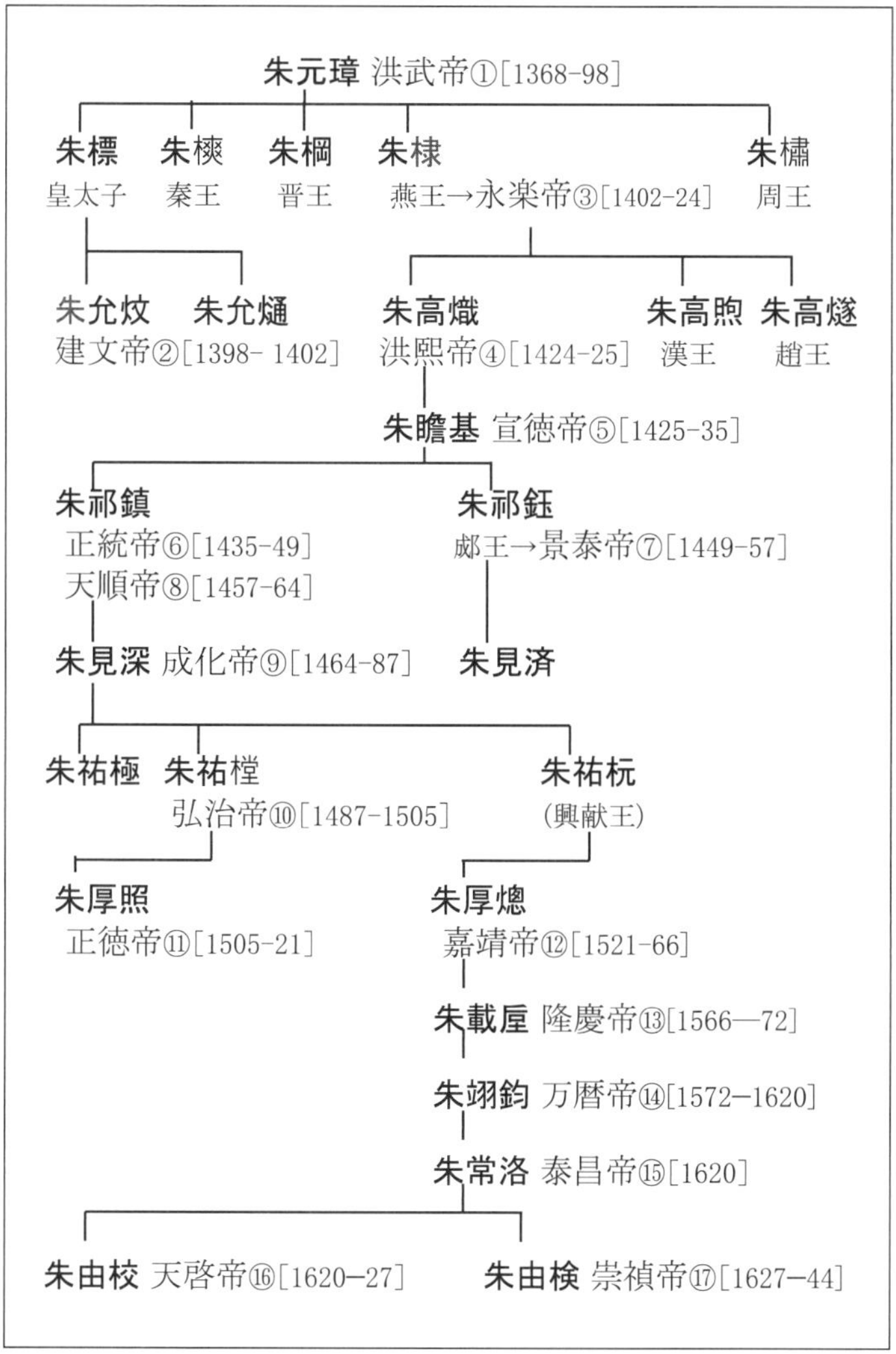
朱元璋 洪武帝①[1368-98]
朱標
皇太子
朱棡
秦王
朱棡
晋王
朱棣
燕王→永楽帝③[1402-24]
朱橚
周王
朱允炆
建文帝②[1398- 1402]
朱允熥
朱高熾
洪熙帝④[1424-25]
朱高煦
漢王
朱高燧
趙王
朱瞻基 宣徳帝⑤[1425-35]
朱祁鎮
正統帝⑥[1435-49]
天順帝⑧[1457-64]
朱祁鈺
郕王→景泰帝⑦[1449-57]
朱見深 成化帝⑨[1464-87]
朱見済
朱祐極
朱祐樘
弘治帝⑩[1487-1505]
朱祐杬
(興献王)
朱厚照
正徳帝⑪[1505-21]
朱厚熜
嘉靖帝⑫[1521-66]
朱載垕 隆慶帝⑬[1566—72]
朱翊鈞 万暦帝⑭[1572—1620]
朱常洛 泰昌帝⑮[1620]
朱由校 天啓帝⑯[1620—27]
朱由検 崇禎帝⑰[1627—44]

明系図 [ ] =在位年数

徹底的な海禁令

ともあれ何事にも徹底さを求める朱元璋の性向は、王朝支配が安定するとますます昂進して、国家体制にも及んだ。

まずは海上交易対策である。明朝成立の一年前に、東部海浜地帯はすでに領域に含まれていたが、そこで展開されていた海上交易活動は財政面からみて貴重なものであった。ところがもとから海上交易を生業としていた方国珍の残党による海賊行為（私貿易集団《しぼうえきしゅうだん》による活動）がそれを阻害し、唐宋時代からの伝統を引き継ぐ「市舶司《しはくし》」という、海上交易を管理し徴税を担う機関を設置しても、思うに任せない状態となっていた。そのため彼ら私貿易集団を統治する側に取り込んで、軍事組織である衛《えい》に組織化するとともに、市舶司を再編して外来交易船への統制を強化し（朝貢体制《ちょうこうたいせい》）、さらに「沿海部の民が許可なく海に出ることを禁止する」という布令のもと、民間人の舟による海上活動を禁じ、外来交易船との往来も許さないとした。

しかし海を生きるための場としてきた人々が、従順にそれを認めるはずもない。国家管理の強化に対して反発し、違反行為が頻発するのも世の習いだが、これを許容する朱元璋ではない。市舶司をいったん廃止したうえで、「片板《へんぱん》も、海に入れることを許さない」と、板切れ一枚を海に浮かべることさえ禁止したのである。舟でなければ禁令違反にならない、という屁理屈が出ることも想定した、徹底的な禁令といえる。その後は朝貢を許す国家を極力絞り込み、民間人の介入を断固として排除する禁令を連発し、違反行為には厳罰で臨むという、徹底した海禁政策《かいきんせいさく》（鎖《さ》国《こく》）が展開されることになった。

建国功臣への対策

次にモンゴル民族対策である。集慶路を拠点とする限られた領域を保持する段階で明朝の成立を宣言し、その後、一気に全国統一を達成したことは先に触れたが、これを担ったのは、朱元璋が自立を目指して郭子興軍団と離別した折に行動をともにした武将たちであったし、彼らの力なくしては果たせない事業であった。

ところがもはや大々的な軍事行動を必要としなくなると、彼らのような側近の武将をどのように処遇するかという、武力を背景に王朝創立を果たした創業皇帝の誰もが行き着く問題に、朱元璋も直面することになった。彼は全国が平定された一三七一年に、各地に分散していた側近武将全員を首都の応天府《おうてんふ》（もとの集慶路）に一斉に呼び寄せ、功績に応じて褒賞を与え、さらに爵位を授けて優遇し（大封功臣《たいほうこうしん》）、その見返りに軍事統帥権を剝奪した。

ただ、明朝軍に迫られて大都から北方に撤退した順帝を中心とするモンゴル勢力は、まだ境域に留まり、再度の進攻に備えており、軍事的緊張がまったくなくなったわけではない。定着農耕民族の漢族は城《じょう》（都市）を拠点に戦い、劣勢になれば籠城して抵抗するのを常とするのに対して、遊牧系の民族は固定した拠点を持たず、戦いの趨勢に従い自在に拠点を移動するのが、彼らにとっての戦術である。

それにもかかわらず、順帝一行の北への移動を、中国側史料は「北遁《ほくとん》」と表記する。「北に逃げた」とも、北は逃げる意味を持つから「逃げに逃げた」とも読めるが、なによりモンゴル側の完敗をイメージさせる表現である。ただこれは漢民族側の満足を込めた思い込みでしかなく、モンゴル側からすれば、戦況に応じて適宜に拠点を移動したにすぎない。ちなみに、定着民としての思い込みから、大軍を擁して追いかければ勝利が得られるとして、強引な軍事行動に出て失敗した例は、中国王朝と北方系民族との抗争史上でたびたびあったことを思い起こすべきであろう。

皇子による北辺防衛

北辺防衛の中枢を担うべき側近武将のあとを埋めたのは、一時的には大都督府、その後は一定年齢に達していた皇子達ということになる。

朱元璋には二六人の男児がいたが、第一子の朱標以下、第五子の朱橚《しゅしゅく》までの五人は、集慶路に拠点を定めた政権草創期の出生で、母親が馬氏で嫡子とされる。これは公式的にそういわれるものの、それぞれの母親は他の複数の女性で、馬氏が育ての親となった疑似的嫡子というのが定説となっている。ともあれ朱元璋が即位すると、馬氏は皇后に、朱標は皇太子に推挙されるが、その三年後には、その他の疑似的嫡子を含む皇子九人にも、一定年齢に達したことを踏まえて、王位が与えられた。

ただこれは形式的な封建で、彼らが実際にそれぞれの封地に転出する（就国《しゅうこく》・之国《しこく》）までは、応天府での居住が許されるものであった。諸王が王号に応じた封地に実際に移動し、王としての役割を果たすようになるのは、一三七八年の秦王朱樉《しんおうしゅそう》が皮きりで、以下に晋王朱棡《しんおうしゅこう》、燕王朱棣《えんおうしゅてい》、そして周王《しゅうおう》朱橚と嫡子が続き、三年後にはその他の皇子が続々と、王号をもって各地に分散配置された。その主要な目的は、再度の中国進攻の機会をうかがうモンゴル勢力への防衛にあった。

　こうして黄河流域およびその以北の地に皇子が王として居並ぶ体制ができ（諸王分封《しょおうぶんぽう》）、当時まだほとんど手つかずであった長城に替えての、徹底的に血縁親族を主宰とする、北辺防衛体制ができあがったのである。

「地に二君なし」をものともせず

　この段階で、皇帝権力を阻害する要素を極力排除することを旨とする朱元璋は、その仕上げともいえる徹底した皇帝独裁体制の構築に向かうことになる。即位して一三年目にあたる一三八〇年に、行政の中枢官庁である中書省を廃止して、六部を皇帝の直接管轄とし（六部直轄制）、軍事権を統括する大都督府を左右中前後の五つに分割した（五軍都督府《ごぐんととくふ》）。これは、中書省の長官である丞相が、行政の全権を掌握するのを危険とみなしたことによるものであり、五軍都督府も、軍事権の分割管理による軍の暴走を防ぐ安全策であることはいうまでもない。ここに至るまでの期間に、臣下からの反発や事態の混乱が起こら

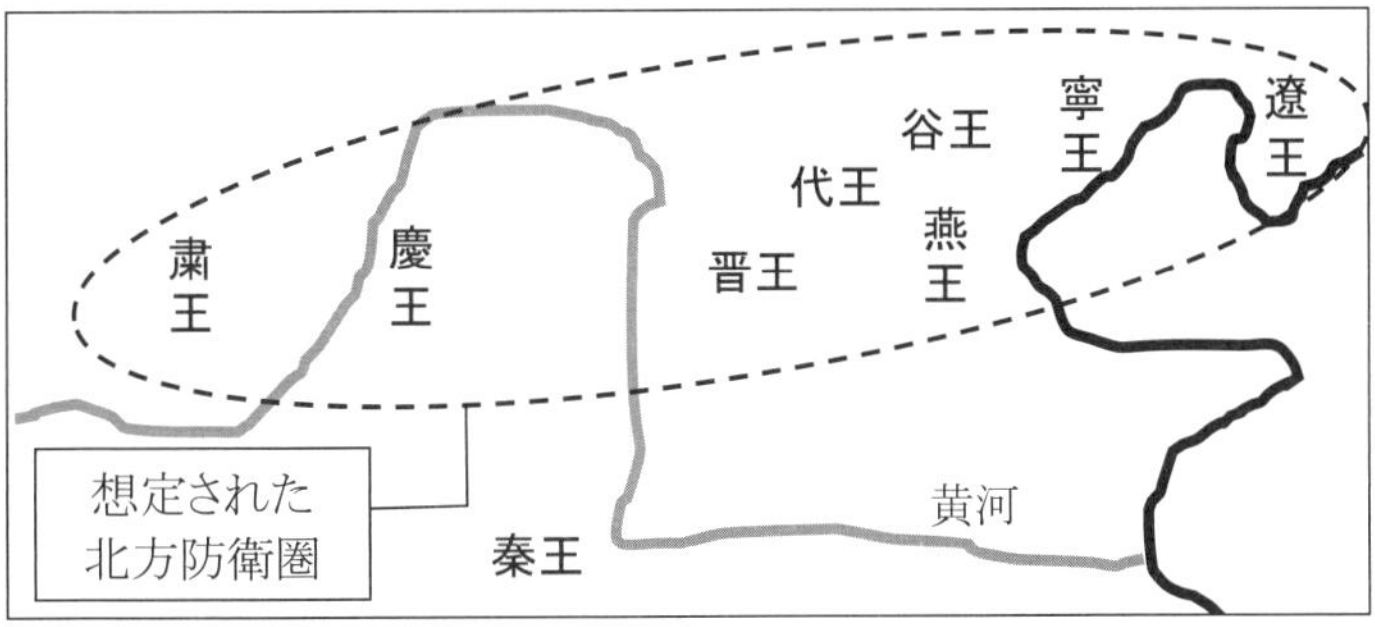

北辺配置諸王

ないよう十分な配慮をしたうえでのことで、用意周到にして徹底した施策展開のなせるわざといえる。

洪武帝にとって残された課題は、こうして築きあげた体制を、順調に後継者である第一子の朱標に引き継ぐことであった。即位と同時に、疑似的とはいえ嫡長子である朱標を皇太子とし、あわせて監国として政務を経験させ、その一〇年後には、

「守成《しゅせい》の君《きみ》（後継者）は富貴のなかで生長しており、日々に練達しておかなければあやまりを犯しがちであるから、特にお前には、毎日臣下と向き合い、諸官庁からの提案を裁可して、国政の運営に慣れておくよう命じる」

として、政務決裁を委任し、自分はその報告を受けることにした。「天に二日なく、地に二君なし」ものかは、自分の地位は揺らぐことなどないという強烈な自信と、息子朱標への絶対的な信頼の証である。これも彼の徹底性の現れといってよいだろう。

皇太子朱標の死

盤石ともいえる体制を構築した洪武帝にも懸念することがあった。それは、政権を確立して以来、拠点としてきた応天府の位置である。そもそも長江流域に中心地をおいて中国の統一をなしとげた王朝は、明朝までは歴史上に存在しない。これは北から入ってきた北方系民族が漢民族勢力を南方に追い詰めたのとは逆の構図ということになるが、南北朝時代から始まる江南開発がもたらした、南部中国の経済的発展があってこそのことである。ただいったん中国全土を支配する

王朝となると、応天府は南に偏り、歴代の統一王朝の黄河流域を拠点とするという、歴史的な蓄積からはずれるものとなる。

それもあり朱元璋は、黄河流域に位置して宋朝も首都とした開封《かいほう》に遷都し、ここを北京、そして応天府を南京とする構想を秘かに温めていたといわれる。ここは慎重に事を運ばなければ、無用の混乱を引き起こす。

ちょうどその時に、西安《せいあん》に駐在させていた秦王朱樉に王としての不法行為があるとの報告がもたらされた。西安といえば古くは長安《ちょうあん》で、その近郊を含めれば周の鎬京《こうけい》、秦の咸陽《かんよう》、そして前漢・唐の長安と伝統的な首都圏である。ここに秦王の不法行為の調査を名目として、皇太子朱標に北方視察の命令が出された。ところが、無事に役目を果たして帰京し、長安一帯の地図を奉呈し、秦王への調査結果を報告した朱標は、それから間もなく風邪をこじらせ、「お前は孝行息子なのに、私のことに思いが至らないのか」と嘆く洪武帝の見守るなかで亡くなった。冷徹でならした洪武帝が慟哭したという。一三九二年のことで、享年三八、皇太子であったことを残す意味で、懿文太子《いぶんたいし》と諡《おくりな》された。

皇子を飛び越して皇孫に

準備万端整えたはずの後継者問題はここに振出しに戻る。すでに六五歳になっていた朱元璋に時間的猶予はない。ここでの選択肢は、残る皇子から選ぶか、朱標の子からにするかに限られる。死後一か月で結論は出た。朱標の男児五人のうちの二番目、とはいえ長子は夭折しているから実質第一子になる朱允炆を皇太孫とすると発表された。

生母は妃の一人で、朱標の正妻で太子妃が生んだ一歳下の異母弟の朱允熥《しゅいんとう》ではなかった。嫡子ではなく庶子の朱允炆が選ばれた経緯を明らかにする史料はない。朱元璋が誰に相談することなく、まさに独断専行した結果と考えられる。こうなると朱元璋の皇子、特に嫡子とされる四人に不満が生まれてもおかしくはない。

家族関係からすれば、朱允炆は叔父にあたる皇子に対しては甥で下位の位置づけとなり、皇帝という立場からすれば、王朝体制からして当然のこと上位になるという、いわゆるねじれ現象が生まれることになる。しかも、その叔父たちは北辺防衛で重要な位置づけを得ていて相応の軍事力を有している。来るべき朱允炆の政権が、この微妙な関係の上に立つことになることは避けられない。朱允炆は当然として、朱元璋もそれを危惧せざるをえなかった。それを象徴的に表すのが冒頭にあげた二人の会話ということになる。

「君側の難を靖じる」

一三九八年に朱元璋は七一歳で亡くなり、朱允炆が二二歳で即位し、翌年からの元号を建文とした（建文帝）。とはいえ、建文帝には不安が付きまとう。そんな彼が頼りにしたのは、皇太孫時代から親しく付き合っていた人材で、彼らを側近として配置して脇を固めることになる。彼らの教示により、施政方針として、洪武体制の継承、文治政治の優先、そして『周礼』に基づく復古主義を掲げた。先代を継承し、さらに中国王朝の伝統を尊重するという、最も無難な選択である。ただ看板を掲げるまではいいが、現実として対処すべき課題が残される。叔父である諸王とどう向き合うかである。そのような彼にとって心強い助言者となったのは、側近の一人である黄《こう》子澄《しちょう》であった。

まだ皇太孫の時代に、叔父たち諸王についての不安を漏らす朱允炆に、黄子澄は、

「諸王の護衛軍は自衛で手一杯。もし事を起こしても王朝の軍隊（六師《りくし》）で応戦すれば、対抗できる力は持たない。前漢の七国は弱体ではなかったが、最後は滅亡させられた（呉楚《ごそ》七《しち》国《こく》の乱《らん》）。皇帝と諸王では、組織の規模や軍隊の強弱で比較にならないし、その正当性となると比べものにもならない」

と、その不安を払拭してくれたことがあった。皇帝に即位した朱允炆が、黄子澄に頼らないわけはない。

「周・斉・湘《しょう》・代《だい》・岷《びん》の諸王は先帝の時からすでに不法行為が多かったから、これを削るのには名目が立つ。今、譴責するならまずは周を先にすべきで、周王は燕王の同母弟であるから、周に打撃を与えれば燕王の手足を切り取ることになる」

という黄子澄の言葉に意を強くした建文帝は、すぐさま周王（封地：開封）の瑕疵を断罪し、王位を剝奪して庶人に降格、さらに拘禁処分とし、重ねて燕王の所在地である北平《ほくへい》（もと元の首都大都。現在の北京）に側近官僚を派遣して警戒に当たらせたのである。熟慮と時間をかけての慎重さを要する諸王対策を、いささか準備不足で進めてしまったといわなければならない。

しかしながら朱允炆は止まるところを知らずで、翌年には湘王（封地：荊州《けいしゅう》）を自殺に追い込

み、さらに斉王（同：青州《せいしゅう》）・代王（同：大同《だいどう》）・岷王（同：岷州）を罪があるとして庶人に降格し、あわせて北平周辺に兵力を増強配置した。燕王朱棣がこれに反発しないわけはない。しかし王朝あっての王である。皇帝に弓を引くのは大罪で弁解の余地はない。そこで燕王が持ち出すのが、洪武帝が生前に子孫に残した訓戒書『祖訓《そくん》』の、

「朝廷にまっとうな臣下がなく、そのなかに奸悪な者がいれば、親王は軍隊を整えて待機し、天子が内密に諸王に命令を発したならば、鎮定するための軍を率いて討伐すること」

という一節で、「天子の命」の部分はいささか都合のよい読み飛ばしをして、君主の周囲にいる奸悪な臣下、および彼らの打ち出す政策を一掃する、すなわち「君側《くんそく》の難《なん》を靖《やすん》じる」を大義名分として挙兵した（靖難《せいなん》の変《へん》）。

建文帝はどこに行ったか

一三九九年に勃発した内戦は、北から攻め下る燕王軍と迎え撃つ明朝軍で、一進一退の状況が続くが、いち早く兵員の配置を変えるなど軍事体制を再編した燕王軍が優勢となり、三年後には長江沿岸に迫り、ここで建文帝は「自分に徳がないから内乱となったことはいうまでもない」と、自らに非があるとする「罪己詔（己《おのれ》を罪するの詔《みことのり》）」を出して敗北を認め、これに勢いづいた燕王軍は、一気に長江を渡って応天府に入城し、皇宮に火を放った。これを確認して四日後に、朱棣は即位する（永楽帝）。

一方、後宮《こうきゅう》にいたはずの建文帝の行方は、杳《よう》としてわからぬままとなった。少したってから宮

中で焼けた屍が発見された、とする、ごく自然な記録があるものの、これに納得しない人も多くいて、憶測に基づく諸説が出てくることになる。僧侶に身をやつして、秘密の地下水道を利用して脱出し、地方に逃げ延びたとするのが最も多いパターンである。ただその行先はというと、これがまた諸説紛々である。

国内ならまだしも、インドシナ半島まで逃げ延びたとする説もあり、これは、永楽時代に行われた鄭和《ていわ》の南海遠征《なんかいえんせい》は、建文帝を捜索するのを一つの目的としていた、という話に結び付く。奇想天外なものとしては、その死から三十数年後の正統帝《せいとうてい》の時代に、当時は首都となっていた北平（北京順天府《じゅんてんふ》）の皇宮に一人の老僧が現れ、昔を知る老いた宦官が確認すると、なんとこれが建文帝と判明し、保護されて余生は宮中で過ごした、というのまである。

手堅くも斬新な永楽政治

ともあれ永楽帝の時代は、甥の皇帝を力ずくで引きずり降ろして始まったことになる。こういった形態で始まる政権を、「簒奪政権《さんだつせいけん》」と呼ぶ。それを嫌ったこともあって、永楽時代に建文帝の事績はほぼなきものとして扱われることになる。

皇帝ごとの記録として残される『明実録《みんじつろく》』では、洪武帝の死後も洪武年号を延長して建文帝の時代が記述されており、そのため建文帝としての独立した実録は存在しない。また一般的な史料でもこの時代を表すには元号の建文に代えて、元号が削除された意味を込めて「革除《かくじょ》」と表記されることになる。さらに清代に編纂された正史の『明史《みんし》』では、建文年号は使われるものの、建文帝には廟号がないことから、洪武帝の「太祖本紀」と永楽帝の「世祖本紀」の間にあって、清の乾隆帝《けんりゅうてい》時代に遅れて付けられた贈り名（追諡《ついし》）である「恭閔恵帝《きょうびんけいてい》」に基づいて「恭閔帝紀」と題される。

さて「簒奪者」の汚名を着せられかねない永楽帝は、自己の即位が正当性を持ち、価値があることを示す必要性に迫られた。まずは六部直轄制を引き継ぐのをはじめとして、統治体制は洪武時代を継承し、首都も応天府から移さず、北辺防衛は諸王に委ねる体制をそのままに、塞《さい》（とりで）や烽火台《ほうかだい》の修築と、そこへの兵士の配置を継続・強化し、海禁政策も保持する。これで洪武帝の正統な後継者であることを誇示した。しかしその一方で、洪武帝が丞相を廃止したことで、官僚の報告・意見書（上奏）への対応などで過負担となった皇帝の政務処理を補佐するために、側近の官僚（近侍秘書官《きんじひしょかん》）を配置し、監察機構の強化のために宦官をスパイとして活用する機関（東廠《とうしょう》）を新たに設け、中央軍にあたる京軍《けいぐん》を強化して身辺防護を強化するなど、時代に即した改善策をあらたに講じた。

さらに即位の二年目には、北平を順天府と改名するとともに、これを北京と呼んで皇帝の臨時駐在所（行在《あんざい》）の位置づけを与えて、それにふさわしい宮殿の造営を始め、北方への巡察（北巡《ほくじゅん》）を名目に順天府での逗留期間を徐々に長くするなど、二〇年近くの歳月をかけて北京への遷都を実現した。

早急にして目立つ体制変革は抑えながら、新規施策を展開するやり方は北辺防備にもみられる。諸王尊重の姿勢をみせながらも、しだいにその権限を削減して弱体化をはかり、一方で長城での防衛体制を強化し、政権の安定を見極めたうえで、あたかも北巡の延長かの如くに、一四一〇年にはモンゴルへの親征を開始することになった。皇帝自ら軍を率いてモンゴル高原まで出征するなど、宮廷の奥深くで大事に育てられた建文帝ではありえないことで、世間に与える影響が絶大なパフォーマンスとなる。

これと通じるのが、海禁政策を維持しながらも行われた南海遠征で、朝貢国の拡大と南海産物の確保を目的とし、ここでは燕王時代からの側近宦官であった鄭和を総司令官に抜擢した。それもあってこれを「鄭和の大航海」と呼ぶこともある。

ちなみに中国では「鄭和下西洋（鄭和、西洋に下る）」と表現することが多い。古代の「四海《しかい》観《かん》」では「南海」にあたるが、世界観が拡大すると同時に海洋交通が盛んになる宋から元にかけて、南海は「西南海《せいなんかい》・正南海《せいなんかい》・東南海《とうなんかい》」と区分され、「西南海」は「西洋」、「東南海」は「東洋」と呼ばれるようになった。ここにいう「西洋」はまさにこれにあたり、今でいうインド洋となる。鄭和の遠征はインドからアラビア半島、アフリカ東岸に達するものであるから、「西洋」というにふさわしいことになる。

永楽時代の歴史的存在意義

ここで打ち出された施策は、近侍秘書官が皇帝の招請にいつでも対応できるようにするため、宮中の建物（殿《でん》・閣《かく》）に待機したことから殿閣大学士と呼ばれて後代の内閣制《ないかくせい》となり、正規の制度的裏付けのないままに明朝一代の中枢政治機関に位置づけられるし、宦官のスパイ利用は、のちの時代に西廠《せいしょう》・内行廠《ないこうしょう》などの類似官庁が加えられるなど拡大される。その意味でいえば、永楽期の洪武体制継承のなかでの新規施策は、北京への遷都のみならず明朝に大きな影響を残したことになる。

ただ、鄭和の南海遠征は成果が大きかったものの、朝貢国との物品交換を「朝貢貿易《ちょうこうぼうえき》」と呼ぶならば、常に輸入超過の状態で明側の負担が大きくて、二代後の宣徳帝《せんとくてい》の時代に鄭和の死を受けて停止される。

それよりパフォーマンスが先行したのがモンゴル親征で、永楽帝が到達したと考えられる北方地点はバイカル湖の南方で、順天府から直線距離でも一五〇〇キロを超える。軍隊の移動だけでも負担は大きく、そこに兵糧補給、それもその中に皇帝が含まれることを考えれば、ここにかかるそれは膨大なものになる。それに比してこの親征の成果はといえばほとんどなく、モンゴル勢力を北に押しあげることはあっても、明軍が撤退すればまた南下してくるという、遊牧系民族の拠点移動をいとわない作戦に翻弄されて、費用対効果が極めて低い出征となった。そしてその五回目、一四二四年に親征に出かけたものの、敵影はみえず、そのまま引き返す途上、順天府から約一〇〇キロの楡木川《ゆぼくせん》で、永楽帝はこの世を去った。

洪武帝の用意周到なまでの後継者の指名と養成が崩れた結果、一時的混乱をへて永楽帝の時代となったが、そこで実行された新施策によって明朝は生まれ変わり、新しい時代が開かれたといってもいいだろう。永楽帝の廟号が成祖とされるのは、相応の意味があるのである。「もしたら」で、建文帝の時代が続いていたら、というのは、意味のないつぶやきでしかない。

二　清の康熙帝愛新覚羅玄燁【附：雍正帝愛新覚羅胤禛】

究極の「太子密建法」

康熙帝《こうきてい》（廟号：聖祖《せいそ》）を継いで即位した愛新覚羅胤禛《あいしんかくらいんしん》（雍正帝《ようせいてい》・世宗）は、その翌年の一七二三年に施政方針を宣布したあとに、皇族と側近の官僚に向けて次のように告げた。

「我が父は、国家と臣下・人民のためにと考えて、慎重に幾人かの子のなかより選び、朕に皇位を引き継がせようとして、去年の一一月一三日に、あっという間にひと言で決定を下された。

その日の聖祖は、二人の兄のことがあり、身も心も憔悴していて言葉を尽くして話すことができなかった。現在、朕の諸子はまだ幼いとはいえ、立太子（建儲《けんちょ》）を行う時期について熟慮しなければならないと考えている。とはいえ聖祖が朕に国家を委ねたのだから、朕は一族の宗主として、決定を下さなければならないことも分かっている。そこで今は次のようにすることを考えている。

まず朕が自分でその名を書き、密封してから箱に入れて、これを乾清宮《けんせいきゅう》の真ん中にある世《せい》祖章皇帝《そしょうこうてい》（順治帝《じゅんちてい》）の親筆『正大光明《せいだいこうめい》』の額のうしろに置く。ここは宮中で最高の場所であるから、思いもかけない事態に対処するには、最善の場所であろう。

朕の意向はこのようである。諸王・大臣はこのことについて協議するように」

これに対して、諸王・大臣が「皇上のお考えは周到なもので、臣下にどうして異議などありましょう。ただただ謹んで帝の意向に従わねばなりません」と賛同の意を表すと、一部の大臣を残して他の者は退出させてから、すぐさま皇太子となるべき皇子の名を書き、その紙を箱に納めて、皇帝の宮殿である乾清宮に架かる「正大光明」の額のうしろに収蔵させた。

即位してすぐに立太子をする例は決して少なくはないが、それは後継者、すなわち次期の皇帝を明示することで、政権が安定的に継承されることを示すためであった。しかし早くの立太子は、臣下による先物買いともいえる風潮を呼び、また皇太子が地位の安定に慢心する弊害も引き起こしてきた。かといって立太子が遅れると、先行きへの不安がきざす。ここにみる、皇太子は決定するもののこれを公表しないという雍正帝による手法は、この矛盾を解決する斬新なものといえる。それを皇族や側近官僚の同意を得るという手はずを整えてから、即座に実行に移したことになる。

当時すでに四六歳になっていた雍正帝は長い皇子生活のなかで、康熙帝の後継者問題と、そこで起こった混乱を間近にみてきたし、二人の兄のことで憔悴していた父親から突然に詳しい説明もなく後継指名された経験を持っていた。それがあったからこそ、難しい後継者問題を一気に解決するために、熟慮の末にこの手に打って出たといえる。皇族や大臣が賛同したのを受けてすぐに実行に移せたのは、すでに意中の人物を決めていたからこそのことである。雍正帝によって編み出されたこの手法は「太子密建法《たいしみっけんほう》」と呼ばれる。

〔注　以下、清朝関係の人名については、「第二章二　清の順治帝愛新覚羅福臨」と同じく、姓である愛新覚羅は除き、名前のみを記述することとする〕

満漢の血統を受けた皇帝

それにしても、康熙帝の口頭による後継指名は、正規の立太子ではないし、文書が残されたわけでもない。二人の兄にかかわる憔悴がその原因というが、これはいかなる事態をいうのか。まずは康熙帝の時代からみていくことにする。

康熙帝、すなわち玄燁《げんよう》は順治帝の第三子として生まれ、生母は佟佳氏《とうかし》を名乗る漢族の出身者であった。満洲（女真）民族の建てた後金（のちに清）においては、皇族を形成するのは当然のこと満洲民族で、皇子の婚姻相手も満洲八旗《はっき》か、少し範囲を広げてもモンゴル八旗出身の女性が選ばれた。これに変更を加えたのは太宗ホンタイジ（皇太極）で、「満漢一家《まんかんいっか》」の民族同化策を推進するためにも、漢族八旗《かんぞくはっき》出身の女性をもその対象とすることにした。

玄燁の生母佟佳氏はまさにその象徴で、祖父の代にヌルハチ（努児哈赤）に投降して功績をあげ、父の代に漢族八旗に認定された名門漢族ということになる。順治帝の後宮に入った時は福晋《ふくしん》という中級宮女の位置づけであったが、ホンタイジの妃で順治帝の生母であることから皇太后となっていた、モンゴル族のボルチギト（博爾済吉特）氏に気に入られ、さらに玄燁を生んだことで高い位置づけを得るまでになった。順治帝の後継として玄燁が適任者とみなされたものの、実際に即位するに至るまでには、おそらく反対する者がいたと考えられる。漢族の血を半分受けた人物が満洲民族王朝の主宰者になるについてはこれまでになかったことで、満洲民族のみならず、漢族より優位に置かれていたモンゴル族の有力者から反発する者が現れても不思議ではないが、それを封じ込めたのは皇太后の支持があってこそのことであった。

満漢両族の血統を受けた玄燁が、被支配層の大部分を漢族が占める清朝の主宰者になる意味は大きかった。漢族に対する懐柔にもなるし、それ以上に漢民族の文化をまったくの異文化とはしない康熙帝の存在は、ホンタイジ以来模索し続けてきた中国文化への傾斜を進めるには、まことに好都合なものとなったといえる。

その玄燁の即位は周囲の予測よりも早く訪れた。順治帝は玄燁の資質を認めて後継者とする意向を示しながらも、立太子しないままにその二年後の一六六一年に先が知れぬ状態となり、玄燁を後継者とすること、およびその補佐体制を遺詔に残した。これを受けて、まだ八歳であった康熙帝は、実質的な政権運営のすべては順治帝の命を受けていた四人の大臣に委ねることになるが、南方ではまだ明の残存勢力（南明政権《なんみんせいけん》）とこれを支援する海賊出身の鄭芝龍《ていしりゅう》による抵抗が続き、その掃討戦に多くの力を費やさなければならない状況にあった。

準備万端整えたうえでの親政

この四大臣の補佐体制を打ち切ったのは康熙帝自身であった。即位して九年目にあたる一六六九年に、四大臣の一人鰲拝《おうばい》の傲慢なふるまいと、皇帝をものともしない政治運営を断罪して、終身禁固の刑に処し、自ら政治運営を行う親政に切り替えたのである。

後継者候補に認定され、その後実際に即位しての一〇年間に、玄燁は生来好んだ学問に時間を割いて力を注ぎ、皇帝となるべき修練を積んだと思われる。補佐する側近官僚に依存する部分も多いとはいえ、二〇歳に満たずして康熙帝はここに明確な政権運営方針を打ち出すことになる。それはなにより、漢族知識人を有効に活用するなかでの皇帝権の強化である。まずは南書房《なんしょぼう》というところに漢族知識人を招集して、中国への理解を深め、中国王朝伝来の統治方策を学びとるとともに人材発掘を行い、満洲貴族と漢民族官僚が併存する内閣制度を確立し、これを柱として農村政策を推進するかたわら、民衆教化を含む文化事業を積極的に展開した。漢族知識人に対する優遇や文化事業における儒学の振興、中国古典の再編集事業（『古今図書集成《ここんとしょしゅうせい》』）が、漢族にある反満洲民族風潮の抑制につながったことはいうまでもない。

側近をはじめとして、実務を担う官僚までもが、その方針に従い業務を遂行しなければならないとの雰囲気が醸成されたからこそで、康熙帝の政権は順調な滑り出しをみせた。学識に裏打ちされた康熙帝の皇帝として醸し出す雰囲気が、それを可能にしたといえる。ほぼ同じ年頃で親政に入り、ひとえに皇帝としての権威を誇示することに腐心して結果的には失敗した、父の順治帝との違いは歴然としたものであった。

「三藩の乱」

ただ領域内の安定はといえば、課題が山積していた。南明政権は押され気味とはいえしぶとく生き残り、それを支援する鄭芝龍の子の鄭成功《ていせいこう》は台湾に渡ってオランダ勢力を駆逐して、ここを拠点としていた。海を渡られたのでは、陸上部隊が主力の清軍に手の出しようがない。事態は膠着化するばかりであった。

そのような時に、もう一つの課題が浮上した。さかのぼると、清朝が中国東北部（満洲）で勢力を確立して中国内への進攻を窺う時期に、明軍の武将で投降する者が多く現れた。彼らの力があってこそ、順治帝時代の入関《にゅうかん》も可能であったし、北京への入城も難なくすませることができた。山海関《さんかいかん》の関門を開けた呉三桂《ごさんけい》をはじめとして、明から投降してきた武将は中国内地での平定作業にも功績をあげ、それに対して清朝は彼らに王位を授け、それに匹敵する領地を与えて労に報いた。そのうち呉三桂は雲南で平西王《へいせいおう》、尚可喜《しょうかき》は広東で平南王《へいなんおう》、耿仲明《こうちゅうめい》は福建で靖南王《せいなんおう》とされた。清朝としては、東南から南にかけての沿岸部を、ひとまずは漢族出身の投降武将に封建領として預けたことになる。

一六七三年に、平南王尚可喜が引退して出身地である遼東《りょうとう》に帰郷し、その後を息子の尚之信《しょうししん》に継がせたい旨を申し出たことが、事態の始まりとなる。要請を受けた朝廷では、これを認めるか、それともこれを機会と捉えて、藩《はん》（封建領である王国）を取り潰して直轄領に切り替える（撤《てっ》藩《ぱん》）べきではないかとの議論が起こった。対処方針が康熙帝の判断により撤藩で決着すると、平西王呉三桂がこれに鋭く反応した。まずは自らの王位の返上を申し出て、康熙帝の承認を得ることで王朝側の油断を誘い、それから数か月かけて準備を整えたうえで、「清朝に反攻して、明朝を復興する」（反清復明《はんしんふくみん》）を旗印に軍を起こし、翌年には長江中流沿岸部に部隊を進撃させるとともに、各地に檄文《げきぶん》を出して賛同者を募ったのである。

これに呼応する清朝側の地方官もいるなか、耿仲明の孫の耿精忠《こうせいちゅう》、そして尚之信も兵を挙げると、南部中国と黄河上流域は一気に戦乱状態に陥った（三藩《さんぱん》の乱《らん》）。この結果、清朝の領域は、北京を中心とする北部地域を除き、中国内地の過半を事実上失うことになり、このまま反乱軍が勢力を増せば、本拠地である中国東北部に逼塞することになりかねない状態となった。

清（康熙帝期）領域―三藩の乱拡大域―

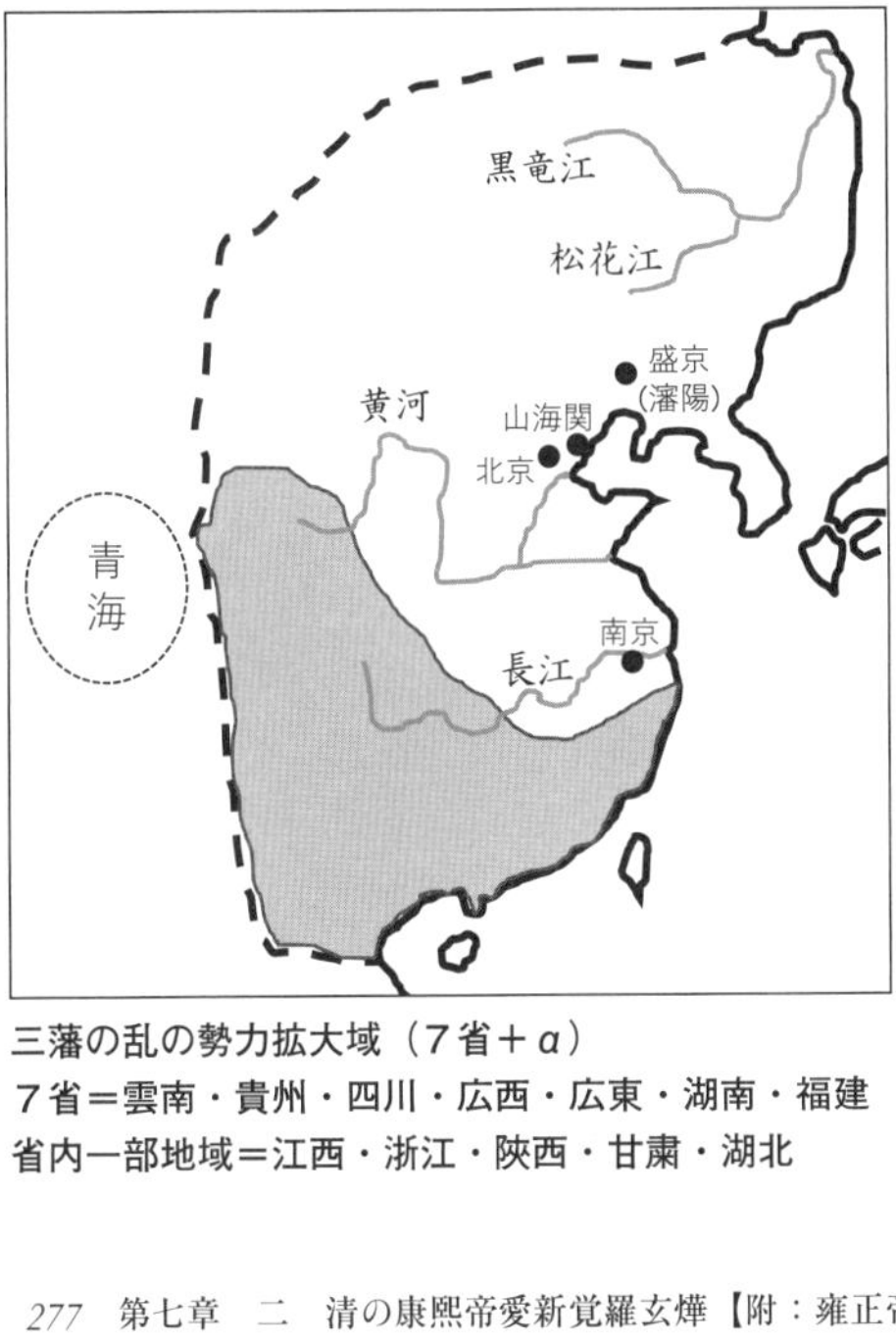

三藩の乱の勢力拡大域（7省＋α）
7省＝雲南・貴州・四川・広西・広東・湖南・福建
省内一部地域＝江西・浙江・陝西・甘粛・湖北

支配領域の確保

康熙帝が全力を傾けてその制圧に乗り出すのは当然である。その成果は二年後あたりから現れ始め、一六七八年に呉三桂が亡くなると反乱勢力の敗色は濃厚となり、一六八一年には完全に鎮定された。この間に、台湾に拠点を置く鄭一族は中国本土の反乱に呼応して、一時は福建地方に進攻することもあったが、反乱が収束してからは逆に清軍の攻勢を受け、一六八三年に鄭成功の孫である鄭克塽《ていこくそう》が投降して、ここに清朝による台湾支配が始まることになる。

ちなみに、この六年後にはシベリアに進出してきたロシアとの間にネルチンスク条約を結んで黒竜江《こくりゅうこう》流域での境界を画定し、さらに下って一七二〇年までに、外蒙古《そともうこ》地方と青海《せいかい》地方を領域に加えるなど、南部地域の安定を背景として、康熙帝の時代は広大な領域に勢力を拡大していくことになる。

ヌルハチ　**太祖①**
｜
ホンタイジ　**太宗②**
｜
福臨　**順治帝③**
｜
玄燁　**康熙帝④**
｜
胤禛　**雍正帝⑤**
｜
弘暦　**乾隆帝⑥**

清（愛新覚羅氏）系図

嫡長子へのこだわり

いくつかの困難を乗り越え、反対や反発を抑制するなかで、康熙帝は中国王朝史上で新たな時代を切り開いたといえる。反清朝の動きに対する「文字《もんじ》の獄《ごく》」に代表される弾圧政策という負の側面も裏に控えはするが、彼が善政を進めたことは紛れもない事実である。このような康熙帝にとって思うに任せないことがあった。それは後継者問題である。

振り返れば、ヌルハチ時代には、政権においての重大事項は、部族社会的色彩が濃い有力部族長と皇族による合議で決定される傾向が続き、そのためホンタイジの即位も、ドルゴン（多爾衰）の支援に支えられた順治帝の即位も、決定後に遺恨を残した。自身の即位はといえば、順治帝の若くて急な死からとられた窮余の一策に近いものであった。これらを好ましい先例と受け取らなかった康熙帝は、後継指名は皇帝の専権事項であるべきで、できれば早めにしかるべき形で執行して、未来に安定をもたらすものでなければならないとの考えを持つに至る。

康熙帝には生涯を通じて総計三五人の男児が生まれたが、幼くして死亡した一一人を除くと、実質二四人の皇子を持ったことになる。しかし若年で即位した康熙帝は、その段階ではまだ皇子はいなかったし、親政に入ってから数人の男児に恵まれたものの、そのすべては三歳に満たずして夭折し、ようやく親政五年後に胤禔《いんてい》、一年おいて胤礽《いんじょう》と二人の皇子を得た。

胤禔の生母は下級に属する宮女であるから庶子《しょし》で第一子、かたや胤礽は第二子ではあるものの、皇后が生母の嫡長子《ちゃくちょうし》となる。康熙帝はこの胤礽を、生まれた翌年に皇太子とした。皇子の夭折が続いた経験からすれば、無事の成長がま

康熙帝の皇子(全24子) ー皇位継承抗争に関係しない者は除くー

		乾隆即位(1735)後の対応
長子	胤禔(1672-1735) →宗籍剥奪→死	
第二子	胤礽(1674-1725)立太子→廃太子→死	
第三子	胤祉(1677-1732) →宗籍剥奪→死	
第四子	胤禛(1678-1735)→即位＝雍正帝	
第五子	胤祺(1680-1732)→親王→死	
第七子	胤祐(1680-1730) →親王→死	
第八子	胤禩(1681-1726) →議政王大臣→下獄賜死	⇒名誉回復
第九子	胤禟(1683-1726) →下獄賜死	⇒名誉回復
第十子	胤䄉(1683-1741) →宗籍剥奪	⇒爵位回復
第十二子	胤祹(1686-1763) →宗籍剥奪→釈放	⇒議政王大臣
第十三子	胤祥(1686-1730)→議政王大臣→死	
第十四子	胤禵(1688-1755) →宗籍剥奪	⇒爵位回復

だ十分確信できない段階での立太子ということになる。それにもかかわらずこの判断に至ったのは、嫡長子を早めに後継者に選定したいとの思いが、康熙帝には強かったことを示している。

皇子間の対立

これ以後には皇子の誕生が続くが、彼らが成長するにつれて問題が起こってくる。まだ部族社会的気風が残っていたこともあり、胤禔を筆頭にして、皇子のなかには胤礽の皇太子を認めようとしない風潮が出始め、胤礽本人の尊大ぶりと素行不良がこれに輪をかけることになった。

そのなかにあって、康熙帝はあくまでも胤礽の文武の才を認め、自身が出征や巡幸《じゅんこう》に出かける時には皇帝代理として監国《かんこく》に指名するなど、皇太子としての立場をより強固なものにしてやろうとした。ところがこれは裏目に出て、胤礽はますます増長の度合いを高め、そのかたわら、表面化しない範囲で、異母弟や臣下に対して暴力を振るい、皇帝への献上品を私物化するなど、問題行動を繰り返すようになる。

これが表沙汰になったのは、立太子から三三年後の一七〇八年であった。康熙帝が皇太子胤礽と胤禔や若き皇子たちを随行させて北方に巡幸に出かけた時に、胤礽の素行不良を訴える声が彼らのなかからあがったのである。これまでにも薄々は感じるところもあったのであろうか、康熙帝はすぐさまこれを聞き入れ、胤禔に皇太子を常時監視するように命じた。すると胤禔は皇太子位を顚覆する好機とこれを捉え、さらに踏み込んで、父親に胤礽の処刑を進言した。調子に乗りすぎると碌なことはない、という。康熙帝はこれを「乱臣賊子《らんしんぞくし》」の所業と断じ、一転して胤禔の宗籍を剝奪し、幽禁処分としたのである。息子間の対立に動揺を隠せない父親の姿をみる思いがする。

胤礽の廃太子

危機を脱したかにみえた胤礽ではあるが、一度芽生えた康熙帝の疑心は消えず、調べれば調べるほど胤礽の不良行為が明らかとなるばかりであった。不信がつのり、負のスパイラルに陥った康熙帝は、これでは皇太子の手にかかって殺されるかもしれないと思い込むまでになった。ここに康熙帝は北京に帰還すると、すぐに側近の臣下を集めて、廃太子を宣言する行動に出てしまう。即位から四七年、大事業をなしとげてきた康熙帝とは思えない性急な判断といえる。

わずか一か月の間に、第一子と待望した嫡長子の二人を、自らの手で一気に切り捨てたことになる。皇子間に走った衝撃は大きかったが、これが彼らを萎縮させることにはならず、逆に空席となった皇太子位をめぐる争いの発火点となった。それだけでなく側近の臣下のなかには廃太子に疑義を持つ者が現れる一方で、第八子の胤禩《いんし》を強く推す動きが出るなど、事態はますます混乱したのである。このような情景をみるに及んで、康熙帝の憂いも深まる。自己の決断は正しかったのかとの迷いが生まれ、部屋に引きこもって終日考え込んで、時には涙を浮かべることもあったという。そこには、朝廷という公的な場ではみせることのない、我が子に向き合い、どのように対処すればいいのか悩む父親の姿しかない。

再度の立太子と再度の廃太子

この状態から脱する方策として康熙帝が選んだのは、胤礽の皇太子位の復活、すなわち再立太子であった。廃太子からわずか二か月後である。後見としてつけられた四大臣を一気に斥けて親政に入り、「三藩の乱」に立ち向かったなどなど、一度決断すると断固としてそれを貫いた若き日の康熙帝の姿はどこに行ったのか、といわざるをえない狼狽ぶりである。

しかし目前の混乱を治めるためには、これしか選択肢はないと考えた結果である。そこには、胤礽が過去を反省して望ましい皇太子に生まれ変わってくれるという期待があったであろう。だがこれは見事に裏切られた。胤礽は廃太子に懲りて反省するどころか、身辺を同調者で固めて地位の保全をはかり、ついには父親に譲位を迫るかのような行動をとるまでになる。すでに五九歳の康熙帝としては自らが身を引くのも選択肢のひとつでもあったが、彼はそれを選ばなかった。胤礽の傲慢さに怒り、とかく不評行為の多い彼に王朝の将来は託せないと判断した結果、再立太子から三年八か月で、再び胤礽への廃太子が執行されることになった。

「皇太子の胤礽は再度の立太子以後も、素行不良を改善することなく、周囲の信頼を失うばかりである。祖宗から受け継いだ大業を彼に託すわけにはいかない。すでに胤礽は拘禁状態に置いている」

期待を裏切られた悔しさとともに、自己判断への悔悟がみてとれる。ただこの二度目の廃太子は、康熙帝に大きな影響を与えたと考えられる。この頃を境に康熙帝は従来の厳格な政治姿勢を一転させて、「寛仁《かんじん》の政《せい》」を標榜するようになったのである。

「天下は太平無事になった。新事業を起こせば新たな弊害も生まれる。混乱は少ないに限ると、古人もいっている。寛大な姿勢でおれば人心は集まってくるもの。上位にある者が自分本位になるとどうしても厳格な対応になりがちで、下位の者は対処しきれなくなる」

官僚に対して出された宣言であるが、ここに皇子たちのいがみ合いに辟易し、高圧的に過ぎてうまく対処できなかった、自分への反省が込められていると読み取ることもできる。

「天下、第一の閑人」

ともあれ老年の皇帝に後継者がいない状態となった。機会の到来を望む皇子たちの間で、党派を組んで力を誇示したり、官僚を巻き込んで優位に立とうとするなど、さまざまな動きが出ることになる。そのなかであくまで皇子間の抗争とは一線を画して、表面的にはあくまで自己修養に努める皇子がいた。時に三五歳になっていた第四子の胤禛である。

彼は、生母が下級宮女であったため、康熙帝の生母の姪で、皇后に次ぐ皇貴妃《こうきひ》となっていた佟佳氏のもとで養育された。皇子のなかでは決して優位にあったわけではないが、満洲語は当然として漢語にも通じ、幼少から中国古典の素養を身に着けるなど、どちらかというと文人肌で、表立った行動は控えるところがあった。康熙帝は在位期間中に百回を越える国内視察（巡幸）を繰り返し、治世の状況を視察したが、彼も他の皇子の例にもれず、一三歳で参加し、特に二〇歳を超える頃からは、ほぼ毎年のように随行を経験した。北京に通じる運河（永定河《えいていが》）の修築工事や江南（長江下流域）の視察、霊場五台山《ごだいさん》への参詣などは、父の皇帝としての存在の偉大さを現認するとともに、地方行政や民衆支配についても見聞を広げる機会となったと考えられる。

臣下の再三の要望があるにもかかわらず、康熙帝が三度目の立太子に踏み切ることなく時間が経過すると、その間にますます皇太子の位に望みを託して意欲を燃やす皇子が現れて当然である。代表的なのは、第三子の胤祉《いんし》と第一四子の胤禵《いんだい》で、胤祉は漢族の知識人を身辺に集めて衆望を担う皇子を演じ、胤禵はチベット地域における武功を盾に力を誇示するなど、康熙帝の評価を求めるのに余念がなかった。それに対して胤禛はあくまでも控え目で、父親に陰で孝行を尽くし、その一方で学問にいそしむ「天下、第一の閑人《かんじん》」を自称し、俗世には興味がない姿勢を貫いた。

しかしながらそれは「表面的には」であって、胤禛は隆科多《りゅうかた》（姓は佟佳氏。通例、名だけで表記される）と年羹堯《ねんこうぎょう》らとの私的な親交関係を着実に築きあげていく。隆科多は康熙帝の寵愛が深かった三人目の皇后佟佳氏の弟で、護衛官として皇帝の厚い信頼を得ていた人物であるし、年羹堯は科挙の高位合格者で、文官としてエリートコースを歩み、地方行政にも精通している人物で、彼とは自身の妃の兄という縁からの付き合いであった。側近官に限らないこのような広い人的ネットワークを構成したことは大きく、目立たないなかで、彼らと親しく交わり助言を受けながら、機会の到来を待った。

憶測とびかう康熙帝の最期

一七二二年、康熙帝が即位六〇年を迎えて盛大な祝典が開かれ、その折に胤禛は建国の地にあたる盛京《せいきょう》（瀋陽《しんよう》）にある祖先陵への参拝に出向くよう命令を受けた。祖先陵への参拝は、本来は皇帝が行うべきもので、これは皇帝代理に認定されたことを意味する。さらにその年の冬至の天を祀る祭祀の代理も、康熙帝の命に従い務めた。まさに後継の筆頭候補とみられてもおかしくない流れではある。

あえて冒頭の胤禛の言葉を再掲すると、そこには、

「朕に皇位を引き継がせようとして、去年の一一月一三日に、あっという間にひと言で決定を下された。その日の聖祖は、二人の兄のことがあり、身も心も憔悴していて言葉を尽くして話すことができなかった」

という一節があったが、ここでの「去年の一一月」はまさに冬至の頃にあたり、「二人の兄」、すなわち胤禔と胤礽のことを思って心乱れる康熙帝から、急に後継指名を受けたということになる。しかしこれはあくまで胤禛の言い分でしかなく、真偽のほどは不明である。

康熙帝の死の状況についてはさまざまに説かれる。臨終の床に就いた康熙帝のもとに皇子たちが集められ、その場で口頭によって胤禛が指名されたとするもの、遺詔が残されていてそこには「皇位伝十四子（皇位は一四子に伝える）」とあったのを、隆科多などが「十」に細工して「皇位伝于四子」（皇位は四子に伝える）と書き換えたとするものなどがあるが、最も突飛なものとしては、胤禛自身が康熙帝を毒殺して、周囲を丸め込んで即位したという話も残されている。なにはともあれ康熙帝の死と胤禛の即位には不明瞭なところが残されているため、宮中から官界、そして巷間に至るまで、格好の話題となったことだけは確かである。

唐代に始まり宋代で盛んになった印刷術は、明清時代になるとますます社会に定着し、王朝に

よる正式記録とは違う民間の書籍が出回ることになった。一般に「野史《やし》」と少し見下げて呼ぶが、意外にこちらの方に真実が残されている可能性も高い。先にみた諸説はその産物といってよいだろう。

雍正時代の始まり

さて、事実として残るのは、雍正帝の時代が始まったということである。隠忍自重してその時を待った胤禛としては、蓄えた知見をもとに政治を執行して責をふさがなければならない。即位して二日後に、あからさまに後継者となるべき事前運動をしていた胤禵を招来して幽禁処分としたその一方で、太宗ホンタイジ時代に始まる合議制の議政王大臣会議《ぎせいおうだいじんかいぎ》を復活して、ここに第八子胤禩・第一三子胤祥《いんしょう》を隆科多とともに取り込んだ。まさに同輩の皇子であった兄弟たちに、皇帝となった自身の力を人事でみせつけたのである。

これだけではなく、兄弟の関係性にかかわることでは、中国社会の伝統である避諱《ひき》の風習を持ち出して、兄弟の名前に共通する「胤」の字を「允」と変更するよう全員に強制した。避諱とは「諱《いみな》を避ける」と読み、高位の人物の名前に用いられる文字は軽々しく使用しないことを意味する。人にはまず幼名がつけられ、成人に達する段階で本名と他人から呼ばれるための字《あざな》がつけられるが、ここでいう本名は使用が制限されるということから諱（忌み名）とされる。社会的存在として下位にあたる者が上位者の名前と同じ文字をその名に持つことも、また文章を書く時に用いることも非礼として処断される。

康熙帝の皇子の名に「胤」の字が共用されているのは、同世代を表す便法である輩行《はいこう》で、康熙帝はこれに倣ったといえるが、雍正帝はそこに避諱の風習を重ねることで、皇帝としての自分と、その臣下となるべき他の皇子との差別化をはかり、我こそが兄弟のなかで隔絶した存在であることを誇示したわけである。宋の趙匡義《ちょうきょうぎ》が、皇帝となった兄の名を避諱して名を光義《こうぎ》としたのは自主的判断によるものであるし、子孫の名が洪武帝によって徹底的に統制された明代にも、皇帝が兄弟に避諱を強制することはなかった。

政治運営についていえば、胤禛は康熙帝の時代を厳しく評価していたといえる。それは長い期間にわたる観察の結果として導き出されたものであった。

「朕は皇子として生まれてから四〇余年になる。おしなべていえば、臣下が派閥を組んで悪事をたくらみ、つるんで互いに請託行為をし、騙しごまかし、命令を聞いたふりをして実際には陰でなにもせず、公を利用して私腹を肥やし、面従腹背している。これらの数々の悪習については、すべて朕のよく知り目にしてきたことで、すべてをあげつらってもいいほどである」

すべてはお見通しというわけで、恫喝に近い。ここにいう臣下には、当然のこと康熙帝の皇子たちも含まれる。事実、康熙帝六一年の治世が続き社会が安定すると、皇子たちを含めて、官僚世界にも弛《ゆる》みが生じ、それは「寛仁の政」を標榜してから一層はなはだしいものとなっていた。

積年の課題への挑戦

即位の翌年、雍正帝が宣布した施政方針の骨子となったのは「綱紀粛正《こうきしゅくせい》」であった。行政支配の効率化をはかるとともに、官僚には民生重視の姿勢で職務に精励するよう指示し、なにより派閥（朋党《ほうとう》）を結成して相互扶助をはかることを禁じた。そこでは、

「唐宋元明で積み重なった慣習をきれいさっぱり洗い流し、数百年に及ぶ腐った風潮を一掃して、国家統治の根幹を正すことに力を傾ける」

と高らかに謳《うた》い、ことは康熙時代に限らず、中国王朝積年の課題に挑戦するという強い決意が示されている。

先にみた「太子密建法」も、「積年の課題への挑戦」という点で通じるところがあるように、これは雍正帝の政権運営における姿勢を特徴づけるものといえる。清朝をあくまでも異民族による王朝で、正統性に欠けるとみなそうとする風潮がまだまだ残るなかで、我こそが中国王朝の伝統継承者で、継承しているからこそ改革を加えることができるとする、伝統王朝を引き継ぐ主宰者としての強い自意識の現れと受けとめるべきものなのである。

一三年の在位が残したもの

雍正帝の在位は一三年と短いものであった。とはいえ綱紀粛正をはかったのちも、さまざまな課題の解決に取り組んだ。官僚が直接皇帝に意見を具申し、それに皇帝が直接答える形で意見交換をする（硃批諭旨《しゅひゆし》）という開かれた政治運営を目指す一方では、同輩の兄弟たちには厳しく接

し、不穏な動きがあるとみるや即座に対応して、彼らの宗籍《そうせき》を剝奪して幽禁処分ないしは自殺を命じて反抗の芽を早々に摘んだし、即位に向けての準備段階、さらに即位後も役割を果たした隆科多と年羹尭といえども、増長の気配をみせると容赦なく獄に落として、皇帝独裁体制を揺るぎないものにしていった。

後代に影響を残したということなら、在位の中盤に設置した軍機処《ぐんきしょ》をあげなければならない。正規の官僚体制には含まれない臨時措置で、高級官僚から選抜した数人を軍機大臣として、いかなる時にも皇帝との意思疎通ができるように、皇帝居処である乾清宮の間近にある後宮の正門乾《けん》清門《せいもん》の西に配置され、のちには常設機関となって政務全般を担う中枢官庁となった。

軍機処の設置は、中央アジアで対抗するジュンガル部への進攻に取り掛かりながら、思うように成果が上がらなかったことが契機となった。即位後早々に青海地方を領土化し、その勢いをかってチベット地域の中央政府による直轄化も果たしたが、ジュンガル部への征討は難渋を極め、速やかな作戦決定をするためには、なにより早い意思決定が求められたからである。

その意味でいえば、軍機処は清朝の皇帝政治において有意に役割を果たし、だからこそ常設化されたが、年代を重ねるなかで弊害も現れる。その象徴ともいえるのが、ヨーロッパ勢力の圧力を直接受けるようになった清朝末期で、軍機処を主宰する軍機大臣が皇帝を囲い込んだことから、転変する事態のなかで、時宜に応じた判断をできなくしたことである。「眠れる獅子」として警戒感をもってみられていた清朝のあっけない崩壊の一因は、この軍機処体制にあったとみることもできる。

康熙帝による早めの立太子が破綻し、胤禛が即位して雍正帝となった。随分回り道した結果といえるが、一三年間と短いとはいえ、その治世が後世に残した影響は大きなものがあった。これをみれば当初の案に不都合が生じたとしても、流れに応じて次善の策に切り替えるのもまた善し、と思わせられる。ここに「もしたら」を持ち出す余地はない。

一七三五年に雍正帝が亡くなると、彼の発案した「太子密建法」によって、第四子の弘暦《こうれき》が即位した。最強の皇帝ともいわれる乾隆帝《けんりゅうてい》（高宗）である。康熙帝・雍正帝の基礎の上に成立した乾隆帝の時代は清朝の最盛期となり、チベット地域への支配を確固としたものとし、さらにジュンガル部の征討に成功してここを新疆《しんきょう》（新しい領土）と名付けて最大領域を現出することになった。この領域はさまざまな経緯のなかで、その一部である外蒙古地方は分離されるものの、中華民国に、そして現在の中華人民共和国に引き継がれている。現代中国におけるチベット自治区、新疆ウイグル自治区問題の原点は、この時代に始まる。歴史は現在に繋がっているのである。

あとがき

新潮選書から執筆の依頼があった時に、まず頭に浮かんだのは「中国史を語るには、皇帝ははずせない」という言葉であった。「はずせない」というフレーズに耳慣れない思いを抱かれる方もおられるだろうが、最近、テレビや若い人の会話でしばしば使われる。「除外しない」とか「除外できない」、さらに踏み込めば「仕方なく残しておく」という意味かと思って会話の流れを追うと、どうもその解釈は少しずれているようである。「除外するなどはありえない」という意味のようで、それなら「取り上げるべきである」とか「絶対に必要な存在である」とかもっと積極的な言い回しにすればいいのに、と思うのは私だけではないであろう。ところが若者言葉に素直に向き合うと、「はずせない」という表現には意図するところがあることに気づく。そこには、言葉通りに「除外できない」の意味とともに、強くその存在を認めて「これなくしては話にならず、不十分になってしまう」との含意があるのである。ならばそのままにいえばいいのにと思うのは、古い感覚で、そのような直截的な表現は、ともすれば価値観の押し付けにつながりかねないし圧力的な印象を与えると、現在ではどちらかというと嫌われる。除外という否定的な要素を否定することでファジーな表現に変えて、聞き手の同意を引き出し、丸く収めて場の雰囲気を崩さず、和気あいあいに会話を進める効果があることを認めなければならない。「JK」と聞いて、アメリカ大統領「JFK」を連想してしまい、孫に「女子高生」のことと教えられ、親しみを込めてではあるものの、心底あきれてバカにされた、そんな現代の若者言葉に疎い身だから、これくらいの「誤解」はあってもおかしなことではない。とはいうものの、なかなかうまい表現法であると思うところもあって、感化されたというわけである。

そもそも中国史の基本的史料である「正史《せいし》」は、司馬遷《しばせん》の「史記《しき》」にならって、まず「本紀《ほんぎ》」、そして「列伝《れつでん》」を軸に構成されて「紀伝体《きでんたい》」と呼ばれ、そこに「志《し》」や「表《ひょう》」が付加されて、より重層的に当該の時代を描写する。そのうち「本紀」は時代の代表者である皇帝の年代記で、そこで時代相が表され、我々はそれに基づき歴史展開を理解する。その意味では皇帝中心の歴史観で、「正史」の本幹は「本紀」にあるということになる。ただ歴史は多面的である。向き合う対象によっては、「列伝」や「志」「表」が中心に据えられることになる。こうなると「本紀」は本幹の役割ではなくなる。しかしながら、当該の時代相を確認するためには必要で、なくていいということにはならない。となると、「正史」における「本紀」の位置づけは、重くもなり軽くもなる。これをまとめて示すには、「はずせない」という表現がなかなか有効となる。

皇帝を時代の代表者として中心に据えるのも一つの方法である。だが「皇帝なくして中国史は語れない」のかというと、決してそんなことはない。社会経済や文化、個人の活動を対象にする時には、皇帝を主軸にせずに論は進められる。だがかといって、皇帝をまったく無視して時代は語れない。例えば、皇帝とは対極に位置づけられる農民の活動も、圧政や徴税の厳しさから反乱行動が起こると、それを解説する時には、執政者である皇帝の名を出して時代を明示する必要に迫られ、そこで初めて歴史事象としての理解と評価ができる。このような見方をすれば、皇帝はまさに「はずせない」と表現するのが適宜なものとなる。

持って回らずに「皇帝は欠くことのできない重要な存在」とすればいいのにといわれそうだが、「皇帝を特別視する」のは避けるに限る。そのように表現すると、「皇帝は偉くて立派で、我々とは隔絶した存在」という印象を植え付けかねないからである。

人はともすればステレオタイプな評価になじみやすく、大会社の社長なら、大学教授ならば、と一定の型に押し込めてその像を描きがちである。だが実際はそんなに単純なものではないことも知っている。中国皇帝についても似たようなもので、あの広大な領土の上に君臨するのだからと、我々とは別種の存在であるかのような像を描きがちである。地域も時代も境遇も違うのだから、我々とは違って当然ではある。だが、忘れてはならないのは、彼らも我々と同じ人間であることである。状況がよければ喜び、逆なら悲しみ、時に成功に酔いしれて傲慢になることも、その一方、思うに任せず悩み失意に沈むこともある。そんな時の彼ら皇帝は我々と大きくは違わないし、さらにそれぞれに個性がある。本書で描き出したかったのは、そのような人間としての皇帝である。

皇帝を主題としたのは、単に時代を代表し存在感あふれる皇帝を描きたかったからではなく、

「皇帝ははずせない」という思いからである。「はずせない」皇帝を糸口に、中国史をさまざまな視点から語りたかったともいえる。

　そこにはまた個人的事情もあった。四〇年間、大学で教鞭をとり、多くの学生を相手に講義を繰り返してきたが、年度ごとで受講生は入れ替わり、幾年かにわたる体系だった形はとりづらいところがあった。それが定年退職後に、社会人講座から声がかかり、一定のテーマに基づいて中国史を語る機会が与えられた。ここで思い至ったのが、それぞれの時代を生き個性あふれる皇帝を体系だてて捉えてみようということである。「中国皇帝論」として手掛けて五年にわたり（NHK文化センター・梅田教室）、さらに「皇后にみる中国史」なるテーマで三年なかば（朝日カルチャーセンター・中之島教室）、各回を一話完結の形で皇帝と皇后を扱い、その資料としてパワーポイントの形式にしたものが、手元に残っていたのである。熱心な受講生の方々からの希望を受け入れて、できるだけ分かりやすいものとするため、逸話を挟んだり、地図や系図を多く取り入れたりと、苦労は多かったが結構楽しく、さらにコンピューターの技量向上に大いに役に立った。そんな思い出深い資料群が本書の基礎となっている。いちいちお名前をあげる余裕はないが、「もうそろそろ引退を」と社会的フェードアウトを図ろうとする私を、熱意を込めて、いい方を変えればしつこく誘ってくださった、各教室の担当者の方々に感謝するばかりである。

　中国皇帝に関する書物は、一昔前までさかのぼればその数は膨大である。「中国の歴史」と題する通史のなかでの記述、「中国人物伝」と称するシリーズに含まれる皇帝篇、加えて個別で扱うものなど、日本に限ってもまさに枚挙に暇がないし、本場中国での出版となると数知れないといえる。それもあって本書では「参考文献一覧」を設けることはしない。基本的な姿勢としては、「正史」(清朝については『清史稿』)の「本紀」を中心に、「列伝」部分から関係記事を採用して論を進めたことを断っておく。

表題にあげた皇帝のみならず、その説明のために必要と判断して取り上げた皇帝もいるし、表題にあがる皇帝よりも紙幅を占める皇帝がいることにもなった。それぞれへの説明が舌足らずになった部分を残す一方で、こだわりが過ぎたところもある。また、時代が先後する点については、関連記事の掲載場所を適宜示すことで本書中での連関性を持たせた。読者諸兄姉のご理解を願いたい。

最後になるが、執筆の声をかけてくださり、割付や小見出しなどで手を煩わせた庄司一郎氏には、自己主張を押し付けてご迷惑をかけた。ここに記して感謝の意を表したい。

新潮選書

中国皇帝《ちゅうごくこうてい》の条件《じょうけん》——後継者《こうけいしゃ》はいかに選《えら》ばれたか

著　者……………… 阪倉篤秀《さかくらあつひで》

発　行……………… 2025年4月25日

発行者……………… 佐藤隆信
発行所……………… 株式会社新潮社
〒162-8711 東京都新宿区矢来町71
電話　編集部 03-3266-5611
　　　読者係 03-3266-5111
https://www.shinchosha.co.jp
シンボルマーク／駒井哲郎
装幀／新潮社装幀室
印刷所……………… 錦明印刷株式会社
製本所……………… 株式会社大進堂

乱丁・落丁本は、ご面倒ですが小社読者係宛お送り下さい。送料小社負担にてお取替えいたします。価格はカバーに表示してあります。

ISBN 978-4-10-603925-6 C0322

倭寇とは何か
中華を揺さぶる「海賊」の正体

岡本隆司

日本人ではなかった？　孫文・蔣介石・毛沢東も倭寇？　習近平が香港・台湾を恐れる理由は？　グローバルな視座から東アジア六百年の構造をとらえ直す。

《新潮選書》

京都
未完の産業都市のゆくえ

有賀健

なぜ日本の中心都市から脱落したのか？「洛中」礼賛を疑問視する京大出身の経済学者が、「千年の都」の近現代の軌跡を、統計データを駆使し分析する。

《新潮選書》

謎ときエドガー・アラン・ポー
知られざる未解決殺人事件

竹内康浩

「推理小説の始祖」ポーはなぜある時から突然、推理小説を書くのをやめたのか。2世紀もの間誰も気づかなかった事件を作品内に発見した著者による震撼の論考。

《新潮選書》

忘れ得ぬ人 忘れ得ぬ言葉

五木寛之

「チグハグさ」が魅力の寺山修司の才能、小林秀雄が漏らした死の真実、墓場までイメージを背負い去った八千草薫、九二年の人生を凝縮した珠玉の四六編。

《新潮選書》

脂肪と人類
渇望と嫌悪の歴史

イェンヌ・ダムベリ
久山葉子　訳

神への捧げものか、健康の敵か。石器時代から続く脂肪と人類の複雑な関係を、宗教・文化・健康面から描き出す、目からウロコのサイエンス・ヒストリー！

《新潮選書》

皇室とメディア
「権威」と「消費」をめぐる一五〇年史

河西秀哉

権威の代弁者か、象徴の伴走役か、消費に走る商業主義か――大正デモクラシーから生前退位まで、皇室報道の赤裸々な実情を豊富な実例で一気に展望！

《新潮選書》

大楽必易
わたくしの伊福部昭伝
片山杜秀

『ゴジラ』のテーマは日本現代音楽に革命を起こした！　独学者として世界と交流し、アジアと西欧を超克した作曲家の生涯を貴重な直話で辿る決定版評伝。

ごまかさないクラシック音楽
岡田暁生
片山杜秀

バッハは宣教師、ベートーヴェンは株式会社の創業社長、ショスタコーヴィチは軍事オタク──美しい旋律に隠された「危険な本音」がわかる最強の入門書！　《新潮選書》

尊皇攘夷
水戸学の四百年
片山杜秀

天皇が上か、将軍が上か？　維新は水戸学の究極の問いから始まった。徳川光圀から三島由紀夫の自決まで、日本のナショナリズムの源流をすべて解き明かす。　《新潮選書》

指揮官たちの第二次大戦
素顔の将帥列伝
大木毅

南雲、デーニッツ、パットン、ジューコフ……彼らは本当に「名将」だったのか。『独ソ戦』の著者が六カ国十二人を精緻に再評価する、軍人評伝の決定版！　《新潮選書》

決断の太平洋戦史
「指揮統帥文化」からみた軍人たち
大木毅

「リーダーシップ哲学」の違いが勝敗を分けた──。日米英12人の人物像と、英断と錯誤が入り交じる戦歴を再検討。従来の軍人論に革新を迫る野心的列伝。　《新潮選書》

正力ドーム vs. NHKタワー
幻の巨大建築抗争史
大澤昭彦

日本テレビの正力松太郎とNHKの前田義徳。テレビ黎明期から対立してきた巨魁たちが建築で覇権を競う。桁外れの欲望が生み出した激熱プロジェクト史！　《新潮選書》